Jugendliche lesen keine Bücher, Jugendliche loaden down. Ausgeschnitten, eingefügt, fertig ist das Referat. Wozu also ein Buch? Ein Buch zum Thema «Recht»? Antwort: Weil unser Recht zu den wichtigsten und spannendsten Dingen zählt, die unsere Gesellschaft zusammenhalten. Nur wer unser Recht versteht, versteht auch unsere Gesellschaft, unsere Politik und natürlich unsere Rechtsprechung. Mit dem Downloaden einzelner Stichwörter ist es da nicht getan.

Kaum jemand weiß: Die Wahl zum Klassensprecher folgt den gleichen Regeln wie die Wahl zum Deutschen Bundestag. Kaum jemand versteht: Auch ein Mörder hat Rechte – etwa das Recht auf einen Verteidiger. Oder das Recht, nicht bis zu seinem Lebensende im Gefängnis sitzen zu müssen. Ungerecht? Falsches Recht? Oder doch gerecht?

Wer dieses Buch liest, weiß hinterher mehr über unser Recht als die allermeisten Erwachsenen. Versprochen.

Dr. Nicola Lindner ist Richterin am Amtsgericht Frankfurt am Main. Ihr Aufgabenbereich ist das Jugendstrafrecht.

Nicola Lindner

Jura für Kids

Eine etwas andere Einführung in das Recht

C.H.Beck

Das Leben hat seine eigenen Regeln.

In Erinnerung an

Christina Baum (1969 bis 2014)
Kirsten Baumann (1967 bis 2017)

Ihr fehlt.

1. Auflage in der beckschen Reihe. 2013
2., aktualisierte und erweiterte Auflage in C.H.Beck Paperback. 2015

Originalausgabe

3., aktualisierte und erweiterte Auflage in C.H.Beck Paperback. 2019
© Verlag C.H.Beck, München 2013
Satz: Fotosatz Amann, Memmingen
Druck und Bindung: Druckerei C.H.Beck, Nördlingen
Umschlagentwurf: Geviert – Büro für Kommunikationsdesign,
München, Christian Otto
Icons im Text: ©schmid Grafikdesign, Dreieich
Printed in Germany
ISBN 978 3 406 73672 8

www.chbeck.de

Inhalt

Vorwort zur dritten Auflage 13
Vorwort 14

1. Kapitel
Recht – Was ist das?

I. Von Regeln und Gesetzen 16
   1. Ohne Regeln herrscht Chaos
   2. Je mehr Menschen, desto mehr Regeln
   3. Aus einer Regel wird ein Gesetz
   4. So sehen Gesetze aus

II. So entsteht ein Gesetz 23
   1. Gesetze fallen nicht vom Himmel
   2. Die Volksvertreter machen Gesetze
   3. Von der Idee für ein Gesetz bis zu seiner Verkündung
      a. Die Idee zu einem Gesetz • b. Drei Beratungen im Bundestag • c. Oft muss der Bundesrat zustimmen • d. Der Bundespräsident unterschreibt und verkündet

2. Kapitel
Wie das Recht regiert

I. Wir leben in einem Rechtsstaat 30
   1. In einem Rechtsstaat herrscht das Recht, sonst keiner
   2. Alle müssen sich an das Recht halten – auch die Polizei
      a. «Finaler Rettungsschuss» • b. Keine «Rettungsfolter»
   3. «Vertrauen ist gut, Kontrolle ist besser» – Die Gewaltenteilung

*a. Die erste Gewalt macht die Gesetze – Die Gesetzgebung •
b. Die zweite Gewalt führt die Gesetze aus – Die Verwaltung • c. Die dritte Gewalt kontrolliert – Die Rechtsprechung • d. Welche Gewalt hat die meiste Macht?*

II. Auch Gesetze müssen Regeln folgen 39
　1. Ist auch ein ungerechtes Gesetz gültig?
　2. Keine schwammigen Gesetze – Gesetze müssen klar sein
　3. Gesetze gelten nur für die Zukunft – Das Rückwirkungsverbot
　4. Gesetze müssen die Grundrechte beachten

III. Nur der Staat darf bestrafen 46
　1. Rache und Selbstjustiz sind verboten
　2. Aber wehren darf man sich – Die Notwehr
　3. Der Staat setzt das Recht bei den Bürgern durch
　　a. Mein Geld darf ich mir nicht selber holen • b. Die Blendung – ein Fall aus dem islamischen Recht

3. Kapitel
Alles was Recht ist

I. Das Strafrecht: Gehe in das Gefängnis 53
　1. Was man alles nicht tun darf – Die Straftaten
　2. Darum müssen Strafen sein
　3. Wer bestimmt, wie ein Täter bestraft wird?
　4. Geldstrafe oder Gefängnisstrafe?
　　a. Meistens verhängt der Richter eine Geldstrafe • b. Nur bei schweren Straftaten muss man ins Gefängnis
　5. Wer 14 Jahre alt ist, kann bestraft werden – Das Jugendstrafrecht
　6. Nicht so schlimm, aber doch verboten – Die «Owis»

II. Das Zivilrecht: Wenn zwei sich streiten 67
　1. Da steht (fast) alles drin – Das Bürgerliche Gesetzbuch

2. Allgemeiner Teil – Mit deinem Taschengeld kannst du dir kaufen, was du willst!
3. Schuldrecht – Das Recht der Schuldverhältnisse
   *a. Wer etwas geschenkt bekommt, schließt einen Vertrag •
   b. Auch Kinder und Jugendliche können schadensersatzpflichtig werden*
4. Sachenrecht – Mit deinen Sachen kannst du machen, was du willst!
5. Familienrecht – Alles rund um die Familie
   *a. Was passiert, wenn sich Eltern scheiden lassen? •
   b. Was passiert, wenn es dir zu Hause nicht gut geht? •
   c. Wer heiratet, schließt einen Vertrag*
6. Erbrecht – Was passiert, wenn deine Oma stirbt?

III. Das Öffentliche Recht 91

IV. Mit einem «Faustschlag»: Strafrecht, Zivilrecht, Öffentliches Recht 94

4. Kapitel
Das höchste Recht

I. Als dein Opa ein kleiner Junge war 95

II. Deutschland soll es wieder besser gehen – die Entstehung des Grundgesetzes 97

III. Unser Grundgesetz 99
Erster Teil: Die Grundrechte
   a. Die Menschenwürde • b. Die Religionsfreiheit • c. Die Meinungsfreiheit • d. Die Kunstfreiheit • e. Das Eigentum
Zweiter Teil: So ist unser Staat organisiert
   *a. Wie der Bundestag gewählt wird • b. Der Bundestag wählt seinen «Chef» und dann den Bundeskanzler •
   c. Der Bundeskanzler bestimmt die Regierung • d. Wer*

*ist «Chef» von Deutschland? – Der Bundespräsident •
e. Der Bundesrat hat auch was zu sagen – 16 Bundesländer
mischen mit • f. Verfassungswidrig! – Das Bundesverfassungsgericht*

5. Kapitel
Hier wird Recht gesprochen

I. Die ordentlichen Gerichte 121

II. Auch ein Richter kann sich irren – Die Überprüfung
   von Urteilen 122
   1. Die Amtsgerichte – «kleine Fische»
      *a. Der Amtsrichter als Strafrichter • b. Der Amtsrichter
      als Zivilrichter • c. Der Bürger braucht keinen Anwalt •
      d. Berufung zum Landgericht*
   2. Die Landgerichte – «große Fische»
      *a. Das Landgericht als Strafgericht • b. Das Landgericht
      als Zivilgericht • c. Vor das Landgericht nur mit einem
      Anwalt!*
   3. Das Oberlandesgericht überprüft
   4. Der Bundesgerichtshof
      *a. Der Weg zum BGH ist schwer • b. Fünf Richter
      entscheiden*

III. Gerichte der besonderen Gerichtsbarkeit 133

6. Kapitel
Berufe im Namen des Rechts

I. So wird man Jurist 136

II. Der Richter 137

1. Richter entscheiden Streitigkeiten
2. Der gesetzliche Richter
3. Ein typischer Arbeitstag eines Zivilrichters
4. Der Richter spricht «im Namen des Volkes»
5. Die Göttin Justitia und die Neutralität des Richters
6. Warum Richter Roben tragen
7. Der Richter ist unabhängig
8. Hat kein Recht studiert – Der Schöffe
9. Der Schiedsrichter

III. Der Rechtsanwalt 151
   1. Warum gibt es Rechtsanwälte?
   2. Der Rechtanwalt als Strafverteidiger
   3. Und wenn man sich keinen Rechtsanwalt leisten kann?
   4. Der Rechtsanwalt muss schweigen – Das Anwaltsgeheimnis
   5. Rechtsanwälte verhindern Streitereien

IV. Der Staatsanwalt 157
   1. Liegt eine Straftat vor?
   2. «Ich erstatte Anzeige!»
   3. Der Staatsanwalt hat einen Helfer – Die Polizei
   4. Unschuldige gehören nicht «hinter Gitter»
   5. Der Staatsanwalt braucht eine Erlaubnis des Richters
   6. Nicht, dass der Beschuldigte entwischt – Die U-Haft
   7. Der Staatsanwalt klagt an
   8. Der Staatsanwalt vollstreckt das Urteil

V. Andere juristische Berufe 164
   1. Der Jurist im Gefängnis
   2. Der Jurist im Unternehmen
      a. Darf man «Drückebergern» kündigen? – Das Arbeitsrecht • b. Wie darf ich meine Nudeln nennen? – Das Wettbewerbsrecht • c. Hilfe, es brennt! – Der Jurist als Feuerwehr
   3. 1001 Behörde – Der Jurist in der Verwaltung

7. Kapitel
Recht in der Schule

I. Schulrecht 171

II. Entscheidungen des Lehrers sind
grundsätzlich hinzunehmen 172
  1. Mündliche und schriftliche Noten sind nicht überprüfbar
  2. Zeugnisse und das Abitur sind in engen
     Grenzen überprüfbar

III. Bauchfreie Tops und knappe Röcke 175

IV. Handys in der Schule 176

V. Täuschungshandlungen 178
  1. Handys
  2. Falsche Angabe der geschriebenen Worte

VI. «Pädagogische Maßnahmen» und Ordnungsmaßnahmen 180

VII. Schuleschwänzen 183

VIII. Cybermobbing 184
  1. Straftaten mit dem Handy
     a. SMS • b. Tonaufnahmen • c. Bildaufnahmen
  2. Die Polizei ermittelt
  3. Wie wird der Täter bestraft?

8. Kapitel
Recht ganz praktisch

I. Ein Strafverfahren: Achmed und die gefährliche
   Körperverletzung 192

II. Ein Zivilverfahren: Der misslungene Urlaub 199

9. Kapitel
Recht ganz spannend

I. Strafrecht – Kaum zu glauben 206
   1. «Sirius-Fall»
   2. «Rose-Rosahl»
   3. «Katzenkönig»
   4. Wahrsagerin im Gefängnis

II. Zivilrecht – Über was man sich alles streiten kann 211
    1. Chanelle legt für dich die Karten
    2. Wenn einer eine Reise tut ...
       a. Das fehlende Doppelbett • b. Grüne Haare
    3. Pippi Langstrumpf
    4. Hinweispflichten
       a. Jeden Tag Lakritze • b. Großes Fischsterben • c. Zu Risiken und Nebenwirkungen von Bier

III. Verwaltungsrecht – Wenn sich der Bürger mit dem Staat streitet 217
     1. Sexualkunde
     2. Feuerwehrkosten
     3. Kirmesverbot

Sachregister 220

Vorwort zur dritten Auflage

Jura für Kids ist kein Lehrbuch, derer gibt es bereits viele und bessere. Es ist ein Buch, das Kindern und Jugendlichen – und wohl auch Erwachsenen, was mich sehr freut – einen Überblick über unser Rechtssystem geben soll. Die dritte Auflage habe ich dazu genutzt, zwei Bereiche des Zivilrechts näher zu beleuchten: Eine Regelung aus dem Schuldrecht, wonach Kinder und Jugendliche für einen Schaden, den sie angerichtet haben, haftbar gemacht werden können. Das ist bereits ab dem 7. Geburtstag der Fall. Und dann sind es Vorschriften rund um das Familienrecht: Was passiert, wenn sich Eltern trennen? Zu wem gehen die Kinder? Wer zahlt für sie? Und wieviel? Und was passiert, wenn es Kindern zuhause nicht gut geht? Wer hilft? Und wie? Und dann noch die Sache mit der Heirat, die ja eigentlich ein Vertrag ist. Schönes Kleid und rote Rosen ein Vertrag? Ja, ein ganz wichtiger sogar.

Frankfurt, im November 2018   Nicola Lindner

Vorwort

Vielleicht hast du dir einmal die Frage gestellt, ob ein Jugendlicher ins Gefängnis muss, wenn er einen Mitschüler «abrippt»? Oder ob man zur Polizei gehen muss, wenn man weiß, dass ein Mitschüler mit Drogen dealt? Oder ob ein Polizist den Entführer eines Kindes foltern darf, um das Leben des Kindes zu retten? Oder ob eine Türkin mit Kopftuch an einer Schule unterrichten darf?

Wenn dich diese und ähnliche Fragen interessieren, dann ist dieses Buch für dich geschrieben. Aber auch für Sie, lieber erwachsener Leser, der Sie sich mit dem Recht vielleicht noch nicht näher beschäftigt haben, dürften sich viele neue Blickwinkel ergeben – vorausgesetzt es stört Sie nicht, geduzt zu werden. Und für diejenigen, die Recht studieren möchten, könnte es auch nützlich sein, einen Blick hineinzuwerfen. Dann weiß man, was einen erwartet. Und das ist ziemlich spannend.

Ich entschuldige mich bei meinen Kindern dafür, dass ich ihnen die Zeit für dieses Buch genommen habe. Umso mehr danke ich meinen beiden großen «Testlesern» für ihre Hilfe. Meiner Freundin Kirsten Baumann danke ich für ihre wertvollen Anregungen aus der Sicht einer Nichtjuristin. Über den Augenblick hinaus gilt mein besonderer Dank meinem langjährigen Lebensgefährten Jörg Risse, der nicht nur die Idee zu diesem Buch hatte, sondern mich auch mit Rat und Tat unterstützt hat. In Dankbarkeit dafür, dass es sie gibt, widme ich dieses Buch meinen Kindern Julius, Karoline, Björn und Malte.

Frankfurt am Main, im Januar 2013   Nicola Lindner

1. Kapitel
Recht – Was ist das?

Möglicherweise hast du schon einmal eine Straftat begangen. Vielleicht bist du in einen Bus oder eine Straßenbahn eingestiegen ohne eine Fahrkarte zu kaufen. Dann wärst du ein Schwarzfahrer gewesen und hättest dir «Leistungen erschlichen». Oder du hast eine gute CD mehrmals kopiert und sie an Mitschüler verkauft. Dann hättest du gegen das Urheberrechtsgesetz verstoßen, du hättest nämlich «Raubkopien» verkauft. Oder du hast dir schon einmal selbst eine Entschuldigung für die Schule geschrieben und sie mit dem Namen deiner Eltern unterschrieben. Dann hättest du eine Urkundenfälschung begangen. Oder du warst schon einmal als Graffiti-Sprayer unterwegs. Dies wäre eine Sachbeschädigung gewesen.

In allen Fällen hättest du gegen das Recht verstoßen. Ein Recht, das du konkret gar nicht kennst. Und trotzdem weißt du, dass man nicht «schwarzfährt», keine Raubkopien verkauft, keine Unterschriften fälscht oder keine Sachbeschädigung begeht. Aber was ist das genau, dieses Recht, an das wir uns alle halten müssen, von dem wir aber keine Ahnung haben, wo es steht und was es genau bedeutet?

I. Von Regeln und Gesetzen

Jeder Mensch kommt jeden Tag mit dem Recht in Berührung. Auch du. Als Fahrradfahrer musst du vor der roten Ampel anhalten. Das sagt dir eine Rechtsvorschrift, nämlich die Straßenverkehrsordnung. Wenn du ein Computerspiel haben willst, dann musst du es bezahlen, sonst begehst du einen Diebstahl. Du musst zur Schule gehen, das schreibt dir das Schulgesetz vor. Und du darfst kein Taschenmesser haben, das du nur mit einer Hand öffnen kannst oder das über eine feststehende Klinge verfügt. So steht es im Waffengesetz. Es gibt also eine Vielzahl an Rechtsvorschriften, die für dich gelten, ohne dass du sie überhaupt kennst. Es gibt auch viele Berufe, die sich mit dem Recht beschäftigen. Vielleicht kennst du einen Rechtsanwalt, Staatsanwalt oder einen Richter. Jedenfalls hast du schon einmal von diesen Berufen gehört. Und dass diese Berufe mit dem Recht zu tun haben und dass das Recht irgendwo in Gesetzen steht, das hast du schon mitbekommen. Wenn nicht, dann wirst du es in diesem Buch noch erfahren. Vielleicht haben dir deine Eltern auch schon einmal erklärt, dass ein Rechtsanwalt anderen Menschen hilft, damit sie zu ihrem Recht kommen. Oder, dass ein Staatsanwalt die Aufgabe hat, Straftaten zu ermitteln und anzuklagen. Und dass dann der Richter entscheidet, ob der Angeklagte tatsächlich ins Gefängnis muss und wenn ja, für wie lange. Das ist alles richtig. Wenn du aber wirklich verstehen willst, was ein Rechtsanwalt, ein Staatsanwalt oder ein Richter genau machen, welche Funktion sie in unserem Land haben und warum auch ein Mörder einen Rechtsanwalt hat, der für seine Rechte kämpft, dann musst du dir etwas mehr Zeit nehmen.

1. Ohne Regeln herrscht Chaos

Zum Glück bist du nicht allein auf der Welt. Du bist Sohn oder Tochter deiner Eltern, Bruder oder Schwester deiner Geschwister, Enkelkind deiner Großeltern, Schüler deiner Schule, Patient deines Zahnarztes, Torwart deiner Fußballmannschaft, Fahrradfahrerin im Straßenverkehr und so weiter. Mit all diesen Menschen zusammen bildest du eine Gemeinschaft. In Deutschland leben etwa 83 Millionen Menschen. Bei so vielen Menschen ist es klar, dass nicht jeder das machen kann, was er will. Sonst ginge es drunter und drüber. Also muss es Regeln geben. Vorschriften, an die sich jeder halten muss. Das klingt einleuchtend. Richtig klar wird es aber erst, wenn man begreift, wie eine Gemeinschaft überhaupt funktioniert. Dazu verkleinern wir unsere große Gemeinschaft auf eine «Mini-Gemeinschaft».

Stell dir vor, du lebst auf einer einsamen Insel mit dem Namen Urangatonga. Auf der Insel steht eine Palme, am Ufer liegt ein kleines Boot, und dann denken wir uns noch eine Bananenstaude hinzu, damit du nicht verhungerst. Deine Eltern musst du dir wegdenken, du lebst nämlich allein auf dieser Insel. Und das hat durchaus Vorteile. Du stehst morgens auf, wann du willst, du gehst in keine Schule und schreibst keine Diktate. Wenn du eine Banane gegessen hast, wirfst du die Schale hinter dich in den Sand. Und abends gehst du schlafen, wann du es für richtig hältst. Kurz: Du tust und lässt, was du willst. Auf deiner Insel gibt es keine Regeln.

Du brauchst auch keine Regeln. Denn egal, was du tust, du störst niemanden. Zwar könntest du Regeln aufstellen, etwa die, auf der Insel keinen Lärm zu machen. Gegen diese Regel könntest du aber jederzeit verstoßen. Auf deiner Insel gibt es niemanden, den es stört, wenn du trotzdem Lärm machst. Daher spricht man bei so einer «Regel» nicht von einer wirklichen Regel - unter Regeln versteht man Vorschriften, die für mehrere Menschen gelten. Deine «Regeln» gelten aber nur für dich - du kannst dich an sie halten oder auch nicht.

> Die Situation ändert sich, als deine Eltern und dein kleiner Bruder zu dir auf die Insel ziehen. Das erste, was deine Mutter sagt, ist: «Wie sieht es denn hier aus? Überall liegen Bananenschalen rum!» Und du sagst: «Wieso, das stört mich nicht.» Und deine Mutter sagt: «Aber mich stört das, so geht das nicht weiter! Stell' dir vor, jeder von uns würde seine Bananenschalen in den Sand werfen. Vor lauter Schalen könnten wir uns am Strand nicht mehr richtig sonnen.» Kurzerhand baut deine Mutter aus Blättern einen Korb und stellt die Regel auf, dass alle Inselbewohner ihre Schalen in diesen Korb werfen müssen. Damit bist du nicht einverstanden: «Ich habe keine Lust, jedes Mal, wenn ich gemütlich in der Sonne sitze, aufzustehen, zum Korb zu rennen und die Schale reinzuwerfen. Wie umständlich. Mach ich nicht.»
>
> Bevor es zu einem großen Streit kommt, schlägt deine Mutter vor, über diese Frage abzustimmen – Korb ja oder nein? «Ganz klar: Nein», brummst du. «Ganz klar: Ja», brummen dein Vater und deine Mutter, und dein Bruder sagt nach kurzem Zögern: «Ok, dann machen wir das halt so.» Du wirfst deinem Bruder einen bösen Blick zu und murmelst was von Verräter, aber das Ergebnis ist klar: 3 zu 1 für die Korbregel. Du konntest dich leider nicht durchsetzen, und so bleibt es dabei, Bananenschalen müssen in den Korb geworfen werden.

Sobald zwei und mehr Menschen zusammenleben, brauchen sie Regeln. Was auf der Insel die Korbregel ist, sind bei euch zu Hause die Regeln, schmutzige Wäsche in den Wäschekorb zu werfen und die Schuhe an der Haustür auszuziehen. Das sind aber nur Regeln, die innerhalb einer bestimmten Familie gelten. In der nächsten Familie gelten wieder ganz andere Regeln – aus deiner Sicht weniger strenge. Da räumt die Mutter die Wäsche hinter einem her, und man kann mit Straßenschuhen durchs Haus laufen. Und es gibt mehr Taschengeld, und man darf abends länger aufbleiben. Zu ärgerlich, dass man ausgerechnet in der Familie wohnt, in der nichts, aber auch gar nichts erlaubt ist.

2. Je mehr Menschen, desto mehr Regeln

Wenige Menschen können sich schnell auf einige Regeln einigen. Je mehr Menschen es gibt, desto schwieriger wird eine solche Einigung.

> Auf Urangatonga ist es wunderschön. So wunderschön, dass auch andere Menschen kommen, um hier zu wohnen. Jeden Tag landen mehrere Boote am Strand. Nach kurzer Zeit sind es Hunderte von Menschen. Sie bringen Surfbretter, Radios, Grills und Limokisten mit. Einer hat sogar ein aufblasbares Partyzelt dabei.
>
> Ihr seid entsetzt. Mit der Ruhe und Ordnung ist es vorbei. Limoflaschen liegen herum, Musik schallt über die halbe Insel, man stolpert über herumliegende Surfbretter, und Bananenschalen liegen im Sand. Deine Familie und du, ihr wisst nicht, was ihr tun sollt, ihr wisst noch nicht einmal, wie diese Menschen heißen. Und wenn ihr sie bittet, die Limoflaschen wieder zurück in die Kisten zu tun, bekommt ihr als Antwort: «Keine Lust.» Aber nicht nur ihr, sondern auch einige andere neue Inselbewohner finden die Situation auf der Insel chaotisch. Einer ist sogar in eine Scherbe getreten und hat sich schwer am Fuß verletzt. Er schimpft: «Ist denn hier alles erlaubt? Muss ich mir das gefallen lassen?»
>
> Ihr habt alle den gleichen Gedanken – es müssen Regeln her. Mehr Regeln als früher. Aber wie macht man Regeln für viele Menschen? Und was passiert, wenn sich nicht alle daran halten?

Sobald viele Menschen zusammenleben, brauchen sie Regeln. Diese Regeln gelten für alle, auch für die, die mit einzelnen Regeln nicht einverstanden sind. Solche Regeln, die für alle gelten, nennt man unter zwei Voraussetzungen Gesetze: Erstens, wenn überwacht wird, dass die Regeln eingehalten werden, und zweitens, wenn die Regeln zwangsweise durchgesetzt werden, falls sich jemand nicht an die Regeln hält.

3. Aus einer Regel wird ein Gesetz

In Deutschland herrscht kein König, der bestimmt, was Recht und Gesetz ist. Deutschland ist ein demokratisches Land. Der Begriff Demokratie kommt vom griechischen Wort «demos», und das heißt Volk. Demokratie heißt, dass die Macht vom Volk ausgeht: Das Volk bestimmt, was Recht ist. Und das Volk ist unsere Gemeinschaft, es sind wir alle – du, deine Eltern, die Bäckersfrau, deine Lehrerin und ihr Mann, dein Zahnarzt und der Müllmann. Jetzt kann man aber nicht jeden Einzelnen fragen, welche Gesetze erlassen werden sollen und mit welchen Gesetzen er einverstanden wäre. Das wäre sehr unpraktisch. Ständig würde jemand an der Tür klingeln und fragen: «Guten Tag, was meinen Sie: Sollen Autos auf der Autobahn so schnell fahren dürfen, wie sie wollen?» Da würde der Eine sagen: «Ja, das wäre eine super Sache, man kommt heutzutage nicht recht voran.» Und der Nächste würde sagen: «Nein, auf keinen Fall, diese rücksichtslosen Autofahrer sollten eins hinter die Ohren kriegen.» Und der Dritte würde sagen: »Ist mir egal, ich fahre sowieso nur Fahrrad.»

Es können also nicht alle Menschen dauernd über Regeln diskutieren und neue Regeln beschließen. Daher wählen die Mitglieder einer großen Gemeinschaft, in unserem Fall die Bürger von Deutschland, einzelne Mitglieder aus, die alle anderen bei der Schaffung von Regeln vertreten. Diese gewählten Mitglieder nennt man Volksvertreter. Volksvertreter deshalb, weil sie bei ihrer Arbeit das gesamte Volk vertreten. Ihr Beruf ist es, über Regeln zu diskutieren und Regeln zu beschließen. Die Regeln, die sie machen, sind Gesetze.

> Deine Mutter nimmt ein Blatt Papier und schreibt auf, welche Regeln sie wichtig findet. Eine davon ist die Regel, dass leere Limoflaschen in die Kiste gestellt werden müssen. Eine weitere ist, dass man Musik nur leise hören darf. Werner, einer der neuen Inselbewohner, liest sich die Regeln deiner Mutter durch. «Alles Quatsch», sagt er, «du hast hier gar nichts zu sagen.»

Werner hat Recht. Niemand hat deiner Mutter das Recht gegeben, Regeln aufzustellen, an die sich alle halten müssen. Deshalb würden die Inselbewohner diese Regeln nicht beachten.

> Werner beruft eine Versammlung ein. Alle Inselbewohner sollen nach Sonnenuntergang am Bootssteg erscheinen. Als alle da sind, fragt er: «Leute, wer soll hier die Regeln machen? Sie (er meint deine Mutter) oder ich?» Mehr als die Hälfte stimmt für deine Mutter. Werner ist enttäuscht, kann es aber nicht ändern.

Deine Mutter ist jetzt Volksvertreterin, sie vertritt das Inselvolk. Die «Gesetze», die sie macht, gelten für alle Inselbewohner.

4. So sehen Gesetze aus

Gesetze werden nicht nur auf ein Blatt Papier geschrieben. In Ländern wie Deutschland gibt es ein bestimmtes Verfahren, nach dem Gesetze erlassen werden. Dieses Verfahren sehen wir uns im nächsten Kapitel näher an.

Auf eurer Insel gibt es kein bestimmtes Verfahren für den Erlass von Gesetzen. Und weil deine Mutter die einzige Volksvertreterin ist, muss sie neue Gesetze auch mit niemandem diskutieren und muss sich mit niemandem einigen. Deine Mutter schreibt also einfach auf einen Zettel, welche Regeln sie wichtig findet. Dann befestigt sie den Zettel für alle sichtbar an einer Palme. So erlässt deine Mutter als Vertreterin des ganzen Inselvolkes ihr erstes Gesetz:

> **G**esetz zur Erhaltung der **S**auberkeit der Insel und zum Schutze der **G**esundheit ihrer Bewohner (GSG) vom 20. November 2012:
>
> **§ 1. Leere Flaschen.** Leere Flaschen müssen in die Getränkekiste gestellt werden.
>
> **§ 2. Behandlung von Müll.** Müll muss in die Körbe am Strand geworfen werden. Auch Bananenschalen sind Müll.
>
> **§ 3 Musik.** Nach Sonnenuntergang darf nur so laut Musik gehört werden, dass kein anderer Bewohner gestört wird.
>
> **§ 4 Surfbretter.** Surfbretter müssen an der Bootsanlegestelle festgemacht werden.
>
> **§ 5 Strafe.** Wer sich dreimal nicht an die Vorschriften in § 1 bis § 4 hält, muss zur Strafe die Insel verlassen.

Das Zeichen «§» steht für das Wort «Paragraf». So nennt man in Gesetzen die einzelnen Regeln. Anstatt «Regel Nr. 1» sagt man also § 1.

Was passiert eigentlich, wenn deine Mutter Gesetze erlässt, die niemandem gefallen und die die meisten Inselbewohnern für falsch halten? Dann gelten die Gesetze trotzdem und müssen von allen Inselbewohnern beachtet werden. Wenn jeder für sich selbst bestimmen würde, ob er ein Gesetz gut findet und beachten möchte, würde ein Chaos ausbrechen. Das geordnete Zusammenleben, das Gesetze ja organisieren sollen, würde zusammenbrechen. Wenn die Inselbewohner die Gesetze deiner Mutter für falsch halten, haben sie nur die Möglichkeit, deine Mutter abzuwählen und einen neuen Volksvertreter zu bestimmen. Dieser kann dann die schlechten Gesetze ändern und neue, hoffentlich bessere Gesetze erlassen. Aber solange das schlechte Gesetz nicht geändert worden ist, gilt es für alle Inselbewohner.

Nun hast du eine Vorstellung davon, warum es Gesetze gibt und wie Gesetze entstehen. Natürlich ist das in einem Land wie Deutschland viel komplizierter als auf der kleinen Insel Urangatonga. Wie in Deutschland Gesetze entstehen, schauen wir uns nun an.

II. So entsteht ein Gesetz

Auf eurer Insel hat sich deine Mutter ein Blatt genommen und notiert, was alles nicht erlaubt ist. Und dann hat sie noch «Gesetz» darüber geschrieben. So einfach geht das in Wirklichkeit nicht.

1. Gesetze fallen nicht vom Himmel

Gesetze kommen weder von Gott, noch waren sie schon immer da. Und vom Himmel fallen sie auch nicht. Früher hat der König die Gesetze erlassen. Oft waren es Gesetze, die ihm selbst nutzten. Heute ist das anders. In einem Land, in dem die Macht vom Volke ausgeht, erlassen die Bürger eines Landes die Gesetze. Das ist auch vernünftig, denn die Bürger müssen die Gesetze später auch beachten. Wir haben aber gesehen, dass es unmöglich ist, alle 83 Millionen Deutsche dauernd zu Gesetzen zu befragen. Eine solche Diskussion würde ewig dauern, und die meisten Menschen hätten dazu keine Lust. Also wählen wir Vertreter, die für uns die Gesetze diskutieren und die für uns entscheiden, ob ein Gesetz neu erlassen, abgeschafft oder geändert werden soll. Sie sind die Volksvertreter. Die Volksvertreter vertreten auch dich.

2. Die Volksvertreter machen Gesetze

Auf der Insel gab es nur einen Volksvertreter, deine Mutter. Da es in Deutschland aber mehr Einwohner gibt als auf eurer Insel, reicht ein Volksvertreter nicht aus. Bei 83 Millionen Menschen müssen es viele Volksvertreter sein. Einer allein kann nicht gleichzeitig alle Interessen vertreten. Die Volksvertreter sollen nämlich ein «Abziehbild» Deutschlands sein: Sie sollen die armen und die reichen Menschen vertreten, die alten und die jungen Menschen, die Menschen mit Kindern und die ohne Kinder, die Menschen mit Arbeit und die ohne, die Menschen, denen die Umwelt wichtig ist, und die Menschen, denen die Umwelt nicht so wichtig ist. Daher gibt es Hunderte von Volksvertretern, wie viele genau, steht im Bundeswahlgesetz: «Der Deutsche Bundestag besteht ... aus 598 Abgeordneten». Mindestens 598. Im Moment sind es sogar deutlich mehr, nämlich 709 Volksvertreter. Der eine Volksvertreter ist mehr für die Umwelt, der andere mehr für die Schaffung von Arbeitsplätzen. Der eine setzt sich besonders für kinderreiche Familien ein, der andere besonders für alte Menschen. Das Gebäude, in dem die Volksvertreter sitzen und Gesetze erarbeiten, nennt man den Deutschen Bundestag, und der befindet sich in der Hauptstadt Berlin.

3. Von der Idee für ein Gesetz bis zu seiner Verkündung

Ein Gesetz entsteht in vier Schritten: Idee – Beratung – Abstimmung – Verkündung

a. Die Idee zu einem Gesetz

Ein neues Gesetz kann nur entstehen, wenn jemand einen Vorschlag für ein neues Gesetz macht. Die allermeisten Vorschläge kommen von den Ministerien. In den Ministerien arbeiten Spezialisten – Spezialisten für den Bereich der Justiz, der Wirtschaft, der Finanzen, der Arbeit, der Verteidigung, der Gesundheit, der Umwelt, der Bildung oder des Verkehrs. Diese Spezialisten beobachten die aktuellen Entwicklungen und überlegen, ob man ein neues Gesetz erlassen oder ein altes ändern müsste.

> Es ereignen sich mehr als je zuvor schwere Autounfälle, die von jungen Autofahrern verursacht werden. Viele haben gerade ihren Führerschein gemacht und «drücken mächtig auf die Tube». Dabei unterschätzen sie die Geschwindigkeit, und es kommt zu schweren Unfällen. Viele junge Menschen sterben dabei. Die Spezialisten im Verkehrsministerium überlegen, ob man etwas dagegen unternehmen kann. Sie meinen, dass junge Autofahrer vorsichtiger fahren würden, wenn ein älterer Autofahrer neben ihnen säße. Daher schlagen sie vor, dass Jugendliche bereits mit 17 Jahren den Führerschein machen, aber bis 18 nur in Begleitung eines Erwachsenen fahren dürfen. Der Erwachsene müsste mindestens 30 Jahre alt sein und schon fünf Jahre den Führerschein haben. Die Spezialisten nennen diesen Gesetzesentwurf «Führerschein ab 17». Der Entwurf bekommt die Nummer 17/3022. Er wird den Abgeordneten des Bundestages vorgelegt, die darüber abstimmen sollen.

Viele Gesetzesinitiativen kommen auch «aus Brüssel». Dort sitzt der Rat der Europäischen Union, der zusammen mit dem Europäischen Parlament in Straßburg Gesetze macht. Deutschland ist mit 27 anderen Staaten Mitglied der Europäischen Union, die aus insgesamt etwa 500 Millionen Menschen besteht. Gesetze, die in Brüssel beschlossen wurden, gelten im Regelfall nicht automatisch in Deutschland. In Deutschland gelten nur Gesetze, die die Abgeordneten des Bundestages beschließen.

> Nicht nur in Deutschland, sondern in fast allen Ländern der Europäischen Union ist mehr als die Hälfte der Erwachsenen zu dick. Die 28 Mitglieder der Europäischen Union beschließen daher, dass in ganz Europa auf jeder Nahrungsmittelverpackung angegeben sein muss, was in dem Nahrungsmittel an Fett und Zucker enthalten ist. Zum Beispiel, dass in Chips viel Fett und in Schokolade viel Zucker ist. Sie erhoffen sich davon, dass die Kunden so auf die «Dickmacher» aufmerksam werden und sie meiden. Damit diese Regelung auch in Deutschland gilt, muss ein deutsches Gesetz gemacht werden: «Gesetz zur Kennzeich-

nung von Nährwertangaben auf Lebensmitteln». Über dieses Gesetz stimmen die Abgeordneten im Bundestag ab. Ist die Mehrheit dafür, ist das Gesetz beschlossen und gilt auch in Deutschland.

b. Drei Beratungen im Bundestag

Es wäre möglich, dass alle 709 Bundestagsabgeordneten über jeden Gesetzesentwurf diskutieren und beraten. Es wäre aber auch schrecklich unpraktisch. Daher wird ein Gesetzesentwurf zunächst von einer kleineren Gruppe von Abgeordneten diskutiert, die sich auf ein bestimmtes Teilgebiet der Politik spezialisiert haben. Eine solche Spezialistengruppe nennt man Ausschuss. Im Deutschen Bundestag gibt es über 20 Ausschüsse, wie etwa die Ausschüsse «Recht», «Gesundheit» und «Sport». Der Gesetzesentwurf «Führerschein ab 17» kommt in den Ausschuss «Verkehr». Dort besprechen die Abgeordneten den Entwurf.

Der Abgeordnete Huber findet, dass 17-Jährige noch halbe Kinder seien, denen man kein Auto anvertrauen könne, selbst wenn ein Erwachsener daneben sitzt. Die Abgeordnete Maier-Holstein weist hingegen darauf hin, dass man viele Untersuchungen zum «Führerschein ab 17» gemacht hat. Darin habe sich gezeigt, dass das Fahren unter Aufsicht eines Erwachsenen zu weniger Unfällen geführt habe. Die Abgeordneten diskutieren lange. Die Mehrheit der Abgeordneten entscheidet sich schließlich für den Gesetzesentwurf. Sie schreiben einen Bericht, den sich alle Bundestagsabgeordneten ansehen können. Dort sind die Argumente für und gegen den Gesetzentwurf dargestellt. Jeder kann sie dort nachlesen, auch du: Drucksache des Deutschen Bundestages vom 27.10.2010 (17/3450).

Jetzt kommt der Gesetzesentwurf wieder in den Bundestag, und die Abgeordneten beraten darüber. Diese Beratung nennt man «Lesung». Insgesamt gibt es drei Lesungen. Jeder Abgeordnete soll die Möglichkeit haben, sich die Argumente der anderen Abgeordneten anzuhören oder selber etwas zu dem Gesetz zu sagen.

Nach der dritten Lesung ist es dann gut, und die Abgeordneten stimmen über den Gesetzesvorschlag ab.

Ist die Mehrheit der Abgeordneten gegen den Gesetzesentwurf, ist er abgelehnt. Ist die Mehrheit der Abgeordneten dafür, ist er angenommen. Dann liegt ein Gesetzesbeschluss vor.

> Am 28. Oktober 2010 stimmen die Abgeordneten des Deutschen Bundestages über den Gesetzesentwurf «Führerschein ab 17» ab. Alle Abgeordneten sind dafür, und das Gesetz ist beschlossen.

c. Oft muss der Bundesrat zustimmen

Wenn du regelmäßig Nachrichten siehst, dann kommt dir der Satz «Der Bundestag hat mit Zustimmung des Bundesrates ein Gesetz über … erlassen» sicher bekannt vor. Aber wer ist der Bundesrat? Berät er den Bund? Nein. Der Bundesrat ist das Vertretungsorgan der Länder: Deutschland besteht – wie ein Flickenteppich – aus 16 Bundesländern: Bremen, Hamburg, Berlin, Rheinland-Pfalz, Nordrhein-Westfalen, Hessen, Mecklenburg-Vorpommern, Sachsen, Sachsen-Anhalt, Brandenburg, Thüringen, Bayern, Baden-Württemberg, Saarland, Schleswig-Holstein und Niedersachsen. Die Bundesländer sind kleine, eigenständige Länder. Da viele Gesetze, die der Bundestag erlässt, Arbeit für die Bundesländer bedeutet, müssen die Bundesländer den Gesetzen zustimmen. Stimmen sie nicht zu, kommt das Gesetz nicht zustande.

> Verabschiedet der Bundestag das Gesetz zum «Führerschein ab 17», haben die Bundesländer ganz schön viel zu tun. Sie müssen darauf achten, dass das Gesetz eingehalten wird, und müssen kontrollieren, ob neben dem 17-jährigen Autofahrer ein Erwachsener sitzt, der mindestens 30 Jahre alt ist und seit mindestens fünf Jahren einen Führerschein hat. Diese Kontrolle ist die Aufgabe der Polizei. Weil das Gesetz Arbeit für die Bundesländer bedeutet, müssen die Bundesländer zu diesem Gesetz ihre Zustimmung erteilen.

Es muss nicht jedes Bundesland zustimmen, damit das Gesetz gilt. Es reicht, wenn die Mehrheit der Stimmen, die die Bundesländer haben, zustimmt. Weil die Bundesländer unterschiedlich viele Einwohner haben, haben sie auch unterschiedlich viele Stimmen im Bundesrat. Nordrhein-Westfalen hat viele Einwohner und hat sechs Stimmen im Bundesrat, Bremen hat wenig Einwohner und hat nur drei Stimmen.

> Der Bundesrat stimmt am 26. November 2010 dem Gesetzesbeschluss zum «Führerschein ab 17» zu.

d. Der Bundespräsident unterschreibt und verkündet

Zum Schluss bekommt der Bundespräsident das Gesetz. Der Bundespräsident ist der «erste Mann» im Staat. Er prüft, ob das Verfahren für den Erlass des Gesetzes eingehalten worden ist. Wenn das so ist – wie meistens –, unterschreibt er das Gesetz. Jetzt liegt es beim ihm auf dem Schreibtisch. Aber kein Bürger kennt es.

Da das Gesetz noch niemand kennt, muss es als letzter Schritt öffentlich bekannt gemacht werden. Früher, im alten Babylon, hat man Gesetze in einen Stein graviert und diesen auf dem Marktplatz aufgestellt. So konnte ihn jeder sehen. Oder das Gesetz wurde einfach laut von einem Gesetzesverkünder ausgerufen: «Achtung, Achtung – es gibt ein neues Gesetz. Hört alle gut zu ...». So geht das heute natürlich nicht mehr. Deshalb gibt es das Bundesgesetzblatt. Das Bundesgesetzblatt ist der «Gesetzesverkünder» in Deutschland. Es wird BGBl. abgekürzt. Das ist eine Zeitung, in der sämtliche Gesetze stehen, die in Deutschland gelten. Jeder kann sie dort nachlesen. Und wer das Bundesgesetzblatt nicht bestellen möchte: Im Internet können alle Gesetze kostenlos eingesehen werden – www.bundesgesetzblatt.de oder www.gesetze-im-internet.de. Damit jeder auch jedes Gesetz finden kann, steht bei Gesetzen immer dabei, wo es abgedruckt ist. Der «Führerschein ab 17» ist am 8. Dezember 2010 im Bundesgesetzblatt auf Seite 1748 verkündet worden: BGBl. I S. 1748. So kann niemand sagen: «Das wusste ich aber nicht.»

2. Kapitel
Wie das Recht regiert

I. Wir leben in einem Rechtsstaat

Vielleicht ist es bei dir zu Hause auch schon einmal vorgekommen: Dein Vater haut auf den Tisch und ruft: «Das kann ja wohl nicht wahr sein. Leben wir in einem Rechtsstaat oder leben wir in keinem Rechtsstaat?» So etwas rufen Eltern immer dann, wenn sie meinen, etwas Ungerechtes sei passiert. Wenn zum Beispiel ein Gericht einen Bankräuber zu drei Jahren Gefängnis verurteilt hat und deine Eltern der Meinung sind, dass er mindestens für sechs Jahre hinter Gittern hätte gehen müssen. Oder wenn deine Mutter ein Bußgeld zahlen muss, weil sie zu schnell gefahren ist, sie aber schwört, dass sie nicht zu schnell gefahren ist, weil sie nie zu schnell fährt. In solchen Fällen rufen Eltern dann: «Leben wir in einem Rechtsstaat oder in einer Bananenrepublik?

Um die Frage zu beantworten: Ja, wir leben in einem Rechtsstaat. Aber was versteht man unter einem Rechtsstaat und was hat man davon, in einem Rechtsstaat zu leben?

1. In einem Rechtsstaat herrscht das Recht, sonst keiner

Dass wir in einem Rechtsstaat leben, steht in unserem wichtigsten Gesetz, dem Grundgesetz. Der Rechtsstaat ist wie die Säule eines Tempels – zieht man sie weg, fällt der ganze Tempel in sich zusammen. Würde man in Deutschland die Säule Rechtsstaat entfernen, gäbe es die Bundesrepublik Deutschland, so wie du sie kennst, nicht mehr. Und so sieht die Säule aus: In einem Rechtsstaat herrschen nicht der Bundespräsident, nicht der Bundeskanzler, nicht der Bürgermeister, nicht der Polizeipräsident und nicht der Richter. Es herrscht ganz allein das Recht. Zwar haben der Bundeskanzler, der Polizeipräsident und der Richter viel Macht – sie können Strafzettel verpassen, Häuser durchsuchen oder Menschen ins Gefängnis sperren. Ihre Macht ist aber nicht unbegrenzt, ihre Macht ist in Gesetzen genau bestimmt und festgelegt: Sie dürfen nur das tun, was ihnen die Gesetze ausdrücklich erlauben. Mehr nicht. So steht es in Artikel 20 Grundgesetz.

2. Alle müssen sich an das Recht halten – auch die Polizei

In einem Rechtsstaat dürfen also die Polizei, die Behörden und die Richter nur das tun, was ihnen die Gesetze erlauben. Zwar können Polizisten Personen festnehmen und ihnen Dinge wegnehmen, sie können Häuser durchsuchen, Telefongespräche abhören und sogar auf Menschen schießen. Diese Rechte hat die Polizei aber nur in bestimmten Fällen und zu einem bestimmten Zweck. Diese Fälle und dieser Zweck sind im Gesetz genau beschrieben: Die Polizei darf einen hilflosen Menschen durchsuchen, um festzustellen, wer er ist, damit sie ihn nach Hause bringen kann. Die Polizei darf einen möglichen Dieb durchsuchen, um zu sehen, ob er tatsächlich etwas gestohlen hat. Die Polizei darf aber nicht irgendeinen Spaziergänger anhalten und mal eben durchsuchen. Die Polizei kann auch nicht sagen: «Heute ist nichts zu tun, durchsuchen wir doch mal das Haus in der Kastanienstraße 13. Sieht irgendwie verdächtig aus.» Das geht nicht, denn das Polizeigesetz schreibt der Polizei vor, dass sie nur dann eine Hausdurchsuchung vornehmen darf, wenn eine akute Gefahr für das Leben oder die Gesundheit einer Person vorliegt. Man spricht von «Gefahr in Verzug». Wenn die Polizisten also einen Hinweis erhalten haben, dass ein Mensch in der Kastanienstraße 13 gefangen gehalten wird, dann dürfen sie sofort die Haustür aufbrechen und das Haus durchsuchen. In nicht so dringenden Fällen müssen die Polizisten erst einen Richter fragen, ob sie ein Haus durchsuchen dürfen. Diese Erlaubnis nennt man einen Durchsuchungsbeschluss. Mit dem Durchsuchungsbeschluss erlaubt der Richter den Polizisten, das Haus zu durchsuchen. Holen sich die Polizisten keinen Durchsuchungsbeschluss und durchsuchen das Haus trotzdem, machen sie sich strafbar. Sie begehen Hausfriedensbruch.

Frau Kuhfuß will ihren Sohn Leon zum Schwimmkurs bringen. Leon soll heute den Freischwimmer machen und ist schon ganz aufgeregt. Bis er seine Schwimmsachen und seinen Glücksbringer, das Schweinchen Berta, zusammengesucht hat, vergeht Zeit. Eine Viertelstunde vor Beginn der Schwimmprüfung fahren sie endlich los. Und weil sie so spät dran sind, fährt Frau Kuhfuß viel zu schnell. Ein Polizist steht mit einer Kelle am Straßenrand und winkt das Auto von Frau Kuhfuß heraus. Frau Kuhfuß schimpft: «Auch das noch. Wir sind sowieso schon so spät dran.» Leon schlägt vor, einfach weiterzufahren: «So ein blöder Polizist hat uns gar nichts zu sagen!»

Doch, hat er. Aber nur, weil es in einem Gesetz steht, nämlich in der Straßenverkehrsordnung. Die Straßenverkehrsordnung erlaubt Polizisten, zu schnell fahrende Autofahrer an den Straßenrand zu winken und sich den Führerschein zeigen zu lassen. Ist der Autofahrer zu schnell gefahren, darf ein Polizist sogar ein Bußgeld verhängen. Das alles darf er aber nur, weil es ein Gesetz gibt, das ihm das erlaubt. Alles andere ist dem Polizisten verboten. Der Polizist darf das Auto von Frau Kuhfuß zum Beispiel nicht deswegen anhalten, weil er Frau Kuhfuß so schön findet und sie einmal kennenlernen möchte. Oder weil er rote Autos toll findet und sich das Auto von Frau Kuhfuß einmal näher ansehen will.

a. «Finaler Rettungsschuss»

Ein anderes – sehr drastisches – Beispiel ist der «finale Rettungsschuss». Beim «finalen Rettungsschuss» darf ein Polizist einen Menschen gezielt töten. Dies darf er aber nur und ausschließlich dann, wenn sich ein anderer Mensch in Lebensgefahr befindet und nur dadurch gerettet werden kann, dass der Polizist denjenigen erschießt, von dem die Gefahr ausgeht. Ein Polizist darf also einen bewaffneten Bankräuber erschießen, wenn dieser mit einer Geisel flüchtet und die ganz konkrete Gefahr besteht, dass er die Geisel töten wird, etwa, weil er der Geisel dauernd eine Pistole an den Kopf hält. Der Polizist darf den Bankräuber aber nicht erschießen, wenn der Räuber ohne Geisel, aber mit einer Million Euro flüchtet. In diesem Fall liegt keine akute Lebensgefahr für einen anderen Menschen vor. Dass der Bankräuber mit viel Geld zu verschwinden droht, reicht nicht aus, um ihn gezielt zu erschießen. Wenn der Polizist den Bankräuber trotzdem absichtlich tötet, dann begeht der Polizist einen Totschlag und kommt dafür ins Gefängnis. Der Polizist hat dann etwas getan, was ihm das Polizeigesetz nicht erlaubt. Und was das Polizeigesetz der Polizei nicht ausdrücklich erlaubt, ist ihr verboten.

b. Keine «Rettungsfolter»

Selbst dann, wenn die Polizei nach Verbrechern sucht, darf sie nicht alles tun, um die Wahrheit herauszufinden. Wahrheitsfindung um jeden Preis ist verboten.

Fall 1: «Rettungsfolter»

Der 11-jährige Jakob von Metzler hat reiche Eltern. Eines Nachmittags ist er plötzlich verschwunden. Die Polizei verdächtigt schnell Magnus Gäfgen, einen Bekannten von Jakob. Sie befragt ihn und versucht herauszufinden, wo er den Jungen versteckt hält. Um das Leben des Kindes zu retten, droht ihm der Polizeipräsident mit Folter: «Wenn du nicht sagst, wo du den Jungen versteckt hältst, werde ich dich schlagen.» Aus Angst vor diesen Schmerzen gibt Magnus Gäfgen zu, den Jungen getötet zu haben, und führt die Polizisten zu seiner Leiche. Er wird wegen Mordes zu einer lebenslangen Freiheitsstrafe verurteilt.

Der Polizeipräsident hat sich strafbar gemacht. Es gibt kein Gesetz, das Polizisten erlaubt, einem Verdächtigen Gewalt oder Folter anzudrohen. Auch dann nicht, wenn sich ein anderer Mensch in Lebensgefahr befindet und er durch die Aussage des Verdächtigen gerettet werden könnte. Da der Polizeipräsident etwas gemacht hat, was er nicht durfte, hat ihn das Landgericht Frankfurt am Main wegen Nötigung in einem besonders schweren Fall verurteilt. Die Richter haben bei der Strafe aber berücksichtigt, dass der Polizeipräsident dem entführten Jungen nur helfen wollte. Daher fiel seine Strafe gering aus.

Urteil vom 20. Dezember 2004 (5/27 KLs 7570 Js 203814/03)

Da der Polizeipräsident mit der «Rettungsfolter» gegen das Recht verstoßen hatte, durfte das Geständnis von Magnus Gäfgen, das er bei der Polizei aus Angst vor Schlägen abgegeben hat, vor Gericht nicht verwertet werden. Gäfgen hat den Mord aber vor Gericht erneut gestanden, und so konnten die Richter dieses Geständnis verwerten und den Angeklagten verurteilen.

3. «Vertrauen ist gut, Kontrolle ist besser» – Die Gewaltenteilung

Vielleicht hast du den Begriff «Gewaltenteilung» schon einmal gehört. Die Gewaltenteilung ist ein ganz wichtiger Teil unseres Rechtsstaates. Gewalt hat dabei nichts mit körperlicher Gewalt zu tun. Schläge sind in Deutschland streng verboten. Und trotzdem geht vom Staat viel Gewalt aus. Gewalt, die wir nicht sehen können: Der Staat bestimmt, kontrolliert, bestraft und spricht Recht. Damit nicht zu viel Macht in einer Hand ist, gibt es innerhalb des Staates eine Gewaltenteilung, eine Art «Arbeitsteilung». Der eine macht dies, der andere macht das: Der Gesetzgeber, also der Bundestag, erlässt die Gesetze. Die Verwaltung, etwa die Polizei, führt die Gesetze aus. Und die Gerichte kontrollieren, ob alles richtig gemacht wird. Auch die Gewaltenteilung steht in Artikel 20 Grundgesetz. Sie ist so wichtig, dass der Gesetzgeber sie niemals abschaffen kann.

> Leon Kuhfuß ist jetzt 20 Jahre alt. Schon als Kind wurde er wegen seines Namens gehänselt und ausgelacht. Die Kinder sangen: «Kuhfuß, Kuhfuß, in die Scheiße treten muss!» Oder: «Wer ist das? Eine Kuh mit nur einem Fuß – der Kuhfuß!» Das Gelächter von damals hat Leon Kuhfuß noch heute im Ohr. Und noch heute ist es ihm peinlich, sich jemandem vorzustellen: «Guten Tag, mein Name ist Kuhfuß.» Leon Kuhfuß wünscht sich nichts mehr, als einen ganz normalen Namen zu haben.
>
> Aber was hat das mit den drei Gewalten zu tun?

a. Die erste Gewalt macht die Gesetze – Die Gesetzgebung

Im 1. Kapitel haben wir gesehen, wie die Volksvertreter im Deutschen Bundestag Gesetze machen. Diese Gesetze gelten für alle Menschen und müssen von allen beachtet werden. Die Volksvertreter waren fleißig – in Deutschland gibt es Tausende Gesetze. Sie alle wurden beraten, diskutiert, für gut befunden, verabschiedet und dann verkündet. Wie zum Beispiel die folgenden Gesetze:

Grundgesetz, Bürgerliches Gesetzbuch, Zivilprozessordnung, Beurkundungsgesetz, Produkthaftungsgesetz, Produktsicherheitsgesetz, Gesetz zur Regelung der Wohnraumvermittlung, Straßenverkehrsgesetz, Wohnungseigentumsgesetz, Lebenspartnerschaftsgesetz, Handelsgesetzbuch, Sozialgesetzbuch, Aktiengesetz, Gesetz über den Versicherungsvertrag, Urheberrechtsgesetz, Gesetz gegen den unlauteren Wettbewerb, Strafgesetzbuch, Jugendgerichtsgesetz, Strafvollzugsgesetz, Gesetz über die Zwangsversteigerung und die Zwangsverwaltung, Anfechtungsgesetz, Staatsangehörigkeitsgesetz, Bundeswahlgesetz, Wahlprüfungsgesetz, Bundesversammlungsgesetz, Bundesministergesetz, Parteiengesetz, Bundespolizeigesetz, Bundesdatenschutzgesetz, Bundesverfassungsschutzgesetz, Bundesausbildungsförderungsgesetz, Berufsbildungsgesetz, Heimatlose-Ausländer-Gesetz, Allgemeines Gleichbehandlungsgesetz, Betäubungsmittelgesetz, Sozialgesetzbuch, Baugesetzbuch, Gaststättengesetz, Atomgesetz, Bundeskleingartengesetz, Jugendschutzgesetz, Vereinsgesetz, Waffengesetz, Sprengstoffgesetz, Pflanzenschutzgesetz, Postgesetz, Eisenbahnkreuzungsgesetz, Bundeswasserstraßenvermögensrechtsgesetz, Post- und Telekommunikationssicherstellungsgesetz, Namensänderungsgesetz.

Das waren 50 Gesetze. Es gibt noch viele tausend (!) andere Gesetze. Manche Menschen sagen, wir hätten viel zu viele Regelungen, der Gesetzgeber würde alles regeln, jede Kleinigkeit. Wir wollen uns nicht alle Gesetze ansehen, sondern wegen Leon Kuhfuß nur eines, das Namensänderungsgesetz. Der Gesetzgeber hat dort unter anderem bestimmt:

§ 3 Voraussetzungen für die Änderung eines Familiennamens

Ein Familienname darf nur geändert werden, wenn ein wichtiger Grund die Änderung rechtfertigt.

Leon Kuhfuß ist erleichtert und freut sich. Der Gesetzgeber erlaubt, dass man seinen Namen ändert. Also kann auch Leon Kuhfuß seinen Namen ändern! Aber was muss er tun, damit er einen anderen Namen bekommt? Dafür ist die zweite Gewalt zuständig, die Verwaltung. Sie führt die Gesetze aus.

b. Die zweite Gewalt führt die Gesetze aus – Die Verwaltung
Wenn man an die Ausführung von Gesetzen denkt, denkt man automatisch an die Polizei. Sie ist damit Teil der Verwaltung des Staates. Wir sehen Polizisten auf der Straße, in Fußballstadien oder bei Demonstrationen. Die Polizei achtet darauf, dass die Gesetze eingehalten werden – dass niemand zu schnell fährt, dass im Fußballstadion keine Schlägerei ausbricht und dass am Flughafen niemand ohne Erlaubnis nach Deutschland einreist. Der Staat hat aber noch viele andere Verwaltungsaufgaben. Überall gibt es Gesetze, die der Staat anwenden muss.

> Leon Kuhfuß stellt einen Antrag auf Namensänderung. Er stellt den Antrag, den Namen Kuhfuß auf Kuhlfuß zu ändern. Die Dame in der Behörde sieht im Namensänderungsgesetz nach und sagt, es müsse ein «wichtiger Grund» für eine Namensänderung vorliegen. Ein wichtiger Grund sei aber nicht gegeben. Andere Menschen würden mit dem Namen Kalbfleisch, Backofen, Schwanz oder Rakete leben, da könne Leon Kuhfuß mit seinem Namen ganz zufrieden sein. So schlimm sei das nicht. Sie lehnt den Antrag auf Namensänderung ab.

Für Leon Kuhfuß ist diese Entscheidung schlimm, er muss seinen Namen behalten. Zwar gibt es ein Gesetz, das eine Namensänderung erlaubt, die Dame in der Verwaltung findet seinen Namen aber nicht übel genug, als dass sie ihn ändert. Damit Leon Kuhfuß dieser Entscheidung nicht hilflos ausgeliefert ist, gibt es die dritte Gewalt, die Rechtsprechung. Die Menschen, die die Gesetze ausführen, könnten machen, was sie wollen, wenn keiner kontrolliert, ob sie das auch richtig machen.

c. Die dritte Gewalt kontrolliert – Die Rechtsprechung

Jeder, der glaubt, der Staat habe ihn in seinen Rechten verletzt, kann dies von einem unabhängigen Gericht überprüfen lassen. Und wenn das Gesetz sagt «jeder», dann meint es auch «jeder» – auch denjenigen, der einen Strafzettel in Höhe von 5 Euro bekommen hat, weil der Parkschein abgelaufen ist. Wenn er meint, der Parkschein sei nicht abgelaufen gewesen, kann er sich gegen den Strafzettel wehren und Klage erheben. Ein Richter prüft dann, ob der Strafzettel zu Recht oder zu Unrecht verteilt worden ist. Unabhängig ist das Gericht deshalb, weil der Richter ganz allein entscheidet, wer den Rechtsstreit gewinnt und wer ihn verliert. Niemand kann einen Richter anweisen, einen Streit so oder so zu entscheiden, auch der Gerichtspräsident nicht. Das Recht, alles, womit man nicht einverstanden ist, von einem Richter überprüfen zu lassen, nennt man Rechtswegegarantie. Die Rechtswegegarantie steht in Artikel 19 Grundgesetz.

> Leon Kuhfuß findet die Entscheidung der Dame in der Behörde nicht richtig. Daher erhebt er Klage vor dem Verwaltungsgericht und wendet sich gegen die Entscheidung der Mitarbeiterin. Er kämpft um das «l» zwischen «Kuh» und «Fuß».
>
> Die Richter teilen die Ansicht von Leon Kuhfuß. Sie sind der Auffassung, dass jeder Mensch diesen Namen unmittelbar mit dem Körperteil einer Kuh in Verbindung bringt. Da die Kuh ein Tier sei, das weder besonders intelligent noch besonders schön sei, sei es verständlich, dass man den Namen «Kuhfuß» als lächerlich empfinde. Die Richter heben die Entscheidung der Verwaltung auf und weisen sie an, eine neue Entscheidung zu treffen. Daraufhin ändert die Dame in der Verwaltung den Namen von Kuhfuß auf Kuhlfuß. Jetzt ist Leon Kuhlfuß glücklich.

d. Welche Gewalt hat die meiste Macht?

Und wer von den drei Gewalten hat nun die meiste Macht? Der Gesetzgeber, weil er in den Gesetzen bestimmen darf, was Recht ist und was nicht? Die Verwaltung, weil sie – wie die Dame, die über die Namensänderung entscheidet – Rechte hat, die ein Normalbürger nicht hat? Oder die Rechtsprechung, weil sie alle kontrollieren und ihnen sagen kann, ob sie etwas falsch gemacht haben? Die Antwort auf die Frage, wer die meiste Macht hat, ist: keiner. Keine Gewalt ist mächtiger als die andere. Jede Gewalt ist gleich mächtig, jede Gewalt ist auf die andere Gewalt angewiesen, jede Gewalt gleicht die andere Gewalt aus, damit sie nicht zu stark wird – wie eine Waage mit drei Waagschalen. In jeder Schale liegt eine der drei Gewalten, keine Schale ist schwerer – mächtiger – als die anderen: Die Gesetze, die der Gesetzgeber erlässt, sind sinnlos, wenn niemand sie durchführt. Also muss es Behörden geben, die das durchführen, was der Gesetzgeber in seinen Gesetzen bestimmt hat. Und dann muss es noch jemanden geben, der kontrolliert, ob die Behörden das auch richtig gemacht haben: Vertrauen ist gut, Kontrolle ist besser.

II. Auch Gesetze müssen Regeln folgen

Wir haben gesehen, dass der Staat ein bestimmtes Verfahren einhalten muss, wenn er Gesetze erlässt. Nur so haben alle Beteiligten die Gelegenheit, ihre Meinung zu dem Gesetz zu sagen und es zu prüfen, bevor sie über das Gesetz entscheiden. Doch damit nicht genug. Der Gesetzgeber darf in seine Gesetze nicht reinschreiben, was er will.

1. Ist auch ein ungerechtes Gesetz gültig?

Natürlich versucht der Gesetzgeber nur gerechte Gesetze zu erlassen. Aber was gerecht und was ungerecht ist, empfindet jeder anders. Du findest es sicher gerecht, dass du mehr Taschengeld bekommst als deine jüngere Schwester. Schließlich hast du ja auch mehr Ausgaben. Deine jüngere Schwester findet das wahrscheinlich ungerecht. Nur weil sie jünger ist, hat sie doch nicht weniger Kosten, sondern im Gegenteil. Ihr Freund lebt im Ausland, und das Telefonieren mit ihm ist richtig teuer. Aber eure Eltern haben so entschieden – wer älter ist, bekommt mehr Geld. Sie hätten es auch anders entscheiden können. Etwa so, dass ihr beide gleich viel Taschengeld bekommt. Haben sie aber nicht.

So ist das auch beim Gesetzgeber. Er hat einen großen Entscheidungsspielraum bei seinen Gesetzen und kann bestimmen, was er für richtig hält. Daher gibt es Gesetze, die die einen gerecht und die anderen ungerecht finden. Und trotzdem: Auch wenn sich alle einig sind, dass ein Gesetz gut und richtig ist, kann es trotzdem unwirksam sein. Dann nämlich, wenn der Gesetzgeber bestimmte Regeln missachtet hat. Regeln, die so wichtig sind, dass sie bei einem Gesetz unbedingt eingehalten werden müssen. Diese Regeln sind: Gesetze müssen klar sagen, was sie meinen, Gesetze dürfen nur für die Zukunft gelten, und Gesetze dürfen nicht gegen Grundrechte verstoßen. Ein Gesetz, das gegen einen dieser Grundsätze verstößt, ist unwirksam. So bestimmt es das Grundgesetz.

2. Keine schwammigen Gesetze – Gesetze müssen klar sein

Gesetze müssen so geschrieben sein, dass jedem klar ist, was erlaubt und was verboten ist. Logisch, ich muss wissen, was verboten ist, sonst kann ich mich nicht daran halten. Und so steht im Grundgesetz: «Eine Tat kann nur bestraft werden, wenn die Strafbarkeit gesetzlich bestimmt war ...» Klingt einfach, ist es aber oft nicht.

Nehmen wir einmal den Diebstahl. Wann ist man ein Dieb? Wenn man einem anderen etwas wegnimmt. Oder etwa nicht?

Schauen wir in die Bibel: Das 7. Gebot beschreibt den Diebstahl so: «Du sollst nicht stehlen.» Die Bibel erklärt dabei nicht, was Stehlen überhaupt ist. Zwar könnte man sagen, Stehlen ist Wegnehmen, das weiß man doch. Aber was ist Wegnehmen? Nehme ich etwas weg, wenn ich mir von meinem Nachbarn zwei Stunden das Fahrrad ausleihe, damit herumfahre und es ihm danach wieder hinstelle? Wohl ja, schließlich habe ich ihm das Fahrrad weggenommen. Aber irgendwie habe ich es ihm auch nicht weggenommen, ich habe es ihm ja hinterher wiedergegeben.

Damit man nicht lange grübeln muss, beschreibt der Gesetzgeber den Diebstahl in § 242 Strafgesetzbuch genauer: «Wer eine fremde bewegliche Sache einem anderen in der Absicht wegnimmt, die Sache sich oder einem Dritten rechtswidrig zuzueignen, wird ... bestraft.» Das ist umständlicher als das 7. Gebot der Bibel, dafür beschreibt der Gesetzgeber aber genau, wann ein Diebstahl vorliegt und wann nicht. So klärt sich auch die Frage mit dem Fahrrad: Ein Dieb ist nur derjenige, der eine Sache für immer wegnimmt. Nur dann eignet er sie sich zu. Wer ein Fahrrad nimmt, es dem Eigentümer aber nach zwei Stunden wiederbringt, nimmt die Sache nicht für immer weg, sondern nur für eine kurze Zeit. Für einen Diebstahl reicht das nicht aus. Ungefragtes Ausleihen ist kein Diebstahl. Strafbar ist es trotzdem: § 248b Strafgesetzbuch (StGB).

Mit dem Bestimmtheitsgrundsatz meint es der Gesetzgeber sehr ernst. Vor über 100 Jahren, nämlich im Jahr 1899, hatte ein Gericht über einen «Stromdieb» zu entscheiden.

> Ein Mann hatte heimlich die Stromleitung seines Nachbarn «angezapft». Er wollte auf dessen Kosten die Lampe in seinem Zimmer leuchten lassen. Als die Sache aufflog, hat man gesagt, der Mann sei ein Dieb, weil er einem anderen etwas, nämlich Strom, weggenommen hat. Das Gesetz sagt aber, dass nur der ein Dieb ist, der einem anderen «eine Sache» wegnimmt. Ist Strom aber eine Sache? Der Mann sagte nein, Strom sei keine Sache. Strom könne man nicht sehen und nicht anfassen. Das Reichsgericht gab dem Mann Recht. Strom sei keine Sache, und wer Strom wegnehme, begehe keinen Diebstahl.
> Urteil vom 1. Mai 1899 (Rep. 738/99)

Der Strom «dieb» war zwar gemein, weil er einem anderen einen Schaden zugefügt hat. Die Richter konnten ihn aber nicht bestrafen, weil es kein Gesetz gab, nach dem er bestraft werden konnte. Damit so etwas nicht wieder passiert, gibt es heute § 248c StGB. In dieser Vorschrift wird die Entziehung elektrischer Energie unter Strafe gestellt. Wer also heute fremden Strom anzapft, begeht zwar immer noch keinen Diebstahl, aber er entzieht elektrische Energie und kann bestraft werden. Dass man Gesetzeslücken schließen muss, kommt immer wieder vor: Noch vor zehn Jahren konntest du die Hauswand deines Nachbarn mit Graffiti besprayen, ohne eine Sachbeschädigung zu begehen. Die Sachbeschädigung setzt nämlich voraus, dass eine Sache «beschädigt» oder «zerstört» wird (§ 303 StGB), also etwa, wenn man ein Loch in eine Hauswand bohrt, nicht aber, wenn man sie bemalt. Da der Gesetzgeber meinte, man müsse Graffitisprayer bestrafen können, hat er § 303 StGB erweitert: Wer «... unbefugt das Erscheinungsbild einer fremden Sache nicht nur unerheblich und nicht nur vorübergehend verändert», macht sich strafbar. Seit dieser Gesetzesänderung ist das Besprayen einer Hauswand strafbar.

3. Gesetze gelten nur für die Zukunft – Das Rückwirkungsverbot

Gesetze gelten immer für die Zukunft – frühestens ab dem Tag, an dem sie bekannt gemacht worden sind. Nur wenn Gesetze veröffentlicht sind, kann sich jeder darüber informieren, welche Regeln gelten. Vorher nicht.

Es klingt selbstverständlich, dass Gesetze nur für die Zukunft und nicht für die Vergangenheit erlassen werden dürfen. Sonst weiß man ja erst im Nachhinein, dass man etwas Verbotenes getan hat. Was für uns heute selbstverständlich ist, war nicht immer so. Es hat eine Zeit in Deutschland gegeben, da hat der Gesetzgeber Gesetze erlassen, die nicht nur für die Zukunft, sondern auch für die Vergangenheit, also rückwirkend, gegolten haben. So auch das «Autofallenraubgesetz» aus dem Jahr 1938.

> Kurz vor dem Zweiten Weltkrieg, im Jahr 1938, haben zwei Männer Autos überfallen. Dazu haben sie Äste oder Bäume auf die Straße gelegt und Autofahrer gezwungen, anzuhalten. Dann haben sie die Autofahrer ausgeraubt. Da man wollte, dass die Täter mit dem Tode bestraft werden, hat man kurzerhand ein entsprechendes Gesetz erlassen, nämlich das «Autofallenraubgesetz»: «Wer in räuberischer Absicht eine Autofalle stellt, wird mit dem Tode bestraft.» Und damit der Staat auch alle bisherigen Raubüberfälle bestrafen konnte, hieß es in dem Gesetz auch noch: «Dieses Gesetz tritt mit Wirkung vom 1. Januar 1936 in Kraft.» Das heißt also, das Gesetz wurde im Jahr 1938 erlassen und galt gleich noch für die beiden vergangenen Jahre 1936 und 1937 mit. Und so konnten die Gerichte auch die Räuber mit dem Tode bestrafen, die in den Jahren 1936 und 1937 Autos überfallen hatten.

Das findest du vielleicht in Ordnung. Wer Autofahrer überfällt, muss hart bestraft werden. Da macht man lieber ein Gesetz, das für die Vergangenheit gilt, um alle Räuber hart bestrafen zu können. Sicher, es ist bitter, einen Räuber «nur» deshalb nicht hart bestrafen zu können, weil es versehentlich kein Gesetz gibt. Aber stell dir vor, deine Eltern würden dir heute Abend sagen, dass du immer dann, wenn du dein Zimmer nicht aufgeräumt hast, 2 Euro an das SOS-Kinderdorf zahlen musst. Und, dass du jetzt schon mal 60 Euro zahlen musst, weil du in der letzten Zeit mindestens dreißigmal dein Zimmer nicht aufgeräumt hast. Das würdest du sicher ungerecht finden. Und weil so etwas tatsächlich ungerecht ist, hebt unser höchstes Gericht, das Bundesverfassungsgericht, solche rückwirkenden Gesetze auf. Sie sind null und nichtig.

4. Gesetze müssen die Grundrechte beachten

Über allen Gesetzen thront das höchste deutsche Gesetz, das Grundgesetz. Es wird GG abgekürzt. Das Grundgesetz enthält 19 wichtige Rechte, die Grundrechte. Die Grundrechte sind so wichtig, dass ein Gesetz unwirksam ist, wenn es gegen ein Grundrecht verstößt.

Zum Glück ist der deutsche Gesetzgeber, der Bundestag, nicht dumm. Er prüft einen Gesetzesentwurf sehr genau, bevor er ihn als Gesetz erlässt. Daher berät er ihn dreimal und nicht nur einmal. Und trotzdem kommt es vor, dass ein Gesetz gegen das Grundgesetz verstößt. Nur liegt es in solchen Fällen nicht so auf der Hand wie in dem folgenden, ausgedachten Fall:

> **Gesetz zum schnelleren Fahren von Männern auf Autobahnen (GFMA):**
>
> 1. Männer dürfen auf Autobahnen schneller fahren als Frauen.
>
> 2. Männer dürfen die zulässige Höchstgeschwindigkeit um 20 km/h überschreiten. Frauen dürfen dies nicht.
>
> Der Gesetzgeber begründet das Gesetz damit, dass Männer gerne schneller Auto fahren als Frauen. Für Männer sei es sehr viel schwieriger, die zulässige Geschwindigkeit einzuhalten, weshalb sie öfter Bußgelder bekommen als Frauen. Das sei nicht gerecht.

Dieses Gesetz verstößt gegen Artikel 3 GG: «Männer und Frauen sind gleichberechtigt.» Männer dürfen nicht besser behandelt werden als Frauen, und Frauen dürfen nicht besser behandelt werden als Männer. Das GFMA behandelt aber Männer besser als Frauen, weil es den Männern erlaubt, schneller zu fahren als die Frauen. Geschwindigkeitsbegrenzungen auf Autobahnen sollen die Autobahnen sicherer machen und verhindern, dass es viele Unfälle gibt. Dabei spielt es aber keine Rolle, ob ein Mann oder eine Frau am Steuer sitzt. Ein solches Gesetz verstößt gegen das Grundgesetz. Und wer entscheidet, dass ein Gesetz gegen das Grundgesetz verstößt und verfassungswidrig ist? So eine gewichtige Entscheidung kann nur unser höchstes deutsches Gericht treffen: Das Bundesverfassungsgericht. Nur das Bundesverfassungsgericht kann verfassungswidrige Gesetze für verfassungswidrig und damit für unwirksam erklären.

Obwohl der Gesetzgeber sich bei seinen Gesetzen sehr bemüht, an alles zu denken, kommt es doch manchmal vor, dass ein Gesetz gegen das Grundgesetz verstößt. Dies war beim «Nichtraucherschutzgesetz» der Fall:

Fall 2: «Rauchverbot»

Der Gesetzgeber hat ein «Nichtraucherschutzgesetz» erlassen. Danach darf in Kneipen nicht mehr geraucht werden. Denn Rauchen ist für alle schädlich – für die Raucher und für diejenigen, die den Rauch einatmen. Allerdings lässt der Gesetzgeber eine Ausnahme zu: Hat eine Kneipe zwei Räume, darf es einen «Raucherraum» geben. Wer rauchen möchte, geht dorthin, wer nicht rauchen möchte, geht in den «Nichtraucherraum».

Paul Fritzemeier betreibt die «Blaue Blume», eine kleine Kneipe, die nur einen Raum hat. Seitdem das Rauchverbot gilt, bleiben Fritzemeier die Gäste weg. Bald kann er die «Blaue Blume» zumachen. Seine früheren Gäste gehen jetzt in den «Hafersack». Der «Hafersack» ist größer, hat zwei Räume, und wer rauchen möchte, raucht im «Raucherraum», wer nicht rauchen möchte, trinkt im «Nichtraucherraum» sein Bier. Paul Fritzemeier klagt vor dem Bundesverfassungsgericht. Er findet das ungerecht, da er seinen Laden bald zumachen muss.

Das Bundesverfassungsgericht gibt Paul Fritzemeier Recht. Das «Nichtraucherschutzgesetz» verstoße gegen die Berufsfreiheit (Artikel 12 GG): Es sei ungerecht, dass die kleinen Kneipen pleite gehen und die großen überleben. Entweder, der Gesetzgeber verbiete generell, dass in Kneipen geraucht werde. Dann dürfe weder in den großen noch in den kleinen Kneipen geraucht werden. Oder der Gesetzgeber erlaube das Rauchen in allen Kneipen. In den großen Kneipen könnten die Nichtraucher in den «Nichtraucherraum» gehen, und in den kleinen Kneipen müsse der Schutz der Nichtraucher anders erreicht werden. Zum Beispiel durch ein Zutrittsverbot von Kindern, damit zumindest junge Menschen nicht durch den Rauch geschädigt werden. Jedenfalls dürfe es nicht sein, dass die kleinen Kneipen schließen müssen, während die großen überleben.

Das Bundesverfassungsgericht darf dieses falsche Gesetz nicht ändern. Es ist ja nicht der Gesetzgeber. Aber es darf zum Gesetzgeber sagen: «Euer ‹Nichtraucherschutzgesetz› verstößt gegen das Grundgesetz. Ihr habt zu wenig an die Gastwirte kleinerer Kneipen gedacht, die gehen nämlich pleite. Das müsst ihr ändern. Ich gebe euch ein Jahr Zeit, das Gesetz zu ändern, so dass es nicht mehr gegen das Grundgesetz verstößt.»

Urteil vom 16. November 2007 (1 BvR 3262/07, 1 BvR 402/07, 1 BR 906/08)

III. Nur der Staat darf bestrafen

Manchmal hört man den Satz «Wie du mir, so ich dir.» – Wenn du mich schlägst, schlage ich zurück. Wenn du mir Geld wegnimmst, nehme ich dir auch Geld weg. Wenn du mein Fahrrad kaputt machst, mache ich auch dein Fahrrad kaputt. Darf man das?

1. Rache und Selbstjustiz sind verboten

Auch wenn dir jemand Unrecht getan hat, darfst du nicht zu Hammer oder Pistole greifen, um den anderen dafür zu bestrafen oder um dich zu rächen. Recht darfst du nicht selbst sprechen. Und Recht darfst du nicht selbst durchsetzen. Das wäre Selbstjustiz, und die ist verboten. Aber wieso eigentlich? Warum darf ich mich nicht rächen, wenn mir einer etwas Böses getan hat? Warum darf ich nicht dem, der mir letzte Woche meinen Fußball weggenommen hat, eine runterhauen und mir meinen Fußball mit Gewalt zurückholen? Kurz gesagt: Weil das Mord und Totschlag geben würde.

> Fall 3: «Selbstjustiz»
>
> Der bekannteste Fall von Selbstjustiz ist der Fall «Marianne Bachmeier». Marianne Bachmeier hat den Mörder ihrer Tochter Anna erschossen.
>
> Am 5. Mai 1980 hat Klaus Grabowski die siebenjährige Anna von der Straße gelockt und mit einer Strumpfhose erdrosselt. Während der Gerichtsverhandlung ist auch die Mutter des ermordeten Mädchens, Marianne Bachmeier, anwesend. Sie zieht plötzlich eine Pistole und schießt auf Klaus Grabowski, der noch im Gerichtssaal stirbt.
>
> Das Landgericht Lübeck verurteilt Marianne Bachmeier am 2. März 1983 wegen Totschlags zu sechs Jahren Gefängnis.

Wegen Selbstmordgefahr wird Marianne Bachmeier nach drei Jahren aus dem Gefängnis vorzeitig entlassen. Die Menschen haben viel über diesen Fall diskutiert. Viele hatten Verständnis dafür, dass die Mutter den Mörder ihrer Tochter umgebracht hat. Sie waren der Meinung, dass nur so Gerechtigkeit geschehen sei. Jeder Mörder komme aus dem Gefängnis irgendwann wieder heraus. Das Kind sei aber für immer tot. Andere haben gesagt, niemand dürfe über einen anderen urteilen. Dies müsse man den Richtern überlassen.

Wenn jeder so handeln würde wie Marianne Bachmeier, gäbe es ein heilloses Durcheinander. Das schon deshalb, weil die Menschen eine unterschiedliche Vorstellung davon haben, was gerecht ist und was nicht. Marianne Bachmeier fand die Todesstrafe für den Mörder ihrer Tochter gerecht. Gegner der Todesstrafe finden das wiederum ungerecht. Was also ist gerecht und was nicht? Wenn jeder für sich selbst entscheiden dürfte, was Recht ist, würde jeder gegen jeden um sein «Recht» kämpfen. Jede Ordnung des Zusammenlebens würde in diesen Kämpfen untergehen. Und damit das nicht passiert, ist die Selbstjustiz verboten.

2. Aber wehren darf man sich – Die Notwehr

Während die Selbstjustiz verboten ist, gilt etwas anderes für die Notwehr – die ist erlaubt. Greift dich einer an, dann darfst du dich wehren, um den Angriff abzuwehren. Du musst dir den Angriff also nicht gefallen lassen, sondern du darfst das tun, was notwendig ist, um den Angriff sofort zu beenden.

> Frieder Freifuß will unbedingt ein neues Handy. Leider kann er es sich nicht leisten. Deshalb nimmt er sich das Gerät heimlich aus dem Regal und rennt damit aus dem Laden. Der Angestellte Tom Fleißig sieht das und rennt Frieder Freifuß hinterher. Er erwischt ihn und wirft ihn zu Boden. Frieder Freifuß erleidet eine Gehirnerschütterung, weil er mit dem Kopf auf dem Boden aufschlägt, und einen Bluterguss am Oberschenkel.

Tom Fleißig hat sich nicht strafbar gemacht. Zwar hat er eine Körperverletzung begangen, in diesem Fall durfte er das aber. Er musste nicht tatenlos zusehen, wie Frieder Freifuß mit dem Handy verschwindet.

Wir leben aber nicht im Wilden Westen. Dort hat der Cowboy gleich den Revolver gezogen, den Pferdedieb erschossen und sich danach den geklauten Gaul zurückgeholt. Das erlaubt die Notwehr nicht. Wer angegriffen wird, darf nur tun, was unbedingt notwendig ist, um den Angriff zu beenden. Mehr nicht. Tom Fleißig durfte Frieder Freifuß aufhalten, auch wenn sich Frieder Freifuß dabei verletzt. Tom Fleißig hätte Frieder Freifuß aber nicht noch zusätzlich aus Wut verprügeln dürfen.

3. Der Staat setzt das Recht für den Bürger durch

Der Staat verlangt von seinen Bürgern, dass sie auf Selbstjustiz verzichten und dass sie ihr «Recht» nicht eigenmächtig gewaltsam durchsetzen. Als Gegenleistung für diesen Verzicht verspricht der Staat seinen Bürgern, dass er ihnen bei einem Streit zu ihrem Recht verhilft. Was bedeutet das konkret? Einmal, dass nur die staatlichen Gerichte jemanden verurteilen und bestrafen dürfen. Aber nicht nur das.

a. Mein Geld darf ich mir nicht selber holen

Auch wenn ein Richter entschieden hat, dass du im Recht bist, darfst du mit diesem Urteil in der Hand nicht selber losziehen und dir dein Recht holen.

> Dein Freund Clemens schuldet dir 300 Euro. Da du ihm das Geld nicht einfach wegnehmen darfst, gehst du zu einem Gericht und verklagst Clemens. Der Richter gibt dir Recht. Er schreibt in sein Urteil, dass Clemens dir 300 Euro geben muss. Das macht Clemens aber immer noch nicht.

Der Richter hat zwar gesagt, dass Clemens dir 300 Euro geben muss, aber trotzdem darfst du dir das Geld nicht aus Clemens' Geldbeutel nehmen. Du darfst auch nicht sein neues blaues Fahrrad nehmen, verkaufen und 300 Euro behalten. Du hast kein Recht, dir das, was in dem Urteil steht, selbst zu holen. Du kannst aber das Urteil nehmen und damit wieder zu Gericht gehen. Das Gericht hilft dir dann, das Geld zu bekommen. Der Richter ordnet an, dass das Geld von Clemens' Sparkonto weggenommen wird. Oder das Gericht schickt einen Gerichtsvollzieher zu Clemens, und der Gerichtsvollzieher nimmt ihm sein neues blaues Fahrrad weg und verkauft es. Vom Verkaufserlös bekommst du dann dein Geld. Wie du siehst, ist es keine gute Idee, ein Urteil nicht zu beachten. Was der Richter sagt, gilt und kann auch durchgesetzt werden.

Im Strafrecht wird es noch klarer, dass niemand das Urteil eines Strafrichters eigenmächtig durchsetzen darf. Selbst wenn der Richter den Angeklagten schuldig spricht und gegen ihn eine Gefängnisstrafe verhängt, kann das Opfer der Straftat den Täter nicht ins Gefängnis schicken oder ihn in ein Kellerloch einsperren. Bestrafen darf nur der Staat. Für den Staat sorgt deshalb die Staatsanwaltschaft dafür, dass der verurteilte Täter aus dem Gerichtssaal ins Gefängnis gebracht wird und dort auch bleibt. Das folgende Gegenbeispiel, in dem das in einem anderen Land ausnahmsweise einmal anders ist, ist für uns sehr fremd.

b. Die Blendung – ein Fall aus dem islamischen Recht
Ein Gericht in Teheran, einer Stadt im Iran, hat einer Frau erlaubt, dem Täter das Gleiche anzutun, was er ihr angetan hat.

Ameneh Bahrami ist 25 Jahre alt und studiert im Jahr 2004 in Teheran. Mitstudent Majid möchte sie gern heiraten und macht ihr einen Heiratsantrag. Die Frau lehnt den Heiratsantrag ab. Aus Wut darüber lauert Majid ihr auf und schüttet ihr einen Krug Säure ins Gesicht. Im islamischen Recht nennt man das Blendung. Das Gesicht von Ameneh Bahrami wird völlig entstellt und sie erblindet. Ärzte operieren sie siebzehnmal, doch die Frau bleibt blind. Ein Gericht in Teheran verhängt gegen Majid folgende Strafe: Ameneh Bahrami darf Majid das Gleiche antun, was er ihr angetan hat, nämlich Säure auf die Augen geben, so dass auch er erblinden wird. Im Juli 2011 verzichtet Bahrami auf das Recht, die Auge-um-Auge-Bestrafung auszuführen. Sie träufelt ihrem Peiniger keine Säure in die Augen und belässt ihm das Augenlicht. Sie habe ihm verziehen, sagt sie, sie habe aber alle Männer warnen wollen, damit sie so nicht mit Frauen umgehen.

Nach deutschem Recht wäre das undenkbar. Der Staat hat ein Gewaltmonopol. Nur er darf Straftaten verfolgen, nur er darf Strafen verhängen und nur er darf Strafen vollstrecken. Und sonst niemand. Warum das so ist, haben wir oben beim Thema Selbstjustiz gesehen: Es würde drunter und drüber gehen. Und das will keiner.

3. Kapitel
Alles was Recht ist

Du warst bestimmt schon einmal bei einem Kinderarzt, bei einem Zahnarzt oder einem Augenarzt. All diese Ärzte sind für ein bestimmtes Gebiet zuständig: Der Zahnarzt kümmert sich um die Zähne und hat von Kinderkrankheiten wenig Ahnung. Der Kinderarzt kennt sich gut mit Windpocken aus, weiß aber wenig von Augenkrankheiten. Der menschliche Körper ist kompliziert, und es gibt so viele verschiedene Krankheiten, dass sich ein Arzt unmöglich in allen Bereichen der Medizin auskennen kann. So ähnlich ist das auch im Recht. Es gibt verschiedene Bereiche des Rechts. Und die Juristen, also die Menschen, die sich mit dem Recht beschäftigen, spezialisieren sich auf ein bestimmtes Gebiet. Darin kennen sie sich dann besonders gut aus. So gibt es das Strafrecht, das Medizinrecht, das Sportrecht, das Verkehrsrecht, das Steuerrecht, das Arbeitsrecht, das Reiserecht, das Ausländerrecht, das Polizeirecht und ganz viele Rechtsgebiete mehr. Das klingt verwirrend, ist es aber nicht. Denn es gibt nur drei Hauptbereiche des Rechts: Das Strafrecht, das Zivilrecht und das Öffentliche Recht. Die meisten Menschen, auch die Erwachsenen, kennen den Unterschied zwischen den drei Rechtsbereichen nicht. Das ist schade, denn nur wer diesen Unterschied versteht, versteht auch unser Rechtssystem.

I. Das Strafrecht:
Gehe in das Gefängnis ...

Das Strafrecht ist das bekannteste der drei Rechtsgebiete. Die Menschen kennen das Strafrecht vor allen Dingen deswegen, weil Fernsehen, Radio und Zeitungen häufig über strafrechtliche Fälle und über spektakuläre Prozesse berichten. Gewaltverbrechen sind gruselig und interessant – «Der Kartoffelmörder von Braunschweig lebenslang hinter Gittern!» Wer will da nicht mehr wissen? «Mann erschlägt Frau mit Waffeleisen.» Das klingt spannend. So spannend, dass im Fernsehen dauernd Spielfilme und Krimis über strafrechtliche Fälle gezeigt werden. Viele Menschen glauben daher, dass das Recht vor allem aus dem Strafrecht besteht. Tatsächlich aber ist das Strafrecht das bei weitem kleinste der drei Rechtsgebiete.

1. Was man alles nicht tun darf –
Die Straftaten

Worum es im Strafrecht geht, kannst du schon aus dem Begriff selbst ableiten. Das Strafrecht sagt, welches Verhalten verboten ist. Genauer: Welches Verhalten so verboten ist, dass man mit einer Gefängnis- oder Geldstrafe rechnen muss, wenn man erwischt wird. Was genau verboten ist, steht im Strafgesetzbuch. Es beschreibt über 200 Handlungen, die verboten und strafbar sind. Diese verbotenen Handlungen nennt man Straftaten oder – juristisch ausgedrückt – Straftatbestände. Manche Straftatbestände kennst du bestimmt: Mord, Totschlag, Raub, Urkundenfälschung, Diebstahl, Körperverletzung, Betrug. Andere Straftatbestände kennst du eher nicht: Störung der Totenruhe, Missbrauch von Notrufen, Doppelehe, Kinderhandel, Missbrauch von Scheck- und Kreditkarten, Unerlaubte Veranstaltung eines Glücksspiels, Zerstörung von Bauwerken, Gefährliche Eingriffe in den Bahn-, Schiffs- und Luftverkehr, Gewässerverunreinigung. Es ist Aufgabe der Polizei, darauf zu achten, dass niemand Straftaten begeht. Falls doch jemand eine Straftat begeht, muss die Polizei herausfinden, wer es war. Dies teilt sie der Staatsanwaltschaft mit, und die entscheidet, ob sie Anklage erhebt. Erhebt sie Anklage, entscheidet ein Richter, ob und wie der Angeklagte bestraft wird.

2. Darum müssen Strafen sein

Weil ich nicht beklaut werden möchte, stehle ich auch selber nicht. Weil ich nicht getötet werden möchte, töte ich auch selber nicht. Eigentlich ist die Grundregel des Zusammenlebens ganz einfach: «Was du nicht willst, das man dir tut, das füg auch keinem anderen zu.» Wenn jeder freiwillig diese einfache Regel befolgen würde, bräuchte man das Strafrecht wahrscheinlich nicht. Wir würden ohne das dicke Strafgesetzbuch friedlich miteinander leben. Aber leider ist es nicht so einfach. Manche Menschen verhalten sich nicht deshalb richtig, weil sie ehrlich und friedlich sein wollen. Sie lassen andere Menschen nur deshalb in Ruhe, weil sie Angst vor einer Strafe haben. Das Strafrecht steuert durch Abschreckung die Handlungen der Menschen.

Stellen wir uns vor, der Gesetzgeber würde einen einzigen Straftatbestand, nämlich den Diebstahl (§ 242 StGB), aus dem Strafgesetzbuch streichen. Einige Menschen würden in den Supermarkt gehen und die Regale leer räumen. Sie würden sagen: «Wieso nicht? Ist doch erlaubt.» Im Blumenladen würden sie die Sträuße aus den Vasen nehmen und im Kaufhaus die teure Jeans aus dem

Regal. Wenn es dein Kaufhaus wäre, würdest du wahrscheinlich verhindern wollen, dass jemand eine Jeans mitnimmt, und dabei könnte es zu einer Schlägerei kommen. Vielleicht würdest du dein Geschäft auch schließen, denn du verdienst ja nicht mehr genug Geld. Und auch andere Ladenbesitzer würden ihre Geschäfte schließen. Plötzlich gäbe es keine Läden mehr, und nirgendwo gäbe es mehr etwas zu kaufen. Damit das alles nicht passiert, steht der Diebstahl unter Strafe. Wer nicht ins Gefängnis will, klaut besser nicht. Der Straftatbestand des Diebstahls schützt das Eigentum der Menschen.

Und was passiert, wenn die Abschreckung nicht klappt? Wenn jemand trotzdem eine Straftat begeht? Dann wird er bestraft, klar. Aber welchen Sinn macht das? Eine Strafe verfolgt mehrere Zwecke. Bei schlimmen Straftaten sollen die Menschen vor dem Täter geschützt werden – der Täter wird weggesperrt und muss ins Gefängnis. Dann kann er diese oder eine andere Straftat nicht noch einmal begehen. Aber ein Straftäter soll nicht einfach nur weggesperrt werden. Im Gefängnis soll aus ihm ein besserer Mensch gemacht werden. Deshalb kann der Straftäter im Gefängnis einen Schulabschluss nachholen oder eine Ausbildung machen. Dann kann er später – zurück im wirklichen Leben – ehrlich sein Geld verdienen. Der Straftäter soll lernen, dass es wichtig ist, Regeln einzuhalten. Dass man nicht einfach das machen kann, wozu man Lust hast. Dieses Ziel bezeichnet man mit dem komplizierten Wort «Resozialisierung». Es wäre schön, wenn das immer so klappen würde. Leider sieht die Wirklichkeit anders aus. Viele Straftäter, die aus dem Gefängnis entlassen werden, begehen später wieder Straftaten. Man sagt, sie werden rückfällig. Und schließlich dient die Bestrafung eines Straftäters dazu, andere Menschen von Straftaten abzuhalten. Wenn einer bestraft wird, sehen die anderen, dass es sich nicht lohnt, Straftaten zu begehen. Da sind wir wieder bei der Abschreckung.

3. Wer bestimmt, wie ein Täter bestraft wird?

Die Straftatbestände bestimmen auch, wie ein Täter bestraft werden kann. Das ist deshalb wichtig, weil sich der Richter, der die Strafe verhängt, nicht einfach eine Strafe ausdenken darf. Der Richter kann nicht sagen: Diebe sind ganz schlimme Menschen, und jeder Dieb muss sieben Jahre ins Gefängnis. Der Richter muss im Gesetz nachsehen, welche Strafe das Gesetz für einen Diebstahl vorsieht. Für den Diebstahl sagt das Gesetz: Ein Dieb «wird mit Freiheitsstrafe bis zu fünf Jahren oder mit Geldstrafe bestraft». Für mehr als für fünf Jahre kann der Richter einen Dieb also nicht ins Gefängnis schicken.

Na Klasse! Wie soll ein Richter einen Diebstahl denn jetzt bestrafen? Reicht eine Geldstrafe, oder soll der Dieb ins Gefängnis und, wenn ja, für wie lange? Das Gesetz sieht deshalb keine einheitliche Strafe vor, weil jeder Diebstahl anders ist und anders bestraft werden muss.

> Wenn Rita Klein in einem Kaufhaus einen Lippenstift im Wert von 15,60 Euro stiehlt, kann sie dafür nicht genauso hart bestraft werden wie Michael Freitag, der aus dem Elektromarkt zwanzig DVD-Spieler im Gesamtwert von 3000 Euro abtransportiert. In beiden Fällen liegt zwar ein Diebstahl vor, der Diebstahl von Frau Klein ist jedoch weniger schwerwiegend als der von Herrn Freitag. Schließlich hat Rita Klein einen viel geringeren Schaden angerichtet. Daher müssen Frau Klein und Herr Freitag unterschiedlich hoch bestraft werden. Um dem Richter diese Möglichkeit zu geben, sieht das Gesetz keine einheitliche Strafe vor, sondern nur einen Strafrahmen. Dieser Strafrahmen gibt dem Richter die Möglichkeit, dem einen Dieb eine geringere und dem anderen Dieb eine höhere Strafe aufzuerlegen, je nachdem, ob es ein leichter oder ein schwerer Diebstahl war. So kann der Richter gegen Frau Klein eine Geldstrafe verhängen und gegen Herrn Freitag eine Gefängnisstrafe von acht Monaten.

Es gibt aber auch Straftatbestände, bei denen der Richter keine Wahl hat, weil das Gesetz nur eine einzige Strafe anordnet. Dies ist bei Mord der Fall. Es gibt keinen leichten und keinen schweren Mord, Mord ist immer gleich schlimm. Daher sagt das Gesetz: «Der Mörder wird mit lebenslanger Freiheitsstrafe bestraft.»

4. Geldstrafe oder Gefängnisstrafe?

Unser Recht kennt nur zwei Formen der Strafe, die Geldstrafe und die Gefängnisstrafe. Das war nicht immer so. Im Mittelalter gab es grausame Strafen, so grausam, dass man sie sich eigentlich gar nicht vorstellen möchte. Es gab zum Beispiel die Körperstrafe – Ohren, Nase oder Zunge wurden abgeschnitten, oder es wurde die Hand abgehackt. Oder der Täter wurde an den Pranger gestellt. Der Pranger war eine Säule mitten in der Stadt, und der Täter wurde daran festgebunden. So konnte jeder sehen, dass er etwas verbrochen hatte. Die Menschen durften den Täter auch mit Steinen bewerfen. Nicht selten wurde auch die Todesstrafe verhängt. Die Menschen wurden verbrannt, ertränkt, oder ihnen wurde der Kopf abgeschlagen. Zur Abschreckung wurde der Kopf dann auf Stangen an den Stadttoren befestigt. Weltweit werden noch heute viele Menschen mit dem Tode bestraft. In der Bundesrepublik wurde die Todesstrafe im Jahr 1949 abgeschafft, in der DDR erst 1987. Die schärfste Form der Strafe, die unser Recht heute kennt, ist die lebenslange Freiheitsstrafe.

a. Meistens verhängt der Richter eine Geldstrafe

Es muss schon eine schlimme Tat vorliegen, wenn der Richter den Angeklagten zu einer Gefängnisstrafe verurteilt. In den meisten Fällen hält der Richter eine Geldstrafe für ausreichend.

Wenn ein Richter ein Urteil verkündet, dann sagt er nie: «Der Angeklagte wird zu einer Geldstrafe von 2500 Euro verurteilt.» Für den Arbeitslosen, der im Monat 850 Euro zu Verfügung hat, sind 2500 Euro viel, für den Großverdiener, der im Monat 50 000 Euro verdient, lächerlich. Daher gilt folgende Regel: Wer wenig Geld hat, zahlt wenig, wer mehr Geld hat, zahlt mehr. Der Richter sieht sich an, was der Angeklagte im Monat verdient, teilt dies durch 30 Tage und weiß dann, was der Angeklagte am Tag zur Verfügung hat. Das ist der Tagessatz. Ein Tagessatz beträgt mindestens einen Euro und höchstens 30 000 Euro.

> Frieder Freifuß hat das erste Mal einen Diebstahl von fünf Stangen Zigaretten begangen und soll dafür bestraft werden. Er ist Elektriker und verdient im Monat 1500 Euro, das sind am Tag 50 Euro. Also legt der Richter den Tagessatz auf 50 Euro fest.

Dann muss der Richter noch entscheiden, wie viele Tagessätze der Angeklagte zahlen muss. Die Anzahl der Tagessätze beträgt zwischen 5 und 360. Bei einem Diebstahl verhängt der Richter im Regelfall mehr Tagessätze als bei einer Beleidigung. Wer etwas so Schlimmes begangen hat, dass eine Geldstrafe von 360 Tagessätzen nicht ausreicht, der bekommt eine Gefängnisstrafe.

> Für den Diebstahl von Frieder Freifuß legt der Richter 70 Tagessätze fest. Im Urteil steht dann: «Der Angeklagte wird zu einer Geldstrafe von 70 Tagessätzen zu je 50 Euro verurteilt.» Im Ergebnis muss Frieder Freifuß also 3500 Euro zahlen.

Bezahlt der Verurteilte die Geldstrafe nicht, muss er die Geldstrafe im Gefängnis absitzen. Für jeden Tagessatz einen Tag. Bezahlt Frieder Freifuß also nichts, dann muss er für 70 Tage ins Gefängnis. Man spricht von einer Ersatzfreiheitsstrafe.

b. Nur bei schweren Straftaten muss man ins Gefängnis

Die Gefängnisstrafe ist die schwerste Strafe, die ein Richter verhängen kann. Wer ins Gefängnis muss, muss seine Familie verlassen und verliert seinen Arbeitsplatz. Nach einigen Jahren kehrt er in die Freiheit zurück, oft ist die Familie weg und oft auch die Freunde. Der entlassene Straftäter muss sich eine neue Wohnung und eine neue Arbeit suchen. Aber wer gibt einem entlassenen Straftäter schon Arbeit? Weil die Folgen einer Gefängnisstrafe so heftig sind, verhängt sie der Richter nur bei schweren Straftaten und bei Tätern, die immer wieder Straftaten begehen, die sich also nicht abschrecken lassen. Diese Täter heißen auch Wiederholungstäter.

Gefängnisstrafe – von 6 Monaten bis lebenslang Die kürzeste Gefängnisstrafe beträgt sechs Monate, die längste dauert ein Leben lang. Eine lebenslange Freiheitsstrafe gibt es nur bei den schlimmsten Straftaten, wie etwa bei Mord. Wer zu einer «lebenslangen» Haftstrafe verurteilt worden ist, bleibt im Durchschnitt etwa 20 Jahre im Gefängnis eingesperrt. Wer sich in dieser Zeit im Gefängnis gut verhält, kann damit rechnen, dass seine restliche Strafe zur Bewährung ausgesetzt wird: Der Gefangene wird aus dem Gefängnis entlassen, muss aber wieder zurück ins Gefängnis, wenn er wieder eine Straftat begeht. Aber warum dauert eine lebenslange Freiheitsstrafe nicht wirklich ein Leben lang? Eine lebenslange Freiheitsstrafe – Gefängnis bis zum Tode – verstößt gegen das Recht auf Menschenwürde nach Artikel 1 Grundgesetz. Jeder Mensch, auch der, der etwas ganz Schlimmes getan hat, soll die Chance haben, wieder in Freiheit zu kommen. Diese Chance bekommt der Mörder aber frühestens nach 15 Jahren. Erst, wenn er 15 Jahre im Gefängnis gesessen hat, wird geprüft, ob er sich gut geführt hat und ob er wahrscheinlich eine solche Tat nicht noch einmal begehen wird. Ist das so, dann darf er zurück in die Freiheit – aber nur so lange, wie er sich in Freiheit gut führt. Sonst geht es zurück ins Gefängnis.

Beweise, dass du auch straffrei leben kannst – Strafaussetzung zur Bewährung Nicht nur bei den «Lebenslänglichen» prüft die Staatsanwaltschaft, ob ein Teil der Strafe probehalber erlassen werden kann. Sie prüft dies bei allen Gefangenen. Wenn ein Strafgefangener zwei Drittel der Strafe im Gefängnis «abgesessen» hat, prüft die Staatsanwaltschaft, ob sie den Rest der Strafe zur Bewährung aussetzen kann.

> Frieder Freifuß hat zu oft einen Diebstahl begangen, so dass der Richter nun eine Gefängnisstrafe von drei Jahren verhängt. Nach zwei Jahren Gefängnis prüft die Staatsanwaltschaft, ob sie Frieder Freifuß das restliche Jahr Gefängnis ersparen und ihn «auf Bewährung» entlassen kann. Dazu fragt die Staatsanwaltschaft beim Gefängnis an, ob sich Frieder Freifuß im Gefängnis an die Regeln gehalten hat, ob er eingesehen hat, dass man keine Sachen klauen darf, und ob man davon ausgehen kann, dass er das Stehlen in Zukunft lässt. Eine solche Einschätzung nennt man Sozialprognose. Das Gefängnis ist der Meinung, dass Frieder Freifuß während der Zeit im Gefängnis gelernt hat, dass man keine Sachen stehlen darf. Er hat regelmäßig in der Schreinerei gearbeitet und ist immer seinen Pflichten nachgekommen. Kurzum: Frieder Freifuß hat sich gut geführt.

Nicht selten kommt es vor, dass ein Angeklagter zwar eine Gefängnisstrafe bekommt, aber nicht ins Gefängnis muss. Hier setzt der Richter die gesamte Gefängnisstrafe zur Bewährung aus. Im Urteil steht dann: «Der Angeklagte wird zu einer Freiheitsstrafe von 2 Jahren verurteilt. Die Vollstreckung der Freiheitsstrafe wird zur Bewährung ausgesetzt.» Das heißt, der Angeklagte muss nicht ins Gefängnis. Aber es geht noch weiter. Der Richter bestimmt nämlich: «Die Bewährungszeit beträgt drei Jahre.» Das heißt, der Angeklagte darf in den drei Jahren keine Straftat begehen, sonst muss er doch ins Gefängnis. Und damit der Angeklagte trotzdem eine «Strafe» verspürt, spricht der Richter oft auch noch eine Bewährungsauflage aus: «Dem Angeklagten wird aufgegeben, 100 Arbeitsstunden in einem Tierheim zu arbeiten.»

Tut er das nicht, muss er allein deswegen ins Gefängnis gehen und seine Gefängnisstrafe absitzen. Der Richter kann nur Gefängnisstrafen von bis zu zwei Jahren auf Bewährung aussetzen. Eine Bewährungsstrafe gibt es also nur bei Straftaten, die nicht ganz so schlimm sind.

Ist eine Gefängnisstrafe zur Bewährung ausgesetzt oder wird ein Gefangener vorzeitig aus dem Gefängnis entlassen, bekommt er einen Bewährungshelfer. Der Bewährungshelfer überwacht nicht nur, dass der Straftäter die Bewährungsauflagen einhält, sondern er hilft ihm auch bei täglichen Problemen. Einige Straftäter sind drogensüchtig und müssen an Suchttherapien teilnehmen, damit sie von der Drogensucht loskommen. Hier überwacht der Bewährungshelfer, dass der verurteilte Straftäter regelmäßig zu den Terminen erscheint. Erscheint er nicht, meldet der Bewährungshelfer dies dem Gericht, und es kann sein, dass der Richter den Verurteilten deshalb ins Gefängnis schickt. Der Bewährungshelfer hilft auch Gefangenen, wenn sie aus dem Gefängnis entlassen werden. Viele Gefangene stehen bei ihrer Entlassung aus dem Gefängnis nämlich vor dem Nichts.

> Frieder Freifuß wird aus dem Gefängnis entlassen. Er hat keine Wohnung und keine Arbeit. Sein Bewährungshelfer Tobias Hilfreich macht mit ihm einen Termin beim Arbeitsamt. Dort informieren sich beide darüber, welche Arbeit für Frieder Freifuß in Betracht kommt. Dann studiert er mit Frieder Freifuß die Wohnungsanzeigen, um eine geeignete Wohnung für ihn zu finden.

Gefangene kochen und putzen selbst In Deutschland leben etwa 100 000 Kinder, deren Vater oder Mutter im Gefängnis sind. In 80 Prozent der Fälle ist es der Vater. Es gibt etwa 180 Gefängnisse mit insgesamt 80 000 Haftplätzen. Jeder Gefangene kostet am Tag etwa 110 Euro. Das sind Gesamtkosten von etwa 3 Milliarden Euro im Jahr. Bezahlt wird dies aus Steuergeldern, die auch deine Eltern zahlen. Es gibt verschiedene Arten von Gefängnissen. Für Frauen gibt es «Frauengefängnisse». Frauen haben dort die Möglichkeit, ihr Kind mit ins Gefängnis zu nehmen. So werden Mutter und Kind nicht getrennt. Es gibt auch Gefängnisse für Jugendliche, also für Straftäter im Alter zwischen 14 und etwa 20 Jahren. Gefangene haben Rechte und Pflichten. Diese Rechte und Pflichten sind im Strafvollzugsgesetz geregelt. Ein Gefangener ist im Regelfall in einer Einzelzelle untergebracht. In seiner Zelle stehen ein Bett, ein Schrank und ein Stuhl. Außerdem sind darin eine Toilette und ein Waschbecken. Der Gefangene darf in seiner Zelle Photos von seiner Familie aufhängen. Ein Gefängnis ist wie ein sehr einfaches Hotel, nur dass die Gefangenen viele Arbeiten selbst machen müssen und das Gefängnis nicht verlassen dürfen. Es gibt eine Wäscherei, eine Bäckerei, eine Großküche, es gibt eine Schreinerei und eine Bücherei. Die anfallende Arbeit verrichten die Gefangenen. Die meisten Gefangenen wollen auch arbeiten, weil es ihnen sonst zu langweilig wird. Sie bekommen für die Arbeit Geld, ungefähr 1,50 Euro in der Stunde. Die Hälfte davon hat er zur freien Verfügung und kann sich damit am Gefängniskiosk etwas kaufen, etwa Schokolade oder Zigaretten. Die andere Hälfte muss der Gefangene sparen. Das ersparte Geld bekommt er ausgezahlt, wenn er aus dem Gefängnis entlassen wird. Dieses Geld nennt man Überbrückungsgeld. Es soll die ersten vier Wochen nach der Haftentlassung überbrücken, damit sich der Gefangene eine Wohnung suchen und etwas zu essen kaufen kann.

5. Wer 14 Jahre alt ist, kann bestraft werden – Das Jugendstrafrecht

Nur wem klar ist, dass man bestimmte Dinge nicht machen darf, kann bestraft werden. Wenn Felix, das Kleinkind, einen roten Schnuller aus dem Supermarkt mitnimmt, kann seine Mutter weder mit ihm schimpfen noch ihn dafür bestrafen. Noch weniger kann der Staat Felix bestrafen. Felix weiß gar nicht, was er tut.

Wer noch nicht seinen 14. Geburtstag gefeiert hat, ist strafunmündig. Etwas vereinfacht ausgedrückt: Der Staat kann ihn nicht bestrafen, egal was er tut.

> Leonie ist 13 Jahre alt. Sie braucht für die Party am Abend dringend einen neuen Lippenstift. Schließlich wird der coole Paul auch zur Party kommen. Leonie steht in der Drogerie und sagt sich: «Die haben doch so viele, da fällt doch einer weniger nicht auf.» Sie nimmt sich einen Lippenstift aus dem Regal und steckt ihn ein. Als sie den Laden verlassen will, wird sie vom Ladendetektiv aufgehalten. Leonie bricht in Tränen aus. Wenn das ihre Eltern erfahren!

Leonie hat einen Diebstahl begangen. Weil sie aber noch nicht 14 Jahre alt ist, kann ein Richter sie nicht bestrafen. Der Ladendetektiv wird vielleicht die Polizei informieren, und die wird dann Leonie nach Hause bringen. Leonies Eltern können dann entscheiden, ob und wie sie ihre Tochter bestrafen. Wahrscheinlich werden sie ihr verbieten, abends zur Party zu gehen. Oder sie werden ihr für einen Monat kein Taschengeld zahlen. Es kann auch sein, dass sie von Leonie verlangen, dass sie sich bei dem Geschäft für den Diebstahl entschuldigt. Mehr kann Leonie aber nicht passieren.

Ab ihrem 14. Geburtstag sind junge Menschen keine Kinder mehr. Sie sind Jugendliche und sollten gelernt haben, was man darf und was man nicht darf. Daher sind sie ab jetzt strafrechtlich verantwortlich, und der Staat kann sie für einen Diebstahl oder für eine Schlägerei bestrafen. Der Staat ist bei Jugendlichen aber noch nicht so streng wie bei Erwachsenen. Jugendliche sind noch keine Erwachsenen. Jugendliche sind auf dem Weg zum Erwachsenwerden, sie sind «halb Kind» und «halb Erwachsener». Auch wenn sie etwas «anstellen», sind die meisten von ihnen – nicht alle – in der Welt der Kriminalität nicht zu Hause. Die häufigsten Delikte, die Jugendliche begehen, sind Körperverletzungen, Sachbeschädigungen, und Ladendiebstähle. Oft begehen sie

Straftaten aus Übermut und Leichtsinn. Auch der Gruppenzwang – «Mensch, du Feigling, mach doch mit» – spielt eine große Rolle. Das ist keine Entschuldigung, aber doch eine Erklärung dafür, warum sich Jugendliche zu Straftaten hinreißen lassen und nicht richtig überblicken, was sie eigentlich tun. Deshalb gilt für Jugendliche nicht das gleiche Strafrecht wie für Erwachsene. Für Jugendliche gilt ein milderes Strafrecht, das Jugendstrafrecht. Das Jugendstrafrecht will nicht bestrafen, es will dem Jugendlichen klar machen, warum er zukünftig keine Straftaten mehr begehen soll. Dieser Gedanke, den Jugendlichen zu einem straffreien Leben zu erziehen, zeigt sich auch in den «Strafen», die der Richter gegen Jugendliche verhängen kann. Oft sind es richtige «Denkzettel»:

> Patrick Jung ist 16 Jahre alt. Er geht noch zur Schule und wiederholt die 9. Klasse. Patrick hat zwei Freunde, Niklas und Thorben. Die drei sind auf dem Schulhof gefürchtet. Wenn sie knapp bei Kasse sind, «rippen» sie ab. So zum Beispiel: Patrick, Niklas und Thorben umringen in der Pause Conrad und sagen: «Mensch, coole Jacke. Hat die dein Vater gekauft? Lass mal sehen. Richtig cool. So eine hätte ich auch gern. Mein Alter hat aber nicht so viel Kohle. Wenn du die Jacke behalten willst, dann gib uns 30 Euro. Sonst gibt's Schläge nach der Schule. Und zwar richtige. Hast du verstanden?» Aus Angst vor den Prügeln gibt Conrad den dreien die geforderten 30 Euro.

Was die drei Freunde harmlos als «abrippen» bezeichnen, ist Erpressung. Erpressung kann mit einer Geld- oder Gefängnisstrafe bis zu fünf Jahren bestraft werden. Eine Geldstrafe macht für die Jugendlichen keinen Sinn. Sie gehen noch zur Schule und verdienen kein eigenes Geld. Ihre Eltern müssten für sie die Strafe bezahlen, was aber nicht Sinn einer Strafe ist. Es bliebe nur eine Gefängnisstrafe, die aber wäre übertrieben und auch nicht gut für die drei. Im Gefängnis wären sie dem schlechten Einfluss der Mitgefangenen ausgesetzt, die im Zweifel das «Abrippen» gut finden. Nein, die drei Jungs müssen nicht bestraft, sondern erzogen werden. Dazu hat das Jugendstrafrecht verschiedene Mittel: Der Richter kann ihnen verbieten, weiter untereinander Kontakt zu haben. Er kann die Jungs dazu verpflichten, sich bei Conrad zu entschuldigen. Er kann auch alle drei dazu verurteilen, an einem «Anti-Gewalt-Training» teilzunehmen. Das ist ein Kurs, in dem Jugendliche lernen, dass man gegen andere Menschen keine Gewalt ausübt. Der Richter kann Niklas, Patrick und Thorben auch dazu verpflichten, dass sie 40 Stunden in einem Kinderheim arbeiten. In den meisten Fällen ordnet der Richter nicht nur eine dieser «Strafen» an, sondern mehrere. Die Idee hinter all diesen «Strafen» ist immer die gleiche: Patrick, Niklas und Thorben sollen lernen, dass sie etwas falsch gemacht haben und dass es sich nicht lohnt, Straftaten zu begehen.

Wenn die drei Jungen den Anordnungen des Richters nicht nachkommen oder erneut Mitschüler erpressen, kann der Richter strenger werden. Er kann Patrick, Niklas und Thorben zu einem Freizeitarrest verurteilen. Dann müssen sie für ein Wochenende in eine Jugendarrestanstalt, in eine Art Gefängnis für Jugendliche. Das Fußballturnier seiner Mannschaft kann sich Patrick dann abschminken, und Niklas kann beim 65. Geburtstag seines Opas nicht dabei sein. Bei schweren Straftaten oder wenn ein Jugendlicher ständig neue Straftaten begeht, kann der Richter gegen einen Jugendlichen auch einen Dauerarrest anordnen. Der Jugendliche muss dann für maximal vier Wochen in das Gefängnis für Jugendliche. Das ist schon sehr unangenehm, denn jetzt bekommt natürlich jeder mit, dass der Jugendliche eine Straftat begangen hat und dafür verurteilt worden ist. Hoffentlich denkt er jetzt endlich «Da will ich nie wieder rein» und begreift, dass sich Straftaten nicht lohnen. Manche Jugendliche sind leider nicht so schlau und begehen sehr schwere Straftaten, oft immer wieder. Dann ist auch die Geduld des Staates zu Ende. Der Jugendliche wird zu einer Jugendstrafe verurteilt, das ist eine echte Gefängnisstrafe von bis zu zehn Jahren.

Insgesamt kann das Jugendstrafrecht also viel flexibler auf strafbares Verhalten reagieren als das Strafrecht für Erwachsene. Aber irgendwann wird aus jedem Jugendlichen ein Erwachsener: Ein Richter darf schon auf 18 Jahre alte Angeklagte das Strafrecht für Erwachsene anwenden. Das macht der Richter dann, wenn er den Angeklagten als so weit entwickelt wie einen Erwachsenen ansieht. Und wenn jemand 21 Jahre alt ist, gilt das strenge Strafrecht für Erwachsene auf jeden Fall.

6. Nicht so schlimm, aber doch verboten – Die «Owis»

Ebenfalls zum Strafrecht gehört das Recht der Ordnungswidrigkeiten. Man spricht gern von «Owis», weil das Wort Ordnungswidrigkeiten so lang ist. Bei den «Owis» geht es auch um Regeln, die man einhalten muss. Nicht zuletzt deshalb, weil sich sonst niemand mehr an die Vorschriften halten würde. Die Straßenverkehrsordnung enthält zum Beispiel viele Vorschriften, die alle Teilnehmer am Straßenverkehr einhalten müssen. Man darf nicht bei Rot über die Ampel fahren. Man darf niemandem die Vorfahrt nehmen. Man darf nicht zu schnell fahren. Wer sich nicht daran hält und dabei erwischt wird, kann ein Bußgeld bekommen. Das Bußgeld beträgt mindestens 5 Euro, im Regelfall aber etwa 15 bis 150 Euro. Bei besonders schwerwiegenden Verstößen kann ein Fahrverbot von maximal drei Monaten verhängt werden. Es gibt aber auch viele andere Gesetze, die Bußgeldvorschriften enthalten. Etwa das Bundesnaturschutzgesetz, das bestimmt, was im Wald erlaubt und was verboten ist. Bei Verstößen können Geldbußen bis 50 000 Euro verhängt werden.

II. Das Zivilrecht:
Wenn zwei sich streiten

Der Begriff «civile» kommt aus dem Lateinischen und heißt bürgerlich. Wenn sich zwei Bürger – meist um Geld – streiten, kommt das Zivilrecht ins Spiel und klärt, wer von beiden Recht hat. Ein paar Beispiele:

> Lena ist – ganz aus Versehen – mit ihrem Roller am neuen Porsche von Herrn Möller entlang geratscht. Die Schramme sieht nicht schön aus. Herr Möller will sein Auto für 1000 Euro neu lackieren lassen und fordert Schadensersatz. Die Eltern von Lena meinen, Lena sei noch zu klein und für nichts verantwortlich. Das Zivilrecht entscheidet, ob Herr Möller die 1000 Euro bekommt – entweder von Lena oder von ihren Eltern.

> Uropa Bernd ist mit 105 Jahren gestorben. Seine Enkel Tick, Trick und Track streiten sich darum, wer die goldene Taschenuhr von Uropa Bernd bekommt. Auch hier entscheidet das Zivilrecht, wer die Uhr erbt.

> Bertha von der Höhe hat eine Schönheitsoperation machen lassen. Nur leider ist die mächtig schief gegangen. Bertha sieht noch hässlicher aus als vorher. Auch hier entscheidet das Zivilrecht, ob sie vom Arzt Schmerzensgeld bekommt.

Du siehst, dass in diesen Streitigkeiten der Staat oder die Polizei keine Rolle spielen. Das ist der große Unterschied zum Strafrecht. Im Zivilrecht stehen sich zwei gleichberechtigte Bürger gegenüber. Deshalb gibt es hier auch keinen Angeklagten. Es gibt nur einen Kläger – das ist der, der von einem anderen etwas will – und einen Beklagten – das ist der, von dem der Kläger etwas will. Und wenn der Beklagte den Prozess verliert, muss er das tun, was der Kläger von ihm wollte. Meist muss er ihm Geld zahlen. Oder eine goldene Uhr rausrücken. Oder die Musik ab 22 Uhr leiser drehen.

1. Da steht (fast) alles drin –
Das Bürgerliche Gesetzbuch

Die wichtigsten Vorschriften des deutschen Zivilrechts stehen im Bürgerlichen Gesetzbuch, abgekürzt das BGB. Das BGB stammt aus dem Jahr 1900, ist also über hundert Jahre alt. Es hat aber bis heute nichts von seiner Bedeutung verloren. Selbstverständlich hat der Gesetzgeber das BGB seitdem oft geändert. Als das BGB geschaffen wurde, sind die Menschen noch mit Kutschen durch die Straßen gefahren und haben die Suppe über dem Gasherd gekocht. Von Auto und Elektroherd keine Spur, ganz zu schweigen von Telefon, Handy, Internet, Flugzeugen und Wolkenkratzern. Die Welt hat sich seitdem sehr verändert, sie ist technischer, weltumspannender und komplizierter geworden. Daher hat man in diesen 100 Jahren viele Vorschriften neu aufgenommen, viele hat man geändert und einige gestrichen. Über manche Vorschriften muss man heute lachen. Es sind Vorschriften, die vor 100 Jahren wichtig waren, heute aber nicht mehr, und trotzdem gibt es sie immer noch. Wie etwa die Vorschriften über Bienenschwärme. Vor 100 Jahren war die Bienenhaltung weit verbreitet, viele Menschen waren Imker und machten ihren Honig selbst. Aus dieser Zeit stammen die Vorschriften über Bienenschwärme (§§ 961 bis 964 BGB). Sie regeln etwa, was der Imker tun darf, wenn ihm der Bienenschwarm weggeflogen ist: Er darf ohne Erlaubnis durch fremde Gärten laufen, um seinen Bienenschwarm wieder einzufangen. Heute interessiert das niemanden mehr. Trotz der vielen Änderungen in den letzten 100 Jahren ist das BGB in seiner Struktur gleich geblieben. Es besteht aus fünf Teilen – einem Allgemeinen Teil, dem Schuldrecht, dem Sachenrecht, dem Familien- und dem Erbrecht – und enthält über 2300 Vorschriften.

2. Allgemeiner Teil – Mit deinem Taschengeld kannst du dir kaufen, was du willst!

Im Allgemeinen Teil sind die Fragen geregelt, die für das gesamte Recht wichtig sind: Wie alt muss man sein, um einen Vertrag zu schließen? Wie kommt ein Vertrag zustande? Reicht eine mündliche Einigung oder ist ein schriftlicher Vertrag notwendig?

Kinder unter 7 Jahren können keine Verträge schließen. Wenn der 5-jährige Paul seine Wasserpistole an den 8-jährigen Max für 3 Euro verkauft, dann gilt dieser Vertrag nicht. Paul kann nichts verkaufen, auch wenn er es möchte. Anders ist es, wenn Paul 7 Jahre alt geworden ist. Dann kann er seine Wasserpistole an Max verkaufen, allerdings nur, wenn seine und Max' Eltern das erlauben. Dann gilt der Vertrag, und Paul muss die Pistole an Max rausrücken, auch wenn er es sich zwischenzeitlich anders überlegt hat. Mit seinem Taschengeld kann Paul ab seinem 7. Geburtstag machen, was er will. Der «Taschengeldparagraf» (§ 110 BGB) sagt, dass Kinder mit dem Geld, das sie von ihren Eltern als Taschengeld bekommen, machen dürfen, was sie wollen. Wenn Paul sich von seinem Taschengeld eine eklige Glibberkrake kauft, kann seine Mutter die Glibberkrake nicht zurück in den Laden bringen und das Geld zurückverlangen. Der Vertrag, den Paul geschlossen hat, gilt, weil er die Krake von seinem Taschengeld bezahlt hat.

Die allermeisten Verträge können mündlich geschlossen werden. Man sagt, sie werden «formfrei» geschlossen, weil eine bestimmte Form, etwa die Schriftform, nicht notwendig ist und auch viel zu umständlich wäre. Oft ist es allerdings sinnvoll, einen schriftlichen Vertrag zu schließen. Streitet man sich später, kann man nachsehen, was genau vereinbart wurde. Und manchmal muss man sogar einen schriftlichen Vertrag schließen: Wer ein Haus kaufen möchte, muss dies schriftlich tun und muss sogar zu einem Notar gehen. Der Notar liest den Vertrag noch einmal vor und fragt, ob alle damit einverstanden sind und den Vertrag auch wirklich so schließen wollen. Denn: Der Kauf eines Hauses ist eine wichtige Entscheidung, unter anderem deshalb, weil ein Haus sehr teuer ist.

3. Schuldrecht – Das Recht der Schuldverhältnisse

Im Schuldrecht geht es um Schuldverhältnisse. Es geht um das Recht einer Person, von einer anderen Person eine Leistung zu verlangen. Ein Schuldverhältnis kann zum Beispiel durch einen Vertrag entstehen, dann nennt man es vertragliches Schuldverhältnis (a). Ein Schuldverhältnis kann aber auch durch ein bestimmtes Ereignis entstehen, dann nennt man es gesetzliches Schuldverhältnis (b).

a. Wer etwas geschenkt bekommt, schließt einen Vertrag

Nicht selten hört man den Satz: «Du schuldest mir noch 5 Euro!» Das heißt so viel wie: «Ich habe dir 5 Euro geliehen und möchte, dass du sie mir wiedergibst.» Diesen Anspruch auf Rückgabe geliehenen Geldes regelt das Schuldrecht: Wer sich von einem Anderen Geld leiht, muss das Geld wieder zurückgeben. Er schuldet Geld. In den meisten Fällen deshalb, weil er einen Vertrag geschlossen hat und sich in diesem Vertrag zu etwas verpflichtet hat. Wenn Dominik seinem Freund Hans im Kino 5 Euro leiht, damit sich Hans Popcorn kaufen kann, schließen beide einen Darlehnsvertrag: Dominik verpflichtet sich, Hans 5 Euro zu geben. Hans verpflichtet sich, Dominik das Geld wieder zurückzugeben. Auch die Schenkung ist ein Vertrag, in dem sich jeder, der Schenker und der Beschenkte, zu etwas verpflichtet: Wenn deine Oma dir die rote Eisenbahn von Lego schenkt, dann schließt ihr einen Schenkungsvertrag: Deine Oma verpflichtet sich, dir die Eisenbahn zu schenken, du verpflichtest dich, die Eisenbahn anzunehmen. Jetzt fragst du dich sicher, warum die Schenkung ein Vertrag ist und du verpflichtet bist, das Geschenkte anzunehmen? Die Eisenbahn wolltest du doch schon immer haben. Etwas geschenkt zu bekommen ist doch immer gut? In den meisten Fällen schon. Nicht aber, wenn man einem anderen einen gefährlichen Kampfhund schenken möchte oder eine Tonne Müll. Hunde mag nicht jeder. Und Müll erst recht nicht. Daher muss der Beschenkte immer zustimmen und selbst entscheiden, ob er das Geschenk haben will oder nicht.

Natürlich kannst du immer selbst entscheiden, ob du überhaupt einen Vertrag schließen willst und, wenn ja, mit wem. Diese Freiheit heißt Vertragsfreiheit.

b. Auch Kinder und Jugendliche können schadensersatzpflichtig werden

Es gibt aber auch Fälle, in denen jemand einem anderen etwas schuldet, ohne dass sie sich überhaupt kennen: Herr Müller fährt bei Rot über die Ampel und rauscht Herrn Meyer in dessen neuen Porsche. Herr Meyer ist alles andere als begeistert und will natürlich seinen Schaden ersetzt haben. Jetzt kann Herr Müller nicht sagen: «Wir haben keinen Vertrag geschlossen, Sie bekommen kein Geld von mir.» Verpflichtungen entstehen nämlich nicht nur über einen Vertrag, sondern auch durch ein bestimmtes Ereignis, wie hier durch einen Unfall. Der Unfall verbindet Herrn Meyer und Herrn Müller, und Herr Müller ist verpflichtet, Herrn Meyer den Schaden am Auto zu ersetzen.

Nicht nur Erwachsene können schadensersatzpflichtig werden, sondern auch Kinder und Jugendliche. Dabei müssen sie einen Schaden nicht einmal absichtlich verursachen, es reicht auch ein Missgeschick. Anders als im Strafrecht musst du nicht erst ab deinem 14. Geburtstag für deine Taten geradestehen, sondern bereits ab dem 7. Geburtstag – da kann man gerade mal bis 100 zählen und mit Mühe lesen. Diese Verpflichtung nennt man

Deliktsfähigkeit und bedeutet, dass du zahlen musst, wenn du einen Schaden anrichtest.

aa) Deliktsfähigkeit – § 828 BGB

Ab welchem Alter ein Kind oder Jugendlicher Schadensersatz leisten muss, regelt eine wichtige Vorschrift, der § 828 BGB. Die folgenden drei Regeln solltest du dir merken:

Regel Nr. 1: Vor dem siebten Geburtstag ist ein Kind nicht deliktsfähig, das heißt, es ist für nichts verantwortlich. Egal, was es tut, es muss den Schaden, den es verursacht, nicht ersetzen.

• Wichtig: Haben die Eltern nicht gut genug auf ihr Kind aufgepasst und hat das Kind deshalb einen Schaden verursacht, dann müssen die Eltern den Schaden ersetzen, § 832 BGB.

> Konstantin ist fünf Jahre alt. Sein Vater schneidet eine Hecke und seine Mutter bereitet in der Küche das Abendessen vor. Konstantin ist langweilig. Er läuft aus dem Garten auf den Bürgersteig und spielt eine halbe Stunde mit seinen Autos. Als ihm erneut langweilig wird, nimmt er sich einen Stein und «malt» einen lachenden Smiley in das schöne Auto des Nachbarn. Der Nachbar, Herr Sauer, ist von dem Bild gar nicht begeistert. Er möchte von Konstantin 1000 Euro als Schadensersatz für den zerkratzten Lack.

Wenn Herr Sauer ein Bürgerliches Gesetzbuch (BGB) zuhause hat, dann findet er schnell, dass er Konstantin für den Schaden nicht verantwortlich machen kann. § 828 Abs. 1 BGB sagt: «Wer nicht das siebente Lebensjahr vollendet hat, ist für einen Schaden, den er einem anderen zufügt, nicht verantwortlich.» Das macht Herrn Sauer natürlich noch saurer. Kann es sein, dass er auf seinem Schaden sitzen bleibt, nur weil Konstantin erst fünf Jahre alt ist?

Von Konstantin bekommt Herr Sauer tatsächlich kein Geld. Konstantin ist noch zu jung, um an dem Schaden, den er aus

Langeweile verursacht hat, Schuld zu haben. Und wer keine Schuld hat, der muss auch nichts zahlen. Aber möglicherweise bekommt Herr Sauer seinen Schaden von Konstantins Eltern ersetzt. Immerhin haben diese die Hecke geschnitten und Essen gemacht, anstatt auf ihr Kind aufzupassen. Hätten sie aufgepasst, wäre das alles nicht passiert. Aber welche Aufsichtspflichten haben Eltern? Der Umfang der Aufsichtspflicht hängt von vielen Umständen ab: Wie alt ist das Kind – drei Jahre oder schon sechs? Welchen Charakter hat es – ist es eher wild und unvernünftig oder ruhig und besonnen? Wie ist die konkrete Situation – lauern Gefahren?

Mit diesen Fragen haben sich schon viele Gerichte beschäftigt. Du kannst dir vorstellen, dass es schon viele kleine Kinder gegeben hat, die – absichtlich oder versehentlich – hohe Schäden am Eigentum oder an der Gesundheit anderer verursacht haben. Auch unser höchstes Zivilgericht, der Bundesgerichtshof, hat dazu Stellung genommen und hat die Aufsichtspflicht von Eltern im Wesentlichen vom Alter des Kindes abhängig gemacht (Urteil vom 24.03.2009, VI ZR 51/08). Für ein dreijähriges Kind haben die Richter zum Beispiel gesagt, dass es draußen im Freien immer überwacht werden muss. Anders dagegen in der Wohnung. Da müssen die Eltern ihr Kind nicht dauernd kontrollieren. Es reicht, wenn jemand in Hörweite ist.

Fall 4: «Teurer Toilettengang»

Linus ist dreieinhalb Jahre alt. Seine Mutter bringt ihn abends zwischen 19 und 20 Uhr zu Bett, liest ihm etwas vor und gibt ihm einen Gutenachtkuss. Dann verlässt sie das Zimmer, um die Küche aufzuräumen. Nach etwa einer halben Stunde muss Linus auf die Toilette. Er verlässt unbemerkt sein Kinderzimmer und geht ins Bad. Linus benutzt jede Menge Toilettenpapier, das er anschließend in die Toilette wirft. Dann drückt er den Spülknopf und verlässt das Bad. Da der Spülknopf leicht verhakt, läuft das Wasser weiter nach und kann wegen der verstopften Toilette nicht ablaufen. Es kommt zu einer Überschwemmung. Nicht nur das Bad in Linus' Wohnung wird überschwemmt, sondern das Wasser tropft auch durch die Decke in die darunterliegende Wohnung einer anderen Familie. Es entsteht ein Schaden von über 15 000 Euro. Die andere Familie meint, dass Linus' Mutter nicht gut genug auf Linus aufgepasst hat und verlangt von ihr 15 000 Euro. Da die Mutter nicht freiwillig zahlt, landet der Fall bei einem Gericht. Die Richter geben Linus' Mutter Recht. Sie sind der Meinung, dass eine Mutter ihr Kind nicht ständig beobachten muss, auch dann nicht, wenn das Kind erst drei Jahre alt ist. Kinder müssten lernen, selbständig zu werden, und sie würden in ihrer Entwicklung gehemmt, wenn ständig jemand hinter ihnen herlaufen und sie permanent kontrollieren würde. Das mit dem Toilettenpapier und dem wackeligen Spülknopf sei einfach Pech gewesen und von der Mutter nicht zu verantworten (OLG Düsseldorf, Beschluss vom 26.04.2018, I-4 U15/18).

4- bis 6-Jährige dürfen zwar draußen im Freien alleine spielen und die Eltern müssen sie nicht ständig beobachten, wohl aber müssen sie ab und zu – alle 15 bis 30 Minuten – einen sogenannten Kontrollblick nach draußen werfen, um zu sehen, ob alles in Ordnung ist und ob sie eventuell eingreifen müssen. Im Fall von Konstantin bedeutet dies: Die Eltern haben Konstantin viel zu lang aus den Augen gelassen. Sie waren mit Heckeschneiden und Essenkochen beschäftigt und haben Konstantin sich selbst überlassen. Da sie ihre Aufsichtspflicht verletzt haben, kann Herr Sauer von Konstantins Eltern verlangen, dass sie den Schaden an seinem Auto ersetzen.

Regel Nr. 2: Bei Unfällen im *Straßenverkehr* kann ein Kind erst ab seinem 10. Geburtstag schadensersatzpflichtig werden.

Dies bestimmt § 828 Abs. 2 BGB. Der Gesetzgeber hat die Vorschrift erst im Jahr 2002 eingeführt. Der Grund dafür ist einfach: Im Straßenverkehr geht es schnell zu, die Vorgänge sind komplex und Kinder sind nicht in der Lage, Situationen immer sofort richtig einzuschätzen. Da kann man schnell etwas falsch machen.

Man kann mit dem Fahrrad zu spät abbremsen und mit einem vor der Ampel wartenden PKW kollidieren oder man kann versehentlich in eine sich öffnende Autotür fahren. Man kann aber auch die Kontrolle über seinen Roller verlieren, weil man die Geschwindigkeit unterschätzt hat. Das alles kann natürlich auch Erwachsenen passieren, bei denen sollte man aber meinen, dass sie sich im Laufe der Zeit mit den Besonderheiten des Straßenverkehrs vertraut gemacht haben. Sie haben deutlich mehr Erfahrung als junge Menschen. Da es im Straßenverkehr zu immensen Schäden kommen kann, die oft in keinem Verhältnis zu dem fahrlässigen Fehlverhalten des Kindes stehen, beginnt die Deliktsfähigkeit von Kindern im Straßenverkehr erst im Alter von zehn Jahren.

> Der 8-jährige Franz spielt auf der Straße Fußball. Er kickt den Ball versehentlich auf die Straße. Herr Huber muss mit seinem Auto ausweichen und fährt gegen einen Gartenzaun, wobei er sich schwer verletzt. Herr Huber kann von Franz keinen Schadensersatz verlangen, weil Franz noch keine zehn Jahre alt ist.

- Auch hier gilt: Haben die Eltern nicht gut genug auf ihr Kind aufgepasst und hat das Kind deshalb einen Schaden verursacht, dann müssen die Eltern den Schaden ersetzen, § 832 BGB.

Will ein Kind allerdings einen Schaden herbeiführen, indem es etwa Steine von einer Autobahnbrücke wirft, dann gilt diese Haftungserleichterung nicht. Schließlich ist das Kind in diesem Fall ja nicht mit den Besonderheiten des Straßenverkehrs überfordert, sondern es will anderen einen Schaden zufügen. Da verdient es keine Nachsicht.

Regel Nr. 3: Vom 7. bis zum 18. Geburtstag sind Kinder und Jugendliche bedingt deliktsfähig. Das heißt, ihre Ersatzpflicht hängt davon ab, ob sie in ihrer Entwicklung so reif und einsichtig waren, dass sie die Gefahr erkennen konnten (§ 828 Abs. 3 BGB).

Unter anderem lässt sich dies am Alter eines Kindes festmachen: Je älter das Kind, desto eher kann es eine Gefahr einschätzen. Und trotzdem: Menschen sind unterschiedlich. Der eine ist mit 13 Jahren schon halb erwachsen, der andere ist mit 17 Jahren noch ein Kind. Genau deswegen kann man nicht jeden Fall gleich behandeln.

> Vor einem Hochhaus liegt ein Stück Baumstumpf. Der 10-jährige Lukas nimmt den Baumstumpf und schleppt ihn zu sich auf den Balkon seiner Wohnung, die im 13. Stock des Hochhauses liegt. Die Brüstung des Balkons ist einen Meter hoch und sehr tief, so tief, dass Lukas vom Balkon aus nicht auf die Straße sehen kann. Da Lukas sehen möchte, ob der Baumstumpf kaputtgeht, wenn er ihn herunterwirft, wuchtet er ihn über den Balkon und lässt ihn auf die Straße fallen. Auf der Straße fährt der 8-jährige Emil gerade mit seinem Fahrrad entlang und wird vom Baumstumpf erschlagen (dieses fürchterliche Geschehen hat sich tatsächlich in etwa so zugetragen: FAZ online, Meldung vom 15.10.2018).

Bestraft werden kann Lukas auf keinen Fall. Er ist ja noch nicht 14 Jahre alt. Aber können die Eltern des verstorbenen Emil von Lukas Schadenersatz und Schmerzensgeld verlangen? Das ist eine Frage der Deliktsfähigkeit und hängt davon ab, ob Lukas die Gefahr, die er geschaffen hat, erkennen konnte. Was hat Lukas also dazu getrieben, einen Baumstumpf aus dem 13. Stock zu werfen? Hat er nicht damit gerechnet, dass er einen Menschen treffen kann? Und dass das Ganze tödlich ausgehen kann? Lukas würde es sicher gern rückgängig machen, er wollte doch niemanden töten, er wollte doch nur prüfen, ob der dicke Stumpf durch den Aufprall kaputtgeht oder nicht. Um die Frage zu beantworten, ob Lukas für den Tod von Emil haftbar gemacht werden kann oder nicht, muss untersucht werden, was Lukas für ein Mensch ist. Ob er normal schlau ist oder ob er in seiner Entwicklung zurückgeblieben ist? Ob er um das Risiko hätte wissen müssen, obwohl er vom Balkon nicht auf die Straße sehen konnte? Ob sich das Ganze tagsüber oder in der

Nacht abspielte? Wir kennen weder Lukas noch die Gesamtumstände und können und dürfen nicht über seine Deliktsfähigkeit entscheiden. Dieser Fall soll nur ein Beispiel dafür sein, dass die Frage der Deliktsfähigkeit eine Einzelfallentscheidung ist, bei der man sich die Umstände eines Falls genau ansehen muss.

> Der 9-jährige Gustav spielt in der großen Pause mit dem gleichaltrigen Otto fangen. Dabei zerreißt Gustav Ottos Sommerjacke, weil er zu fest zupackt und Otto nicht mehr loslässt, als dieser bereits gefangen ist. Otto ist besonders sauer, weil Gustav das schon das zweite Mal gemacht hat und er ihn gebeten hat, beim nächsten Spiel etwas vorsichtiger zu sein. Otto verlangt von Gustav Schadensersatz in Höhe von 50 Euro für seine zerrissene Jacke. Da Gustav neun Jahre alt ist und er nicht das erste Mal beim Spielen etwas kaputt gemacht hat, hätte er wissen müssen, dass er beim Fangen vorsichtiger sein muss. Daher ist er für den entstandenen Schaden haftbar und muss an Otto 50 Euro zahlen.

Jetzt handelt es sich in unserem Fall nur um 50 Euro. Die kann Gustav vielleicht noch aus seinem Ersparten bezahlen. Was ist aber bei viel größeren Schäden? Bei Schäden, die in die tausende oder hunderttausende gehen? So viel Geld hat ein Kind meist nicht. Trotzdem kann der Geschädigte das Kind oder den Jugendlichen verklagen (der im Prozess durch seine Eltern vertreten wird, er ist ja noch nicht volljährig). Und wenn der Geschädigte den Prozess gewinnt, dann hat er ein Urteil in der Hand. In dem Urteil steht, dass er von dem Schädiger einen bestimmten Geldbetrag bekommt. Dieses Urteil – ein anderes Wort dafür ist Titel – gilt 30 Jahre lang. Der Geschädigte hat also 30 Jahre lang Zeit, sich das Geld beim Schädiger zu holen. Und in 30 Jahren kann viel passieren. Da kann aus einem kleinen Kind ein gutverdienender Mensch werden. Um solche mitunter lebenslangen Forderungen zu vermeiden, haben viele Menschen eine Haftpflichtversicherung, die dann zahlt, wenn sie oder ihre Kinder durch eine fahrlässige Handlung einen Schaden verursachen. Eine solche Versicherung ist sehr empfehlenswert.

bb) Ersatzpflicht aus Billigkeit – § 829 BGB

Bislang haben wir gelernt: Bei Kindern unter sieben Jahren bleibt der Geschädigte immer auf seinem Schaden sitzen. Das Gleiche gilt, wenn der Schädiger zwischen sieben und 17 Jahre ist und die Gefahr des Schadens nicht erkennen konnte. Auch hier bleibt der Geschädigte auf seinem Schaden sitzen. Haben auch die Eltern des Kindes ihre Aufsichtspflicht nicht verletzt, dann bleibt es dabei: Der Geschädigte hat niemanden, der für seinen Schaden aufkommt. Hier kommt § 829 BGB ins Spiel. Die Vorschrift trägt die Überschrift «Ersatzpflicht aus Billigkeitsgründen» und heißt so viel wie: Wenn das Kind für den Schaden nicht verantwortlich ist (und die Eltern auch nicht), dann bekommt der Geschädigte trotzdem Schadensersatz, wenn er arm und das Kind wohlhabend ist. Das heißt, wenn der Schaden dem Geschädigten finanziell weh tut, es aber für das Kind kein Problem darstellt, den Schaden zu begleichen, weil es wohlhabende Eltern hat, dann muss es trotzdem zahlen. Dass dies nicht sonderlich oft der Fall ist, kann man sich vorstellen.

4. Sachenrecht – Mit deinen Sachen kannst du machen, was du willst!

Wie es der Name schon sagt – im Sachenrecht geht es um Sachen. Genauer: Es geht um das Recht eines Menschen an einer Sache. In § 903 BGB steht: «Der Eigentümer einer Sache kann ... mit der Sache nach Belieben verfahren ...» Das heißt so viel wie: Jeder kann mit seinen Sachen tun und lassen, was er will. Hast du einen Computer, dann kannst du mit diesem anstellen, was du willst. Du kannst zehn Stunden am Stück darauf Autorennspiele spielen, du kannst den Computer anmalen, du kannst auf ihm herumtrampeln, ihn verkaufen oder aus dem Fenster werfen. Im

Prinzip stimmt das sogar tatsächlich. Da es aber noch andere Menschen außer dir gibt, die auch Rechte haben, gilt dies dann doch nicht ganz so uneingeschränkt. Deine Eltern haben zum Beispiel das Sorgerecht und wollen nicht, dass du stundenlang am Computer sitzt oder ihn zerstörst, da sie ihn für teures Geld gekauft haben. Dieses Sorgerecht deiner Eltern ergibt sich aus dem vierten Buch des BGB, dem Familienrecht.

5. Familienrecht – Alles rund um die Familie

Das vierte Buch des BGB, das Familienrecht, regelt in über 600 Vorschriften alles rund um die Familie.

Für dich ist das Familienrecht wichtig, wenn du wissen willst, was passiert, wenn sich deine Eltern trennen. Bei wem du in Zukunft wohnen wirst und wer deine Kleidung, dein Handy und deinen Sport bezahlt.

Für dich ist das Familienrecht auch wichtig, wenn du wissen willst, was du tun kannst, wenn es dir bei deinen Eltern nicht gut geht. Wenn du geschlagen wirst, nicht genug zu essen oder saubere Kleidung bekommst, wenn du beschimpft, beleidigt oder gar sexuell missbraucht wirst.

Außerdem findest du im Familienrecht viele Vorschriften zur Ehe, also zur lebenslangen Partnerschaft zweier Menschen. Dort erfährst du, dass du erst ab 18 Jahren heiraten darfst und dass es die «Ehe für alle» gibt. Und dort findest du, dass die Ehe ein Vertrag ist – wer heiratet, geht erhebliche Verpflichtungen ein.

a. Was passiert, wenn sich Eltern scheiden lassen?
Man wünscht es sich als Eltern nicht und als Kind noch weniger. Vielleicht hast du es aber auch schon erlebt und deine Eltern haben sich scheiden lassen. Zuerst hat es dir den Boden unter den

Füßen weggezogen und du hast gedacht, die Welt bricht zusammen. Im Laufe der Zeit hast du aber gemerkt, dass dein Alltag zwar etwas anders geworden ist, dass deine Eltern aber weiter für dich als Eltern da sind und hinter dir stehen. So sollte es jedenfalls sein. Es gibt leider auch Fälle, in denen Eltern nach einer Trennung keinen vernünftigen Umgang miteinander finden. Sie nutzen die Kinder als Druckmittel oder machen den ehemaligen Partner vor den Kindern schlecht. Manchmal halten sie sich nicht an Vereinbarungen. Hier kann das Familienrecht wenig ausrichten. Das Familienrecht kann nur den groben Rahmen vorgeben, an den sich Eltern halten müssen; wie gut sie das dann umsetzen, hängt von ihnen selbst ab.

aa. Zu wem kommen die Kinder?

Trennen sich Eltern, dann ist eine Kernfrage, zu wem die Kinder kommen. Meistens gehen sie zur Mutter, gesetzlich geregelt ist das aber nicht. Am besten ist es natürlich, wenn sich die Eltern einigen, bei wem die Kinder leben sollen. Tun sie das nicht, dann muss ein Familienrichter darüber entscheiden, bei wem die Kinder am besten aufgehoben sind. Dafür lädt der Richter die Eltern zu sich ins Gericht. Sind die Kinder etwas älter, dann lädt er auch sie ein. So kann er sich ein Bild von der Familie machen und entscheidet dann, bei wem die Kinder besser aufgehoben sind.

> Ben und Anna haben zwei Kinder im Alter von vier und neun Jahren, Clara und Sophie. Ben ist Rechtsanwalt in einer Großkanzlei, er kommt abends spät nach Hause und ist beruflich oft unterwegs. Anna ist Kosmetikerin und arbeitet halbtags. Sie holt jeden Mittag die Kinder von Schule und Kindergarten ab und betreut sie bis zum Abend. Sowohl Ben als auch Anna wollen die Kinder bei sich behalten. Anna meint, die Kinder seien bei ihr besser aufgehoben. Sie habe viel mehr Zeit für sie als Ben. Ben meint, er habe zwar wenig Zeit, er wolle aber eine Haushälterin einstellen, die sich perfekt um die Kinder kümmere. Da sich Ben und Anna nicht einigen können, schlägt ein Freund der beiden vor, dass jeder ein Kind nehmen solle – Ben solle Clara zu sich nehmen und Anna

> Sophie. Ein weiterer Freund schlägt das «Wechselmodell» vor, in der einen Woche sollen beide Kinder bei Ben sein und in der anderen Woche bei Anna. So hätte jeder gleich viel von den Kindern.

In der Haut des Familienrichters möchte man nicht stecken. Grundsätzlich ist alles möglich. Aber was ist am besten für die Mädchen? Clara und Sophie zu trennen wäre vielleicht gut für ihre Eltern, immerhin behielte dann jeder wenigstens ein Kind. Aber Geschwister reißt man nicht auseinander. Und das «Wechselmodell»? Kann es gut für Kinder sein, jede Woche woanders zu wohnen? Eher nicht, wer will schon aus einem Koffer leben. Um herauszufinden, bei wem Clara und Sophie am besten aufgehoben sind, wird der Richter wahrscheinlich die beiden Mädchen fragen, wo sie sich wohler fühlen, beim Vater oder bei der Mutter. Auch vier- und erst recht neunjährige Kinder können sagen, was sie fühlen und denken. Wenn ein Kind 14 Jahre alt ist, dann entscheidet es selbst, zu wem es möchte. Und trotzdem: Für Kinder ist das keine einfache Situation, wollen sie doch am liebsten bei beiden Elternteilen gleichzeitig bleiben.

bb. Der eine betreut, der andere zahlt

Neben der Frage, ob die Kinder bei ihrem Vater oder bei ihrer Mutter besser aufgehoben sind, stellt sich noch eine weitere wichtige Frage, nämlich die, wer für die Kinder zahlt. Kinder sind teuer. Sie brauchen etwas zu essen, Kleidung und Schulsachen, sie nehmen Musikunterricht, machen Sport und gelegentlich teure Klassenausflüge. Im Grundsatz ist es so: Der eine betreut die Kinder und der andere zahlt für die Kinder.

> Der Familienrichter entscheidet, dass die Kinder bei Anna leben, da sie von ihr versorgt und betreut werden. Die Kinder sollen ihren Vater jedes zweite Wochenende besuchen. Weil Anna betreut, muss Ben zahlen. Er schuldet den Kindern Unterhalt. Schon wieder bricht ein Streit los.

> Ben und Anna können sich nicht darüber einigen, wie hoch dieser Unterhalt sein soll. Anna meint, das Leben sei so teuer und Ben müsse mehr Geld zahlen. Ben meint, durch die Scheidung seien jetzt zwei Wohnungen zu bezahlen und trotz seines guten Einkommens habe er nicht mehr so viel Geld zur Verfügung wie früher.

Hier spielt die Düsseldorfer Tabelle eine wichtige Rolle. Die Düsseldorfer Tabelle ist kein Gesetz, sondern eine Leitlinie, die von Richtern des Oberlandesgerichts Düsseldorf entwickelt wurde. Sie besagt so viel wie: Wer mehr verdient, der zahlt auch mehr. Und je älter das Kind, desto höher sein Unterhaltsanspruch. Daher ist die Düsseldorfer Tabelle in zehn verschiedene Gehaltsstufen und vier Altersstufen eingeteilt. So kann man ablesen, wie hoch der Unterhalt ist, den der zahlende Elternteil dem Kind schuldet.

> Ben hat monatlich 4400 Euro zur Verfügung. An die 4-jährige Clara muss er monatlich 520 Euro bezahlen, an die 9-jährige Sophie 598 Euro. Hätte Ben monatlich nur 1700 Euro, dann müsste er seinen Kindern weniger Unterhalt zahlen: An Clara 360 Euro und an Sophie 413 Euro (Stand 1.1.2018).

Oft zahlt der unterhaltspflichtige Elternteil gar nichts. Ihn zu verklagen und ein Urteil zu vollstrecken ist mühsam und langwierig. Damit der Kühlschrank trotzdem gefüllt werden kann, zahlt das Jugendamt einen Unterhaltsvorschuss, der aber deutlich unter dem Mindestsatz der Düsseldorfer Tabelle liegt.

b. Was passiert, wenn es dir zuhause nicht gut geht?

Über diesen Punkt gibt es nichts zu diskutieren: Deine Eltern dürfen dich nicht schlagen. Keine Ohrfeige, keinen Tritt, keinen Faustschlag. Nichts. Kinder haben ein Recht auf gewaltfreie Erziehung (§ 1631 BGB). Das war nicht immer so.

aa. Noch vor 100 Jahren durften Eltern ihre Kinder schlagen

Als das BGB vor 100 Jahren entstanden ist, durften Eltern ihre Kinder im Rahmen der Erziehung schlagen. Damals sprach man von «Züchtigung». Wenn du deine Großeltern fragst, wie sie der Lehrer in der Schule behandelt hat, dann werden sie dir wahrscheinlich vom «Rohrstock» erzählen. Das ist ein biegsamer Schlagstock, mit dem der Lehrer die Schüler geschlagen hat, wenn sie ungehorsam waren. Heute kann man sich das nicht mehr vorstellen. Ein Lehrer, der seinen Schüler schlägt, verliert seinen Job. An § 1631 BGB sieht man, wie sich die Rechte von Kindern im Laufe der letzten 100 Jahre verbessert haben.

> Als deine Urgroßeltern Kinder waren (1900) durfte der Vater (!) angemessene Züchtigungsmittel gegen das Kind anwenden. Er durfte das Kind mit dem Lederriemen oder dem Teppichklopfer schlagen oder nackt in den Schnee stellen. Erst 80 Jahre später, als deine Eltern Kinder waren (1980), verbietet das Gesetz solche entwürdigenden Erziehungsmaßnahmen. Weitere 20 Jahre später, in etwa, als du auf die Welt gekommen bist (1998), verbietet das Gesetz körperliche Misshandlungen. Eltern durften ihrem Kind zwar weiterhin eine Ohrfeige geben oder einen Klaps auf den Popo, ihm aber keine blauen Flecke mehr zufügen. Erst seit etwa 20 Jahren (2000) ist Eltern jegliche Form von Gewalt gegenüber ihren Kindern verboten. Seither gilt: Kinder haben ein Recht auf gewaltfreie Erziehung.

Und trotzdem: In Deutschland sterben jedes Jahr etwa 160 Kinder an Misshandlungen durch ihre Eltern oder durch andere Familienangehörige. Das bedeutet, dass jeden zweiten Tag ein Kind an Misshandlung stirbt. Weitere 3600 überleben schwer verletzt. Da fragst du dich zu recht: Wie kann so etwas passieren? Da haben wir tausende von Gesetzen, die Kinder schützen sollen, und jeden zweiten Tag ein totgeprügeltes Kind? Wie kann das sein?

bb. Das Jugendamt hilft

Niemand verprügelt sein Kind auf offener Straße. Wenn die Wohnungstür einmal zu ist, bekommt niemand mit, was dahinter passiert. Bei kleinen Kindern sowieso nicht und bei größeren Kindern fallen blaue Flecken unter der Kleidung auch nicht unbedingt sofort auf.

> Familie Anton lebt in einer Wohnung in einem Mehrfamilienhaus. Frau Anton hört fast jeden Abend lautes Geschrei aus der Nachbarwohnung, in der Familie Gruber wohnt. Türen knallen, Frau Anton hört lautes Schlagen und schließlich ein wimmerndes Kind. Das geht jetzt schon seit Wochen so. Frau Anton weiß nicht, was sie machen soll. Sie traut sich nicht, ihre Nachbarin anzusprechen und will sie erst recht nicht anschwärzen. Frau Gruber ist immer so nett und bringt gelegentlich frisch gebackenen Kuchen vorbei.

In Deutschland gibt es über 500 Jugendämter. In vielen Städten heißen sie «Amt für Kinder, Jugend und Familie», was es wohl besser trifft. Denn ein Jugendamt hat eine umfassende Aufgabe: Es soll Kinder und Jugendliche vor Gefahren schützen – vor körperlicher, aber auch seelischer Misshandlung sowie vor Vernachlässigung.

> Frau Anton kann also zum Jugendamt gehen und ihre Beobachtungen mitteilen. Beim Jugendamt arbeitet Frau Emre, sie ist eine Sozialarbeiterin. Frau Emre hört genau zu und entscheidet dann, was zu tun ist. Wahrscheinlich wird Frau Emre Familie Gruber besuchen, um sich ein Bild von ihr zu machen. Das Problem dabei ist, dass man Eltern nicht ansieht, ob sie ihr Kind schlagen. Frau Gruber wird Frau Emre wahrscheinlich auch nicht mit den Worten empfangen: «Gut, dass Sie da sind. Ich bin mit dem Haushalt und den Kindern völlig überfordert, unsere Kinder sind eine Katastrophe und ohne die tägliche Tracht Prügel funktioniert hier gar nichts.» Wenn Frau Emre keine Anhaltspunkte für eine körperliche Misshandlung hat, kann sie erst einmal nichts machen und geht wieder weg. Bei der nächsten Anzeige wird sie aber genauer hinsehen müssen, vielleicht wird sie dann mit dem Lehrer des Kindes sprechen

und weitere Informationen einholen. Anders wäre es, wenn Frau Emre ein grün und blau geprügeltes Kind vorgefunden hätte. In diesem Fall hätte sie das Kind sofort mitgenommen, um weitere körperliche Übergriffe zu verhindern.

Die Entscheidung, ein Kind aus seiner Familie herauszunehmen, ist immer schwierig. Sind die Zustände in der Familie gerade noch tragbar, so dass das Kind in der Familie belassen werden kann? Oder sind die Eltern so überfordert, dass man Angst um das Kind haben muss? Im Jahr 2016 wurden 21 700 Kinder unter 14 Jahren aus ihrer Familie herausgenommen. Die Hälfte der Kinder kehrte nach zwei Wochen zurück, weil sich die Situation zuhause verbessert hat. (Statistisches Bundesamt, Pressemitteilung Nr. 290 vom 23.8.2017), etwa weil die Familie einen Familienhelfer bekommen hat. Familienhelfer besuchen eine Familie ein- oder mehrmals in der Woche. Sie schauen, welche Probleme gerade anstehen, und helfen bei der Lösung. Wenn das nicht ausreicht, dann gibt es noch die Möglichkeit einer Tagesgruppe. Nach der Schule gehen die Kinder nicht nach Hause, sondern in eine Einrichtung. Dort werden sie versorgt und machen ihre Hausaufgaben. Erst gegen Abend kehren sie zu ihren Eltern zurück. Auch so werden überforderte Eltern entlastet.

cc. Und was kannst du machen?
Nicht immer gibt es aufmerksame Nachbarn, die das Jugendamt verständigen. Auch Kinder und Jugendliche können zum Jugendamt gehen und sagen: «Ich kann nicht mehr.» Ist es zuhause unerträglich, können sie sich auch in Obhut nehmen lassen. Sie kommen dann – vorübergehend oder für immer – zu den Großeltern oder anderen Familienmitgliedern, in eine Pflegefamilie oder ein Kinderheim oder, wenn sie etwas älter sind, in eine Wohngruppe. Kinder und Jugendliche, die sich in Not befinden, können auch den Vertrauenslehrer an ihrer Schule ansprechen. Weil die Lehrer mit den Schülern täglich Kontakt haben, ist in

den Landesschulgesetzen vorgeschrieben, dass es in einer Schule Vertrauenslehrer geben muss. Ein Vertrauenslehrer kann die Probleme der Kinder zwar selten selbst lösen, er weiß aber, an wen sich das Kind wenden kann, um Hilfe zu bekommen. Und der Weg zum Lehrer ist schneller als der zum Jugendamt: Man muss nur ans Lehrerzimmer klopfen.

Leider gilt trotzdem: Kein Gesetz kann so gut sein, wie Menschen, die aufmerksam sind und den Mut haben, zu helfen. Manchmal dauert diese Hilfe viel zu lang.

> Momo lebt mit zwei Halbgeschwistern bei seiner Mutter, seinen Vater kennt er nicht. Das Jugendamt betreut die Familie, seit Momo ein Baby ist. Trotzdem merken die Sozialarbeiter nicht, wie Momo behandelt wird: Momo muss sich nach der Schule Müllsäcke und einen Mundschutz anziehen, damit er andere nicht «ansteckt», er muss ohne Bettzeug auf dem Boden schlafen, muss seine Wäsche selbst waschen und bekommt nur Brot zu essen. Außerdem schlägt ihn seine Mutter. Nach vielen Jahren, Momo ist schon 16 Jahre alt, filmt Momos Halbschwester mit ihrem Handy für 35 Sekunden, wie die Mutter Momo behandelt. Diesen Film zeigt sie einem Freund, der seinen Vater informiert. Gemeinsam gehen sie zur Polizei. Noch am gleichen Tag wird Momo aus der Familie genommen (angelehnt an «Im Dunkeln», DER SPIEGEL vom 27.10.2018).

dd. Gesetze, die Kinderrechte stärken sollen

Der Gesetzgeber bemüht sich stets, die Rechte der Kinder zu stärken. Und der Weg ist noch nicht zu Ende.

Die Sofortmaßnahme, Kinder aus der Familie zu nehmen, gibt es noch nicht so lange. Erst im Jahr 2008, als es zu mehreren Todesfällen von kleinen Kindern gekommen ist, hat man das Gesetz zur «Erleichterung familiengerichtlicher Maßnahmen» verabschiedet. Seitdem darf ein Sozialarbeiter ein Kind sofort aus einer Familie herausnehmen, wenn dem Kind große Gefahr droht. Es würde zu lange dauern, vorher erst einen Richter zu fragen. Es reicht, wenn der Richter sich die Sache hinterher ansieht.

Um Kinder noch früher und damit besser zu schützen, ist zudem im Jahr 2012 das Bundeskinderschutzgesetz in Kraft getreten. Ziel ist es, Problemlagen früh zu erkennen und entsprechend zu helfen. Anfang 2018 hat die Bundesstiftung «Frühe Hilfen» ihre Arbeit aufgenommen. Sie unterstützt Eltern mit Kindern bis zum Alter von drei Jahren. Eltern von Säuglingen und Kleinkindern sind oft überfordert und die Kleinen sind besonders wehrlos.

Viele Landesverfassungen enthalten «Kinderrechte». Zuletzt hat das Bundesland Hessen im Oktober 2018 entschieden, ebenfalls Kinderrechte in die Verfassung aufzunehmen. Im Grundgesetz, unserem höchsten Gesetz, steht von Kinderrechten nichts. Das soll sich aber ändern.

c. Wer heiratet, schließt einen Vertrag
Unser Recht wandelt sich stetig. Was gestern noch erlaubt war, ist heute verboten. Und umgekehrt. Das liegt daran, dass sich eine Gesellschaft und ihre Werte immer wieder verändern. An diesen Wandel wird das Recht angepasst. Das gilt auch für das Familienrecht. Im Jahr 2017 hat der Gesetzgeber die «Kinderehe» abgeschafft und die «Ehe für alle» eingeführt.

aa. Keine «Kinderehe» und die «Ehe für alle»
Es ist noch nicht lange her, und du konntest mit 16 Jahren heiraten. Dein zukünftiger Partner musste volljährig sein und der Familienrichter musste der Heirat zustimmen. Seit dem 22.07.2017 ist die «Kinderehe» verboten. Willst du jetzt heiraten, dann müssen du und dein Partner volljährig sein. Schließlich geht ihr mit der Heirat große Verpflichtungen ein – was ihr allerdings erst dann so richtig merkt, wenn ihr euch wieder scheiden lasst. Dann geht es mit den Verpflichtungen erst so richtig los.

Wenn du an eine Familie denkst, dann denkst du wahrscheinlich an Vater, Mutter, Kind. Und wenn du an eine Hochzeit denkst, dann denkst du an einen Mann und eine Frau. Bis vor Kurzem war das auch so. Bis 2017 konnten nur ein Mann und eine Frau heiraten. Da es aber in unserer Gesellschaft auch lesbische und schwule Menschen gibt, die mit ihrem Partner ein Leben lang verbunden sein wollen, gibt es seit dem 01.10.2017 die «Ehe für alle». Die Abgeordneten im Bundestag haben heftig darüber gestritten, aber eine Mehrheit war für die Öffnung der Ehe in eine «Ehe für alle».

bb. Die Ehe ist ein Vertrag und jede Leistung ist gleich viel wert!
Die Ehe ist ein Vertrag. Die Eheleute schließen diesen Vertrag beim Standesamt in dem Moment, in dem sie sich das «Ja-Wort» geben. Vielen Menschen ist das nicht bewusst. Für sie ist die Hochzeit etwas Romantisches, mit schönem Kleid und vielen Blumen, sie sind glücklich und können sich nicht vorstellen, dass das jemals anders sein wird. Und dann passiert es doch. Sie leben sich auseinander und trennen sich. Und jetzt?

Wenn nichts anderes vereinbart wurde, gilt Folgendes: Der Ehepartner, der während der Ehe mehr Vermögen hinzugewonnen hat als der andere, muss dem anderen so viel abgeben, dass beide hinterher gleich viel Gewinn haben. Man nennt das Zugewinnausgleich, § 1373 BGB.

> Du kannst dir das so vorstellen: Du und deine Freundin Sarah, ihr wollt euer Taschengeld aufbessern. Ihr wollt Kaffee und Kuchen verkaufen. Auf ein Plakat schreibt ihr: «Heißer Kaffee und saftiger Kuchen zu verkaufen!». Du verkaufst Kaffee, deine Freundin Sarah den Kuchen, einen wunderbaren Zuckerkuchen nach dem Rezept ihrer Oma. Jeder von euch hat eine Kasse, in der ihr eure Einnahmen hineinlegt. Sarahs Kuchen ist sehr beliebt, sie kommt mit dem Verkauf gar nicht nach. Du verkaufst nicht so viel Kaffee, weil die Leute an diesem heißen Tag nicht so Lust auf Kaffee haben. Am Ende des Tages hast du 30 Euro in deiner

> Kasse, deine Freundin Sarah hat das Doppelte eingenommen, nämlich 60 Euro. Da ihr das Projekt «Kaffee und Kuchen» gemeinsam gestartet habt, sollt ihr am Ende auch das Gleiche verdienen, also gibt dir Sarah 15 Euro ab. So hat jeder von euch 45 Euro Gewinn gemacht.

Genau so funktioniert es in einer Ehe. Nur, dass eine Ehe viel komplexer ist als der Verkauf von Kaffee und Kuchen. Ehepartner sind ein Team, sie meistern Probleme gemeinsam und laufen nicht davon, wenn es mal schwirig wird. Wenn beide Eheleute gleich viel Geld verdienen, ist eine Trennung einfach. Jeder hat ja während der gemeinsamen Zeit den gleichen Gewinn gemacht. Anders ist es, wenn die Eheleute während der gemeinsamen Zeit unterschiedliche Aufgaben hatten – der eine verdiente überwiegend das Geld und der andere kümmerte sich überwiegend um die Kinder. Wie beim Verkauf von Kaffee und Kuchen soll beides den gleichen Wert haben. Der, der mehr Geld verdient hat, zahlt an den anderen einen Ausgleich: Der andere soll nicht schlechter dastehen.

Wenn Eheleute mit dieser Regelung nicht einverstanden sind, können sie vor ihrer Heirat etwas anderes bestimmen, allerdings müssen sie dafür zu einem Notar gehen. Auch das bestimmt das Familienrecht, das darüber hinaus noch viele weitere Vorschriften rund um Ehe, Kinder und Familie enthält.

6. Erbrecht – Was passiert, wenn deine Oma stirbt?

Im fünften und letzten Buch des BGB ist geregelt, was mit dem Vermögen eines Menschen passiert, wenn dieser stirbt. Die meisten Menschen haben Geld auf ihrem Bankkonto, haben einen Fernseher und einen Computer, besitzen ein Auto, manche haben ein Haus und wertvolle Bilder, manche haben Schulden bei der Bank. Und wenn ein Mensch stirbt, dann muss geregelt werden, was mit dem Computer, dem Haus und dem sonstigen Vermögen bzw. den Schulden des Verstorbenen passiert. Dies regelt das Erbrecht.

> Deine Oma ist 89 Jahre alt. Dein Opa ist bereits vor vielen Jahren gestorben. Deine Oma hat zwei Kinder, deine Mutter und deine Tante Sabine. Deine Oma besitzt ein kleines Haus mit einem schönen Garten. Leider stirbt deine Oma, und es muss geklärt werden, wem nun das Haus gehört.

Da dein Opa bereits verstorben ist, erben deine Mutter und deine Tante je die Hälfte, also je 50 Prozent. Das ist auch gerecht, deine Mutter und deine Tante sind ja die Kinder deiner Oma und damit ihre nächsten Verwandten. Wäre dein Opa noch am Leben, würde er als Ehemann das Haus zur Hälfte erben, und deine Mutter und deine Tante würden die andere Hälfte erben. Das Haus würde dann zu 50 Prozent deinem Opa und zu je 25 Prozent deiner Mutter und deiner Tante gehören.

So sieht es die gesetzliche Erbfolge vor. Wer damit nicht einverstanden ist, der kann ein Testament machen. Ein Testament muss mit der Hand geschrieben werden – damit es nicht so einfach gefälscht werden kann – ein computergeschriebenes Testament ist ungültig.

Und was ist mit den Schulden eines Menschen? Was passiert, wenn jemand stirbt und auch Schulden hinterlässt? Kann man Schulden erben?

> Deine Oma hatte auch Schulden. Vor einem Jahr hatte sie sich ein teures Sofa gekauft und dafür einen Kredit aufgenommen. Sie ist damals zu einer Bank gegangen, hat sich von ihr Geld geliehen und davon das Sofa bezahlt. Jeden Monat bezahlte sie 100 Euro an die Bank, um den Kredit zurückzubezahlen. Muss jetzt deine Mutter den Kredit weiterbezahlen?

Als Erben deiner Oma müssen deine Mutter und deine Tante den Kredit an die Bank weiterbezahlen. Beide treten an die Stelle deiner Oma und übernehmen ihr Vermögen, das Haus, aber auch ihre Schulden, den Kredit. Wenn ein Verstorbener nur Schulden hatte, dann müssen die Erben die Erbschaft nicht annehmen. Sie können auch sagen, dass sie die Erbschaft nicht wollen.

Das Erbrecht ist ein schwieriger Bereich des Rechts, weil viele Personen beteiligt sein können und berechnet werden muss, wer was erbt. Es ist aber auch ein menschlich schwieriger Bereich. Viele Menschen, die sich ihr Leben lang gut verstanden haben, zerstreiten sich, wenn es um die Aufteilung des Vermögens eines Verstorbenen geht. Jeder will mehr bekommen als der andere. Daher kommt auch der Spruch: «Du glaubst, jemand ist dein Freund? Dann hast du noch nicht mit ihm geerbt.»

III. Das Öffentliche Recht

Das Öffentliche Recht ist den meisten Menschen unbekannt. Und gleichzeitig ist es das Rechtsgebiet, in dem es die meisten Gesetze gibt. Das Öffentliche Recht regelt, was Behörden und andere staatliche Stellen tun dürfen, tun müssen oder nicht tun dürfen. Und weil es in so vielen Lebensbereichen Behörden gibt, trifft man das Öffentliche Recht überall an. Fast immer, wenn es um ein Verbot, eine Erlaubnis oder eine Genehmigung geht, spielt das Öffentliche Recht die entscheidende Rolle. Das Öffentliche Recht betrifft also die Verwaltung unseres Staates oder unseres Zusammenlebens, und deshalb nennt man es auch Verwaltungsrecht. Das hört sich schrecklich langweilig an, ist es aber nicht:

Im Februar 2007 ist in Berlin folgende Tragödie passiert: Der Besitzer einer Gaststätte wettete mit dem 16-jährigen Lukas, wer mehr Schnaps trinken kann. Der Schüler trank 45 Schnäpse, lag fünf Wochen im Koma und starb schließlich in einem Krankenhaus. Das Berliner Gewerbeaufsichtsamt hat dem Gaststättenbesitzer daraufhin verboten, weiter seine Kneipe zu betreiben. Der Grund dafür steht im Gaststättengesetz: Ein Gastwirt muss zuverlässig sein und sich an die Gesetze halten. Das Jugendschutzgesetz verbietet aber die Abgabe von Schnaps an Jugendliche. Also war der Gastwirt nicht zuverlässig. Der Gastwirt ist hier übrigens auch wegen Körperverletzung mit Todesfolge zu drei Jahren und fünf Monaten Gefängnis verurteilt worden. Aber das ist natürlich eine Frage des Strafrechts.

In deiner Schule gibt es – wieder einmal – nicht genügend Schulbücher für alle Kinder. Dagegen wollen alle Schüler der Schule demonstrieren. Demonstrieren ist erlaubt, das steht sogar im Grundgesetz. Trotzdem müsst ihr die Demonstration beim Ordnungsamt der Stadt anmelden, damit die Polizei den Verkehr umleiten und für eine sichere Demonstration sorgen kann. Das steht so im Versammlungs- und Demonstrationsgesetz.

Max und Moritz haben sich einen (gar nicht) lustigen Streich ausgedacht: Sie rufen bei der Feuerwehr an und behaupten, es brenne ein Haus im Bogenweg. Als Feuerwehr und Polizei mit Sirenengeheul angerast kommen, lachen sich Max und Moritz halb tot. Das Lachen vergeht ihnen aber, als sie eine Woche später ein Schreiben von der Stadtverwaltung bekommen: Nach dem Polizeigesetz müssen beide die Kosten für den unnötigen Einsatz von Polizei und Feuerwehr bezahlen.

Die 13-jährige Sharina geht in die 7. Klasse und ist seit drei Wochen nicht zur Schule gekommen. Als die Lehrerin bei den Eltern nachfragt, was denn los sei, bekommt sie zur Antwort, dass Sharina im Gemüseladen der Eltern helfen soll und deshalb nicht mehr zur Schule kommen wird. Die Lehrerin weist die Eltern darauf hin, dass alle Kinder und damit auch Sharina neun Jahre lang zur Schule gehen müssen. So bestimmt es das Schulgesetz. Notfalls würde Sharina von der Polizei abgeholt und in die Schule gebracht. Am nächsten Tag ist Sharina wieder in der Schule.

Eine Fabrik wird gebaut, die Feuerwerksraketen herstellt. Bevor die Fabrik mit dem Betrieb beginnen kann, prüft ein staatliches Umweltamt, ob die Fabrik auch genügend Filter eingebaut hat. Die Filter dienen dazu, dass der Rauch oder das Abwasser der Fabrik nicht die Umwelt verschmutzt. Was erlaubt ist und was nicht, steht im Umweltrecht, einem wichtigen Bereich des Öffentlichen Rechts. Nur wenn die im Gesetz festgelegten Höchstwerte nicht überschritten werden, erteilt das Umweltamt die Betriebserlaubnis. Erst jetzt kann die Fabrik damit beginnen, Feuerwerkskörper herzustellen.

In Frankfurt soll ein neues Hochhaus gebaut werden, der Star-Tower. Vor dem ersten Spatenstich prüft das Bauamt der Stadt Frankfurt, ob der Star-Tower auch sicher sein wird, also etwa, ob es genügend Feuertreppen für den Fall eines Brandes gibt. Außerdem wird geprüft, ob der Star-Tower sich in seine Umgebung einfügt. Das gesamte Haus soll quietschgrün angestrichen werden. Daraufhin verweigert das Bauamt die Genehmigung, weil so die Frankfurter Skyline verschandelt würde. Der Eigentümer des Grundstücks meint, die Farbe sei seine Sache. Jetzt muss ein Verwaltungsgericht anhand des Baurechts prüfen, ob das Haus so wie geplant gebaut werden darf und eine Baugenehmigung erteilt werden muss.

Deine Mutter ist Rechtsanwältin. Jedes Jahr wird sie vom Finanzamt gefragt, wie viel Geld sie im Laufe des Jahres verdient hat. Das Finanzamt prüft dann anhand des Steuerrechts, wie viele Steuern deine Mutter zahlen muss. Das Steuerrecht ist ein Teil des Öffentlichen Rechts, denn es regelt, wie viel Steuern der Staat von jedem Bürger fordern darf. Dieses Geld ist wichtig für den Staat. Er baut damit Straßen, Schulen und Kindergärten, er unterhält damit die Stadtbücherei, die Schwimmbäder und die Theater. Und er macht damit noch vieles, vieles mehr.

Ein Bauer produziert Eier. Bei einer Überprüfung durch das Veterinäramt, einer Behörde für Tierschutz, wird festgestellt, dass die Legehennenverordnung nicht eingehalten wird: Danach dürfen auf einem Quadratmeter Käfig nicht mehr als neun Hennen gehalten werden. Der Bauer muss ein Bußgeld zahlen und wird aufgefordert, sofort gesetzmäßige Zustände zu schaffen.

In all diesen Streitfällen steht auf der einen Seite ein Bürger und auf der anderen Seite eine Behörde oder Verwaltungsstelle, die den Staat vertritt. Das ist das typische Merkmal für das Öffentliche Recht. Das Öffentliche Recht regelt alles, was der Bürger im Verhältnis zum Staat tun darf oder unterlassen muss. Die Behörden überwachen, ob das Öffentliche Recht eingehalten wird. Das Schöne in einem Rechtsstaat ist, dass die Behörde nicht automatisch Recht hat. Ist der Bürger mit der Entscheidung der Behörde nicht einverstanden, kann er diese Entscheidung durch ein unabhängiges Gericht überprüfen lassen.

IV. Mit einem «Faustschlag»: Strafrecht, Zivilrecht, Öffentliches Recht

Das Strafrecht, das Zivilrecht und das Öffentliche Recht sind zwar Rechtsgebiete, die unabhängig von einander bestehen, die aber oft gleichzeitig auf den Plan treten:

Horst Mustermann ist Inhaber einer Gaststätte. Die Geschäfte laufen schlecht. Gegen Mitternacht schlägt er vor lauter Frust seinem Gast Tobias Schädel einen Zahn aus. Mit diesem einen Schlag treten gleich alle drei Rechtsgebiete auf den Plan:

Das Strafrecht, weil ein Gericht Horst Mustermann wegen gefährlicher Körperverletzung zu einer Geldstrafe verurteilt;

Das Zivilrecht, weil Tobias Schädel von Horst Mustermann Schadensersatz und Schmerzensgeld in Höhe von 1000 Euro wegen des ausgeschlagenen Zahns fordert;

Das Öffentliche Recht, weil das Gewerbeaufsichtsamt Horst Mustermann die Betriebserlaubnis für die Gaststätte entzieht, denn Horst Mustermann ist nicht zuverlässig genug, um eine Gaststätte zu betreiben.

4. Kapitel
Das höchste Recht

Jedes Gesetz ist wichtig und muss beachtet werden. Eines ist aber besonders wichtig und steht über allen anderen: das Grundgesetz. Das Grundgesetz regelt, wie unser Staat funktioniert und welche Rechte die Menschen gegenüber dem Staat haben.

Um das Grundgesetz zu verstehen, musst du zunächst eine Zeitreise zurück in die Vergangenheit unternehmen. Das Grundgesetz wurde geschrieben, als dein Opa ein kleiner Junge war und deine Oma ein kleines Mädchen. Damals vor 60 Jahren sah die Welt ganz anders aus. Du musst viel Phantasie haben, um dir vorstellen zu können, wie sie ausgesehen hat. Stell dir vor, du hast damals schon gelebt.

I. Als dein Opa ein kleiner Junge war

1933 kam Reichskanzler Adolf Hitler an die Macht. Besonders grausam war Hitler gegenüber den Juden. Die Juden mussten einen «Judenstern» tragen, damit jeder sah, dass sie Juden waren. Das wäre so, als wenn du als Christ mit einem Kreuz auf der Jacke herumlaufen müsstest. Niemand durfte mehr in Geschäften, die Juden gehörten, einkaufen, und schließlich hat Adolf Hitler die Juden töten lassen. 1939 hat Hitler den Zweiten Weltkrieg angefangen, weil er wollte, dass Deutschland noch größer wird. Im Krieg sind viele Millionen Menschen getötet worden, und am Ende hat ihn Deutschland verloren. Am 8. Mai 1945 war der Krieg zu Ende. Deutschland lag in Schutt und Asche.

Auch euer Haus in der Kastanienstraße 43 war zerstört, dein Lieblingskuscheltier, Björn, der Eisbär, war verbrannt. Zum Glück habt ihr gute Freunde, die Familie Eisenmann. Sie gibt euch ein Zimmer. Du schläfst mit deinem Bruder in einem Bett, deine Eltern schlafen auf dem Boden. Da es kaum Holz gibt, heizt ihr nur in der Küche. Zu zehnt sitzt ihr um den Ofen herum. Ihr habt kaum etwas Warmes zum Anziehen. Du hast eine Hose aus dünnem Stoff, die nicht richtig warm hält. Deinem Freund Rolf geht es noch schlechter, er hat nur eine kurze Hose. Auch im Winter. Es gibt nur wenig zu essen. Deine Eltern bekommen «Berechtigungsscheine», das sind Marken, mit denen sie bestimmte Lebensmittel abholen dürfen – Fleisch, Eier, Fett und Brot. Dein Freund Rolf und du, ihr lauft manchmal in der Nacht auf die Felder, um Kartoffeln oder Mais zu klauen. Deine Eltern finden das gut, weil alle so einen schlimmen Hunger haben. Im Wald sucht ihr nach Holz und Tannenzapfen, damit ihr Brennstoff für den Ofen habt. Schließlich ist der Winter sehr kalt.

Du gehst gern zur Schule. Die meisten deiner Lehrer tragen noch ihre Soldatenuniform, denn sie haben im Krieg als Soldat für Deutschland gekämpft. Jetzt sind sie keine Soldaten mehr, sondern wieder, wie früher, Lehrer. Sie haben aber, ebenso wie du, keine richtige Kleidung, so dass sie ihre Soldatenuniform tragen müssen. In der Schule gibt es auch etwas zu essen, und manchmal gibt es auch ein Care-Paket. Das sind Pakete, die die Amerikaner nach Deutschland geschickt haben. In diesen Paketen ist etwas zu essen, und oft sind sogar Süßigkeiten darin.

Auf der Straße sind viele «Trümmerfrauen». Das sind Frauen, die Steine aus den zerstörten Gebäuden mit bloßen Händen und einfachsten Werkzeugen reinigen, so dass sie für neue Gebäude benutzt werden können. Gleichzeitig bringen sie den Schutt weg, damit man etwas Neues daraus bauen kann. Ihr dürft leider nicht auf der Straße spielen. Viele Gebäude sind abgesperrt, weil Einsturzgefahr besteht. Außerdem hat man Angst vor «Blindgängern». Das sind Bomben, die zwar abgeworfen wurden, die aber nicht explodiert sind. Diese noch «scharfen» Bomben können jederzeit hochgehen und Menschen töten. Also spielt ihr in der Wohnung.

Jetzt hast du eine Vorstellung davon, wie es in Deutschland ausgesehen hat, als das Grundgesetz entstanden ist.

II. Deutschland soll es wieder besser gehen – die Entstehung des Grundgesetzes

Deutschland hat den Zweiten Weltkrieg verloren. Die USA, Frankreich, England und Russland haben ihn gewonnen. Sie waren die Sieger des Krieges, und daher nannte man sie die vier Siegermächte. Diese vier Siegermächte hielten Deutschland mit ihren großen Armeen besetzt. Deutschland war zerstört, die Menschen hatten Hunger und haben gefroren. Was macht man mit so einem Land? Wie bringt man es wieder auf die Beine?

Drei der Sieger, die USA, England und Frankreich, wollten, dass Deutschland ein freies und gerechtes Land wird. Sie glaubten fest daran, dass die Deutschen begriffen hatten, wie schlimm Adolf

Hitler war, und dass sie nie wieder einen «zweiten Adolf Hitler» haben wollten. Also musste Deutschland Regeln bekommen, die einen «zweiten Adolf Hitler» verhindern. Diese Regeln hat der Parlamentarische Rat, der aus wichtigen Politikern bestand, erarbeitet. Bei seiner Arbeit hat der Rat überlegt, was unter Adolf Hitler schlimm war: Es war schlimm, dass die Juden wegen ihrer Abstammung und ihrer Religion verfolgt wurden. Im neuen Deutschland sollte daher jeder das glauben dürfen, was er möchte. Es war schlimm, dass die Menschen nichts gegen Adolf Hitler und seine Helfer sagen durften, weil sie sonst ins Gefängnis geworfen wurden. Im neuen Deutschland sollte daher jeder das sagen dürfen, was er denkt. Es war schlimm, dass Adolf Hitler als Reichskanzler besonders mächtig war und dass ihn niemand kontrollieren konnte. Im neuen Deutschland sollte daher die Macht verteilt werden, so dass niemand mehr so mächtig werden kann, wie Hitler es gewesen war. Das alles und noch Vieles mehr hat der Parlamentarische Rat beim Schreiben des Grundgesetzes berücksichtigt. Vier Jahre nach Kriegsende, am 24. Mai 1949, trat das Grundgesetz in Kraft. Die Bundesrepublik Deutschland war geboren.

Und was ist aus dem Teil Deutschlands geworden, den die vierte Siegermacht, die Russen, besetzt gehalten haben? Antwort: Ein «zweites Deutschland», die DDR. Die Russen wollten Deutschland nicht als freies Land sehen, sondern sie wollten Deutschland beherrschen. In Russland herrschte damals auch ein mächtiger Diktator, nur hieß er nicht Hitler, sondern Stalin. Unter Stalin entstand die DDR, die Deutsche Demokratische Republik. Die DDR war eine Diktatur: Die Partei bestimmt (es gab nur eine einzige, die Macht hatte), alle anderen gehorchen. Diese Diktatur bestand 44 Jahre. 1990 haben sich beide «Deutschlands» wieder vereinigt. Seitdem gilt das Grundgesetz in ganz Deutschland.

III. Unser Grundgesetz

Das Grundgesetz hat, wie fast jedes Buch, ein Vorwort. Im Grundgesetz geht das Vorwort so:

«... (in) dem Willen, ... dem Frieden der Welt zu dienen, hat sich das Deutsche Volk dieses Grundgesetz gegeben.»

Deutschland verspricht gleich zu Beginn, dem Frieden der Welt zu dienen. Zu schrecklich sind die Erinnerungen an den Zweiten Weltkrieg. Heute wissen wir: Deutschland hat keine leeren Versprechungen abgegeben. Deutschland hat sich seither für den Frieden eingesetzt, und es hat schon viele deutsche Soldaten in Krisengebiete auf der ganzen Welt geschickt. Die Soldaten sollten helfen, dass es nach furchtbaren Kriegen wieder ruhig und stabil zugeht. Bei ihren Einsätzen haben viele Soldaten ihr Leben verloren. Deutschland hat auch die Europäische Union mitgegründet. Dieser Zusammenschluss der Länder Europas hat dazu beigetragen, dass es heute so friedlich zugeht.

Das Grundgesetz besteht aus zwei Teilen. Im ersten Teil stehen die Grundrechte. Die Grundrechte bestimmen, wie und wo der Staat den Bürger in Ruhe lassen muss. Im zweiten Teil steht, wie Deutschland organisiert ist – wer für welche Aufgaben zuständig ist.

Erster Teil: Die Grundrechte

Das Deutschland nach dem Zweiten Weltkrieg sollte ganz anders werden als das Deutschland vor dem Zweiten Weltkrieg. Daher regelt das Grundgesetz gleich zu Beginn, welche Rechte der Bürger gegenüber dem Staat hat. Diese Rechte nennt man Grundrechte. Es gibt 19 Grundrechte, einige davon sehen wir uns an.

a. Die Menschenwürde

Das wichtigste Grundrecht steht gleich zu Beginn: die Menschenwürde in Artikel 1: «Die Würde des Menschen ist unantastbar.» Würde ist der Respekt, den man einem Menschen entgegenbringt, sie ist Achtung und Wertschätzung. Jeder Mensch hat Würde, auch der Mörder.

> Fall 5: «Lebenslange Freiheitsstrafe»
>
> Robert ist 31 Jahre alt und verkauft Drogen an Süchtige. Von einem seiner Käufer wird Robert erpresst: «Wenn du mir die Drogen nicht schenkst, zeige ich dich bei der Polizei an und sage denen, dass du mit Drogen handelst.» Um nicht weiter erpresst zu werden, erschießt Robert den Drogenabhängigen von hinten. Ein Gericht verurteilt ihn wegen Mordes, und Robert muss für den Rest seines Lebens ins Gefängnis.
>
> Robert findet diese Strafe menschenunwürdig, weil er nie wieder die Möglichkeit hat, in die Freiheit entlassen zu werden. Tag für Tag, Monat für Monat, Jahr für Jahr und Jahrzehnt für Jahrzehnt wird er in einer Zelle im Gefängnis wohnen müssen, und irgendwann wird er dort sterben. Für ihn wird es nie wieder Freiheit geben.
>
> Das Bundesverfassungsgericht prüft, ob die lebenslange Gefängnisstrafe gegen die Menschenwürde verstößt, und bejaht dies. Das Gericht sagt, auch ein Mörder müsse die Hoffnung haben, irgendwann wieder zurück in die Freiheit zu gelangen. Wer ohne Hoffnung lebe, gebe sich auf, werde stumpf und sehe im Leben keinen Sinn mehr. Ein Mörder sei aber keine «Sache», die man behandeln könne, wie man wolle. Auch der Mörder sei ein Mensch, den man als solchen behandeln müsse.
>
> Urteil vom 21. Juni 1977 (1 BvL 14/76)

Weil das höchste deutsche Gericht die lebenslange Freiheitsstrafe für menschenunwürdig gehalten hat, musste der Gesetzgeber die lebenslange Freiheitsstrafe abändern. Es gibt sie zwar nach wie vor. Bei jedem Mörder muss jedoch nach 15 Jahren Gefängnis geprüft werden, ob er nicht entlassen werden kann (§ 57a StGB). Daher bleibt ein Mörder heutzutage durchschnittlich etwas weniger als 20 Jahre im Gefängnis, aber nicht mehr sein ganzes Leben.

b. Die Religionsfreiheit

An deiner Schule gibt es Kinder vieler Glaubensrichtungen. Die meisten deiner Mitschüler sind Christen, nicht wenige sind Muslime, und einige werden Juden sein. Manche haben auch gar keinen Glauben. Dass jeder das glauben darf, was er mag, steht im Grundgesetz in Artikel 4: «Die Freiheit des Glaubens ... (ist) unverletzlich.» Welchen Glauben die Menschen haben, sieht man ihnen in den meisten Fällen nicht an. Anders ist dies bei Musliminnen. Sie tragen oft ein Kopftuch. Das ist Teil ihrer Religion und natürlich nicht verboten. Aber was ist, wenn eine Muslimin Polizistin, Richterin oder Lehrerin werden will? Dürfen Lehrerinnen ein Kopftuch tragen?

Fall 6: «Kopftuch im Klassenzimmer»

Hürrem wurde in Deutschland geboren und arbeitet seit vielen Jahren als Lehrerin an einer Schule in Nordrhein-Westfalen. Sie gehört dem Islam an, ist also Muslima. Hürrem trug über viele Jahre während des Unterrichts ein Kopftuch. Das störte viele Eltern und auch die Schulleitung. Die Schulleitung forderte Hürrem auf, das Kopftuch abzulegen. Zwar könne sie glauben, was sie wolle, sie dürfe ihren Glauben aber nicht nach außen tragen und die Kinder dadurch beeinflussen. Hürrem ließ ihr Kopftuch zuhause, kam aber stattdessen mit einer rosafarbenen Mütze und einem rosafarbenen Rollkragenpullover in die Schule. Wenn sie sich schon nicht mit einem Kopftuch verhüllen dürfe, dann doch wohl mit einer Mütze und einem Pulli. Aber auch damit war die Schulleitung nicht einverstanden. Sie schickte Hürrem eine Abmahnung, was so etwas wie eine Drohung ist, von der Schule zu fliegen, wenn sich Hürrem nicht endlich an die Vorgaben der Schulleitung halte. Hürrem klagte und bekam schließlich vom Bundesverfassungsgericht Recht: Wir leben in einem Land, in dem es viele Religionen gibt. Es müsse respektiert werden, wenn eine Frau aus religiösen oder traditionellen Gründen ein Kopftuch tragen möchte. Dies gelte auch für die Schule. Eine Lehrerin könne mit und ohne Kopftuch Mathematik erklären oder Englischunterricht machen. Es sei nur dann etwas anderes, wenn die Lehrerin versuchen würde, die Kinder während des Unterrichts zu beeinflussen, wenn sie also sagen würde, wie toll der Islam sei und dass er besser sei als andere Religionen.

Beschluss vom 27. Januar 2015 (1 BvR 471/10, 1 BvR 1181/10)

Diese Entscheidung des Bundesverfassungsgerichts ist deshalb so interessant, weil das Gericht seine Ansicht zu Kopftüchern im Klassenzimmer geändert hat. Im «Kopftuchurteil» vom 24. September 2003 (2 BvR 1436/02) sagte das Gericht zwar auch bereits, dass jeder das glauben dürfe, was er wolle, und anziehen könne, was seinem Glauben und seiner Religion entspreche. Wenn die Länder aber meinten, so das Gericht damals, dass sie keine Lehrerinnen mit Kopftüchern wollen, dann dürfen sie das so in ihre Schulgesetze schreiben. Sie dürfen also Lehrerinnen mit Kopftüchern verbieten, was viele Länder getan haben. Und heute, zehn Jahre später, sagt das Bundesverfassungsgericht, dass ein solch generelles Verbot von Kopftüchern verfassungswidrig ist, da es gegen die Religionsfreiheit der Lehrerinnen verstoße.

In beiden Entscheidungen haben sich die acht Richter sehr gestritten. In der Entscheidung aus dem Jahr 2015 waren nur sechs Richter – aber eben die Mehrheit – der Auffassung, dass Kopftücher im Klassenzimmer erlaubt sind. Zwei Richter sahen das anders. Sie fanden, ein Kopftuch vermittele den Schülern ein falsches, da kein modernes Frauenbild. Eine Schule habe aber die Aufgabe, den Mädchen und Jungen ein modernes Frauenbild zu vermitteln, ein Bild, in dem Mann und Frau gleichberechtigt sind, und nicht ein Bild, in dem sich eine Frau verhülle. Den beiden Richtern war ihre abweichende Meinung so wichtig, dass sie diese unter das Urteil geschrieben haben. Man nennt das ein Minderheitenvotum.

c. Die Meinungsfreiheit

In Artikel 5 Grundgesetz steht: «Jeder hat das Recht, seine Meinung frei zu äußern». Anders als unter Hitler darf heute jeder Bürger auf die Politik schimpfen oder Politiker kritisieren. Sätze wie: «Diese Idioten in Berlin erlassen immer nur Gesetze für die Reichen» sind zwar nicht nett, aber erlaubt. Der Staat darf solche Aussagen nicht verbieten. Auch «Soldaten sind Mörder» darf man sagen, ohne wegen Beleidigung bestraft zu werden.

Fall 7: «Soldaten sind Mörder»

Der Fall spielt während des Zweiten Golfkrieges 1990/91. In dieser Zeit hatte ein Autofahrer einen Aufkleber auf seinem Auto: «Soldaten sind Mörder.» Dieser Spruch stammt von Kurt Tucholsky. Viele Soldaten waren über den Aufkleber empört. Anders als der Mörder töten sie doch nicht grundlos, sondern kämpfen dafür, dass bald wieder Frieden herrscht! Ein Gericht hat den Autofahrer wegen Beleidigung von Bundeswehrsoldaten verurteilt.
Das Bundesverfassungsgericht, unser höchstes Gericht, fand diese Entscheidung falsch und hob sie auf. Jeder dürfe seine Meinung frei äußern und sagen, was er denke, solange er niemand Bestimmten beleidige. Du kannst zum Beispiel sagen, dass du deinen Mathelehrer schlecht findest. Du musst noch nicht einmal sagen, warum du ihn schlecht findest, etwa, weil er nicht gut erklären kann. Nur beleidigen darfst du ihn nicht. Du darfst also nicht sagen, dass er ein «Zahlenidiot» ist. Mit dem Ausdruck «Idiot» würdest du nämlich sagen, dass dein Lehrer nicht «alle Tassen im Schrank hat» und würdest ihn herabwürdigen. Für den «Soldaten sind Mörder»-Aufkleber bedeutet dies: Ein Mord ist zwar die schlimmste Straftat, die man begehen kann. Der Autofahrer wollte durch diesen Spruch aber nicht zum Ausdruck bringen, dass jeder Soldat der Bundeswehr einen Mord begehe. Er wollte nur sagen, dass in einem Krieg Menschen getötet werden und dass er das nicht richtig findet.

Urteil vom 25. August 1994 (1 BvR 1423/92)

Viele Menschen und ganz besonders viele Soldaten haben sich damals sehr über dieses Urteil geärgert.

d. Die Kunstfreiheit

In Art. 5 Grundgesetz steht: «Kunst und Wissenschaft, Forschung und Lehre sind frei.» Unter Hitler war nur die Kunst erlaubt, die Hitler schön fand. Alles andere war «entartet» und wurde vernichtet. An den Universitäten durfte nur das erforscht und herausgefunden werden, was Hitler gefallen hat. Damit ist unter dem Grundgesetz Schluss. Heute sind Dinge zulässig, die nicht jeder gut und richtig findet. Man muss nicht immer einer Meinung sein. Wäre ja auch langweilig:

«Pfahlsitzen in Frankfurt»

Im Jahr 2003 fand eine Kunstaktion in Frankfurt statt: das Pfahlsitzen. Das ist so wie «Baumhaussitzen» – wer hält es am längsten auf einem Baumhaus aus? Auf sieben meterhohen Pfählen saßen damals sieben Menschen sieben Tage lang. Es waren alles Menschen in schwierigen Lebenssituationen: Arbeitslose, Obdachlose und Hoffnungslose. Die Zuschauer dieser Aktion konnten wetten, welcher «Pfahlsitzer» es am längsten auf seinem Pfahl aushält. Gewonnen hat eine Frau. 122 Stunden und 45 Minuten hat sie auf ihrem Pfahl gesessen. Sie gewann 3000 Euro (FAZ vom 14. September 2003).

Viele Menschen haben sich über diese Aktion aufgeregt. Sie fanden, dass das «Pfahlsitzen» verboten werden müsse. Es sei nur schrecklich und keine Kunst. Was soll daran Kunst sein, wenn sich jemand tagelang auf einen Pfahl hockt und von anderen Leuten angestarrt wird? Einige Menschen waren sogar so empört, dass sie gegen das «Pfahlsitzen» geklagt haben. Ohne Erfolg. Das «Pfahlsitzen» ist von der Kunstfreiheit gedeckt. Der Künstler, der sich die Aktion ausgedacht hat, wollte zum Ausdruck bringen, dass jeder Mensch auf sich selbst gestellt ist, dass er allein ist und dass ihm in schwierigen Situationen keiner helfen kann. Wer allein auf einem Pfahl sitzt, wird nass, wenn es regnet, kann einen Sonnenbrand bekommen, wenn die Sonne scheint, und kann mit niemandem reden, wenn er Angst hat. Da nützt es auch nichts, dass Tausende Leute drum herum stehen und ihn angucken. So hat der Künstler das gemeint, und wenn man drüber nachdenkt ... ganz so dumm war die Aktion eigentlich gar nicht, oder?

e. Das Eigentum

«Lass das, das gehört mir!» Diesen Satz hast du früher sicher oft gesagt. Gerade kleinere Kinder sind peinlich darauf bedacht, dass niemand mit ihren Sachen spielt, sonst brüllen sie los. Die Botschaft ist klar: «Ich entscheide, wer mit meinen Sachen spielen darf, sonst niemand.» Und das stimmt. Der Eigentümer einer Sache kann damit tun und lassen, was er will – er kann sie nutzen oder nicht nutzen, er kann sie ausleihen, er kann sie kaputt machen und wenn er sie auf den Müll schmeißt, dann ist das auch in Ordnung. So steht es in Artikel 14 Grundgesetz: «Das Eigentum (... wird) gewährleistet.»

Die Regel, dass ich mit meinen Sachen machen kann, was ich will, gilt so lange, wie Interessen anderer Menschen nicht beeinträchtigt werden. Daher steht noch etwas im Grundgesetz: «Eigentum verpflichtet.» Eigentum berechtigt also nicht nur, es verpflichtet auch. Schließlich wollen wir rücksichtsvoll miteinander leben, nicht rücksichtslos. Daher kann man mit seinem Eigentum nur so umgehen, dass andere nicht zu Schaden kommen: Ein Vermieter darf für seine Wohnung nicht einen Wucherpreis verlangen, auch dann nicht, wenn der Mieter bereit wäre, diesen zu bezahlen. Der Grund: Der reiche Vermieter soll den armen Mieter nicht ausnutzen dürfen. Oder: Der Eigentümer eines Hauses darf in seinem Garten keinen Baum fällen, der eine bestimmte Größe hat. Der Grund: Diese Bäume sehen nicht nur schön aus, sie liefern allen Menschen Sauerstoff und sind daher lebensnotwendig. Weil also alle Menschen ein Interesse an Wohnungen und Bäumen haben, dürfen deren Eigentümer nicht damit tun, was sie wollen. Man spricht von der Sozialpflichtigkeit des Eigentums.

Es gibt nicht nur Eigentum, das man sehen kann, sondern auch Eigentum, das man nicht sehen kann, das sogenannte «geistige Eigentum». Wenn du ein Lied komponierst oder eine Zeichnung gemacht hast, dann gehören Lied und Zeichnung dir. Sie sind dein Eigentum. Auch dann, wenn das Lied schräg und die Zeichnung hässlich ist. Niemand außer dir darf dein Lied oder deine Zeichnung nutzen. Jetzt wäre es dir wahrscheinlich egal, ob jemand dein Lied als Hintergrundmusik für seinen Internetauftritt verwendet oder deine Zeichnung in der Schülerzeitung erscheint. Vielleicht wärst du sogar geschmeichelt. Nicht wenige Menschen aber leben von ihren Liedern und Zeichnungen, Büchern und Erfindungen. Sie sind von Beruf Musiker, Maler, Autor oder Wissenschaftler. Und sie wollen mit ihren Tätigkeiten Geld verdienen. Das können sie aber nur dann, wenn nicht alle Menschen ihr Eigentum einfach nutzen dürfen. Es kann ja auch nicht jeder mit deinem Fahrrad herumfahren. Also muss jeder, der Interesse an dem geistigen Eigentum eines anderen hat, Geld an diesen bezahlen. Das tut man im Regelfall dadurch, indem man Geld für eine CD, DVD oder ein Buch bezahlt. Mit dem Kauf von CD, DVD oder Buch hat man das Recht erworben, die CD anzuhören, die DVD anzusehen oder das Buch zu lesen. Was du aber nicht machen darfst: Du darfst die CD, die DVD oder das Buch nicht dafür nutzen, um Geld damit zu verdienen. So steht es im Urheberrechtsgesetz. Du darfst an deiner Schule beispielsweise nicht den Film «Der Mann mit den dicken Muskeln» zeigen und dafür einen Eintritt von 3 Euro verlangen. Damit wäre der Hersteller des Films nicht einverstanden. Wenn du also ins Kino gehst und «Der Mann mit den dicken Muskeln» anschaust, dann kannst du sicher sein, dass das Kino an den Hersteller des Films einen dicken Batzen Geld dafür gezahlt hat, dass es den Film anderen Menschen zeigen und damit Geld verdienen darf.

Sicher bist du im Internet auch schon einmal auf eine Internetseite gestoßen, auf der man kostenlos Musik herunterladen kann. Tust du das, dann kann es sein, dass du gegen das Urheberrechtsgesetz verstößt. Schließlich sieht der Eigentümer eines heruntergeladenen Liedes in diesem Fall keinen Cent. Und wer gibt schon kostenlos sein Eigentum her? Aus dem gleichen Grund problematisch sind auch die «filesharing»-Börsen. Mitglieder solcher Börsen verpflichten sich, ihre Dateien wie Bilder, Lieder oder Filme den anderen Mitgliedern zur Verfügung zu stellen. Im Gegenzug dürfen sie dann auch die Dateien der anderen Mitglieder nutzen. Alle Mitglieder kopieren das geistige Eigentum anderer, ohne dafür etwas an diese zu bezahlen. Manche Menschen finden es steinzeitmäßig, dass das nicht erlaubt sein soll. Man müsse akzeptieren, dass man mit dem Internet schnell Informationen transportieren und vervielfältigen kann. Dabei jedes Mal den geistigen Eigentümer um Erlaubnis zu fragen, sei viel zu kompliziert. Durchgesetzt hat sich diese Meinung noch nicht. Das unerlaubte Kopieren und Herunterladen von Dateien ist nach wie vor verboten und kann bestraft werden.

Zweiter Teil:
So ist unser Staat organisiert

Wie funktioniert eigentlich ein Land wie Deutschland? Wer trifft die wichtigen Entscheidungen und wer erledigt die einzelnen Aufgaben? In den Nachrichten hörst du oft vom Bundeskanzler oder von der Bundeskanzlerin. Aber darf ein Bundeskanzler alles allein entscheiden? Nein, darf er nicht. Wir haben ja schon gesehen, dass die Aufgaben in einem Rechtsstaat verteilt sind, damit niemand zu viel Macht besitzt. Wer zu viel Macht besitzt, kann sie missbrauchen. Im zweiten Teil des Grundgesetzes steht daher genau, wer welche Aufgabe hat. Die wichtigsten Aufgaben werden auf fünf verschiedene Personen oder Personengruppen verteilt. Sie heißen «Verfassungsorgane». Das Wort Organ kennst du in einem anderen Zusammenhang: Jeder Mensch hat Organe – Herz, Magen, Lunge, Darm oder Leber. Nur wenn alle Organe funktionieren und gut zusammenarbeiten, ist der Mensch gesund. So ist das auch bei den Verfassungsorganen: Nur wenn die fünf Verfassungsorgane gut zusammenarbeiten, geht es unserem Land gut. Die fünf Verfassungsorgane sind der Bundestag, der Bundesrat, der Bundespräsident, die Bundesregierung und das Bundesverfassungsgericht.

Die Fahrzeuge dieser Verfassungsorgane haben ein besonderes Autokennzeichen: «BD» für Bundesrepublik Deutschland. Immer, wenn du in Berlin oder sonstwo ein Auto mit dem Kennzeichen «BD» siehst, sitzt darin ein wichtiger Mensch, der für die Bundesrepublik Deutschland arbeitet. In einem Auto mit diesem Kennzeichen könnte zum Beispiel ein Abgeordneter des Deutschen Bundestages sitzen. Aber wie wird eigentlich der Deutsche Bundestag gewählt?

a. Wie der Bundestag gewählt wird

Wenn man die Erwachsenen fragt: «Wen oder was wählt man bei den Bundestagswahlen?», sagen viele: «Den Bundeskanzler.» Das ist falsch. Und dabei steht es schon im Wort Bundestagswahlen geschrieben: Bei den Bundestagswahlen wählen die Menschen den Bundestag. So nennt man in Deutschland das Parlament. Der Bundestag besteht aus mindestens 598 Abgeordneten. Diese Abgeordneten wählen später den Bundeskanzler. Vor allem aber haben die Abgeordneten die Aufgabe, über neue Gesetze zu entscheiden. Wenn du schon einmal in Berlin warst, hast du bestimmt das Gebäude mit der berühmten Glaskuppel besichtigt, in dem sich die Abgeordneten treffen. Das ist der Deutsche Bundestag.

Bundestagswahlen gibt es alle vier Jahre. Weil sie so selten sind, ist es wichtig, dass die Wahlen fair ablaufen. Jeder wahlberechtigte Bürger soll frei entscheiden können, wen er wählt. Damit faire Wahlen garantiert sind, gelten für die Wahlen feste Grundsätze: Die Menschen in Deutschland wählen die Abgeordneten in allgemeiner, unmittelbarer, freier, gleicher und geheimer Wahl. So steht es in Artikel 38 GG. Schauen wir uns dies einmal näher an.

Allgemeine Wahl – jeder darf wählen   Jeder Deutsche, der seinen 18. Geburtstag hinter sich hat, darf bei den Bundestagswahlen mitwählen. Er ist wahlberechtigt.

> Bei euch in der Klasse soll der Klassensprecher gewählt werden. Euer Lehrer schaut sich in der Klasse um und sagt: «Alle dürfen mitwählen. Außer Ben und Melissa.» Ihr seht euch fragend an: «Wieso dürfen Ben und Melissa nicht mitwählen?» Euer Lehrer sagt: «Die beiden sind noch nicht einmal zwei Monate in unserer Klasse. Ben ist aus München hergezogen und kennt noch nicht alle Namen der Kinder in der Klasse, und Melissa ist sitzengeblieben. Auch sie kennt sich bei uns noch nicht so gut aus.» Ihr protestiert: «Das ist doch kein Grund! Ben und Melissa gehören in unsere Klasse und dürfen ihren Vertreter, den Klassensprecher, genauso wählen, wie wir.» «Also gut», sagt euer Lehrer, «wenn ihr unbedingt meint.»

Du durftest bei Bundestagswahlen noch nie mitwählen. Das hat seinen guten Grund. Du interessierst dich zwar für Recht und Politik, sonst würdest du dieses Buch nicht lesen. Das Grundgesetz geht aber davon aus, dass sich Kinder noch kein genaues Bild von der Politik machen können und noch nicht vernünftig entscheiden können, wen sie wählen sollen. Auch wenn jeder Bürger nur eine Stimme hat, muss er sich gut überlegen, wem er diese Stimme gibt. Es gibt ja viele verschiedene Parteien. In einer Partei tun sich Menschen zusammen, die das gleiche Ziel verfolgen. Die eine Partei setzt sich vor allem für den Umweltschutz ein, die andere mehr für Arbeitsplätze und die dritte dafür, dass es den armen Menschen besser geht. Die falsche Wahl kann, wenn sie von vielen getroffen wird, weitreichende, manchmal verhängnisvolle Folgen haben. Eben haben wir gesehen, dass die Menschen im Jahr 1933 sich für eine Partei entschieden haben, die Adolf Hitler zu ihrem «Führer» gewählt hat. Adolf Hitler hat 1939 den Zweiten Weltkrieg begonnen und in den folgenden Jahren über 6 Millionen Juden töten lassen. Auch wenn es heute diese oder eine vergleichbare Partei nicht mehr gibt, ist die Wahlentscheidung mit einer großen Verantwortung verbunden. Daher sollte sie von jemandem getroffen werden, dem diese Verantwortung bewusst ist und der sich Gedanken darüber macht, wem er seine Stimme gibt. Man traut dies Erwachsenen eher zu als Kindern. Viele Kinder würden einfach das wählen, was ihre Eltern wählen oder – noch schlimmer – was ihre Eltern ihnen vorsagen.

Auch Ausländer, die in Deutschland leben, dürfen bei den Bundestagswahlen nicht mitwählen. Sie könnten ja einfach in ihr Heimatland zurückgehen, wenn die Abgeordneten des Bundestages schlechte Gesetze erlassen. Die Ausländer müssten dann die Folgen ihrer Wahlentscheidung nicht tragen. Darum bekommen Ausländer erst dann das Wahlrecht, wenn sie Deutsche geworden sind. Um Deutsche zu werden müssen sie lange in Deutschland gelebt haben, sich während dieser Zeit nicht strafbar gemacht haben und einigermaßen gut Deutsch sprechen.

Die Wahlen zum Bundestag sind deshalb «allgemein», weil jeder, der erwachsen und Deutscher ist, mitwählen darf. Das war nicht immer so. Frauen dürfen in Deutschland erst seit 1919 wählen. Es gibt Länder, da dürfen sie das heute noch nicht. Damit möglichst viele Menschen wählen, finden die Wahlen immer sonntags statt, da die meisten Menschen an diesem Tag nicht arbeiten.

Unmittelbare Wahl – die Stimme kommt direkt an Jede Stimme, die bei den Bundestagswahlen abgegeben wird, hat eine unmittelbare Auswirkung auf das Ergebnis der Wahl.

> Euer Lehrer schlägt vor, dass alle Schüler und Schülerinnen zunächst fünf von euch auswählen, die dann den Klassensprecher wählen sollen. Dein Lehrer bezeichnet sie als «Wahlmännern und Wahlfrauen». Du denkst darüber nach, was daran gut sein soll. Du möchtest gern Timm zum Klassensprecher wählen und würdest dies auch gern unmittelbar tun. Wenn du erst fünf Wahlmänner und Wahlfrauen wählen musst,

> wer weiß, wen die dann wählen? Deine Mitschüler und Mitschülerinnen sehen das genau so. Jeder will die Entscheidung, wer Klassensprecher wird, selbst treffen und sie nicht einem anderen überlassen.

Eine Wahl mit «Wahlmännern und Wahlfrauen» sieht unser Grundgesetz nicht vor. Es würde gegen das Prinzip der Unmittelbarkeit verstoßen. In den USA ist das übrigens anders. Da wird der Präsident der Vereinigten Staaten von Amerika über Wahlmänner gewählt.

Freie Wahl – kein Druck von außen Jeder Wähler kann frei entscheiden, wen er wählt. Niemand darf auf ihn Zwang oder Druck ausüben.

> Euer Klassenlehrer sagt kurz vor der Wahl zum Klassensprecher, dass er es gut fände, wenn Jan Klassensprecher werden würde. Jan sei ein sehr verlässliches Kind, ein aufmerksamer Schüler und könne gut Konflikte klären. Er könne sich niemanden besser als Klassensprecher vorstellen als Jan. Jan wird rot vor Stolz. Du wirst rot vor Wut. Wie kann der Klassenlehrer kurz vor der Wahl versuchen, das Ergebnis der Wahl zu beeinflussen? Klar ist Jan ein netter Junge, und er würde bestimmt auch ein guter Klassensprecher sein. Aber Timm oder Stefanie wären mindestens genauso gut.

Gleiche Wahl – jede Stimme ist gleich viel wert Jede Stimme, die bei den Wahlen abgegeben wird, zählt gleich. Der Fabrikant, der 20 000 Menschen Arbeit gibt, hat ebenso nur eine Stimme wie der arbeitslose Maurer. Der Millionär hat ebenso nur eine Stimme wie die arme Oma, die kaum ihre Miete zahlen kann. Die Mutter von vier Kindern hat ebenso nur eine Stimme wie die kinderlose Frau.

> Nachdem der Vorschlag mit den «Wahlmännern und Wahlfrauen» genauso schlecht angekommen ist wie seine Wahlrede für Jan, schlägt euer Lehrer nun vor, dass die guten Schüler bei der Stimmabgabe drei Stimmen haben, die mittelprächtigen Schüler zwei Stimmen und die schlechten Schüler nur eine Stimme. Schließlich würden die guten Schüler dazu beitragen, dass der Unterricht einigermaßen gut funktioniere, sie hätten Interesse an einem geordneten Unterrichtsablauf. Ganz anders die schlechten Schüler. Sie würden immer wieder stören, sich nicht beteiligen und würden kein Gemeinschaftsinteresse zeigen. Daher sollten sie auch weniger Stimmen haben als die guten Schüler.
>
> Du bist ein ganz guter Schüler und für dich wäre eine solche Regelung von Vorteil. Trotzdem meldest du dich zu Wort. Du bist der Meinung, dass jeder Schüler die gleiche Stimme haben sollte. Schließlich gehe es um den Klassensprecher, der die gesamte Klasse vertrete. Und die gesamte Klasse bestehe nun einmal aus guten und aus schlechten Schülern. Der Klassensprecher solle die schlechten Schüler genau so vertreten wie die guten Schüler.

Vor über 100 Jahren hatten die Wähler im Königreich Preußen tatsächlich unterschiedlich viele Stimmen. Man nannte es das «preußische Dreiklassenwahlrecht». Die Menschen, die viel Steuern gezahlt haben, hatten mehr Stimmen als diejenigen, die wenig Steuern gezahlt haben. Die Idee war damals, dass die Bürger, die den Staat mit ihren Steuern finanzierten, mehr zu sagen haben sollten als diejenigen, die keine oder wenig Steuern zahlten. Eine solche Regelung ist mit dem Grundgesetz nicht vereinbar. Daher ist auch ein «Familienwahlrecht» problematisch, das manche Politiker einführen möchten. Danach hätten Familien mit Kindern mehr Stimmen als Familien ohne Kinder.

Geheime Wahl – Nur der Wähler weiß, wen er wählt Die Wahlen zum Bundestag werden in geheimer Wahl durchgeführt.

Ihr habt die Wahl zum Klassensprecher immer noch nicht durchgeführt. Die Schulstunde neigt sich dem Ende zu. Daher sagt euer Klassenlehrer: «Wir führen die Wahl heute nicht geheim durch. Es würde zu lange dauern, die Zettel auszuzählen. Wir stimmen per Handzeichen ab. Jeder, der für Jan ist, hebt bitte jetzt die Hand.» Du denkst: «Jetzt schlägt's aber dreizehn. Jetzt soll auch noch öffentlich abgestimmt werden. Und das, wo ich nicht Jan, sondern Timm wählen will. Ob ich mich das trotzdem traue? Nicht, dass ich in Deutsch 'ne 4 bekomme. Ich stehe doch auf der Kippe.»

Jeder Wähler hat das Recht, dass niemand erfährt, was er gewählt hat. Daher gibt es auch die Wahlkabinen, die du sicher kennst. Eine Wahlkabine ist ein Sichtschutz, hinter dem man seine Stimme abgibt. Die geheime Wahl ist unverzichtbar. Es ist nicht erlaubt, dass man seine Stimme öffentlich abgibt, also nicht in die Wahlkabine geht. Man will vermeiden, dass auf diese Weise Druck auf den Wähler ausgeübt wird: «Was, du hast es nötig in die Wahlkabine zu gehen? Wen du wohl wählst!»

Am Ende der Schulstunde sagt euer Klassenlehrer zu euch: «Das war eine prima Schulstunde, ihr habt toll mitgearbeitet. Zwar haben wir heute nicht den Klassensprecher gewählt. Das wollte ich aber auch gar nicht. Ich wollte euch zeigen, welche Wahlprinzipien das Grundgesetz vorsieht. Und ich verspreche euch: In der nächsten Stunde wird der Klassensprecher gewählt. Und diese Wahl wird so durchgeführt werden, wie es sein soll: Allgemein, unmittelbar, frei, gleich und geheim.»

Nach der Durchführung der Bundestagswahlen stehen die 598 oder mehr Abgeordneten fest, die in den Deutschen Bundestag nach Berlin einziehen. Die Abgeordneten kommen aus ganz Deutschland, etwa aus München, Hamburg, Leipzig, Braunschweig oder Köln. Sie haben normale Berufe wie Lehrer, Bankkaufmann, Malermeister oder Versicherungsvertreter. Während ihrer Zeit als Abgeordnete üben sie diese Berufe aber nicht aus.

Sie sind jetzt für vier Jahre Abgeordnete des deutschen Volkes und sind für die Gesetzgebung zuständig. Dafür werden sie bezahlt. Jeder bekommt im Monat fast 10 000 Euro Gehalt. Dieses Gehalt nennt man Diät. Hinzu kommen ungefähr 4300 Euro für Kosten, die bei der Arbeit des Abgeordneten anfallen. Der Abgeordnete bezahlt davon beispielsweise sein Büro und seine Reisekosten. Die meisten Abgeordneten haben zwei Büros. Ein Büro in Berlin, wo die Sitzungen im Bundestag stattfinden. Und ein Büro in der Stadt, aus der sie kommen, um mit den Menschen vor Ort zu sprechen. So erfahren sie, welche Probleme und Sorgen diese Menschen haben.

b. Der Bundestag wählt seinen «Chef» und dann den Bundeskanzler

Die Hauptaufgabe des Bundestages ist, das haben wir schon gesehen, Gesetze zu erlassen. Aber bevor der Bundestag Gesetze erlässt, wählt er zwei Personen – zunächst den Bundestagspräsidenten und dann den Bundeskanzler.

Die Abgeordneten des Bundestages wählen zunächst den Bundestagspräsidenten. Der Bundestagspräsident ist der Chef des Bundestages und hat das zweithöchste Amt im Staat. Das verwundert, liegt aber daran, weil er der Chef des einzigen Verfassungsorgans ist, das das Volk direkt gewählt hat. Der Bundestagspräsident leitet die Sitzungen des Bundestages, eröffnet und schließt sie, erteilt den Abgeordneten das Wort oder entzieht es ihnen, wenn sie mit ihrer Rede nicht zum Ende kommen wollen.

Anschließend wählen die Abgeordneten in geheimer Wahl den Bundeskanzler oder die Bundeskanzlerin. Derjenige, der sich zur Wahl stellt, benötigt eine absolute Mehrheit, die «Kanzlermehrheit». Bei 598 Abgeordneten liegt diese Mehrheit bei 300 Stimmen. Der Bundeskanzler ist faktisch der mächtigste Amtsträger im Land. Er bestimmt, welche politischen Ziele er wichtig findet.

Der erste Bundeskanzler der Bundesrepublik war Konrad Adenauer (1949 bis 1963). Seitdem hat es acht weitere Bundeskanzler gegeben. Angela Merkel wurde 2005 zur ersten Frau in diesem Amt gewählt.

c. Der Bundeskanzler bestimmt die Regierung

Ein Bundeskanzler oder eine Bundeskanzlerin kann nicht alleine regieren. Daher braucht der Bundeskanzler Mitarbeiter, die ihn bei seiner Arbeit unterstützen. Und so sucht sich der Bundeskanzler einen Verkehrsminister, einen Familienminister, einen Außenminister, einen Finanzminister, einen Innenminister, einen Gesundheitsminister und noch weitere Minister aus. Alle Minister bilden gemeinsam mit dem Bundeskanzler die Bundesregierung. Auch die Bundesregierung ist eines der fünf Verfassungsorgane Deutschlands.

d. Wer ist «Chef» von Deutschland? – Der Bundespräsident

Der Bundespräsident ist das Staatsoberhaupt Deutschlands. Man sagt, er ist der «Erste Mann» im Staat und damit unser höchstes Verfassungsorgan. Das ist erstaunlich, denn ein Bundespräsident hat eigentlich nicht viel Macht. Er erlässt weder Gesetze noch führt er sie aus. Er unterschreibt die Gesetze nur und verkündet sie im Bundesgesetzblatt. Das ist aber nicht der Grund, weswegen er «Erste Mann» im Staat ist, sondern er ist es deshalb, weil er die Bundesrepublik Deutschland im Ausland vertritt. Er macht Staatsbesuche, hält Reden und kümmert sich um die guten Beziehungen Deutschlands zu den anderen Ländern. Das ist wichtig, denn die anderen Länder sollen einen guten Eindruck von Deutschland haben. Sie sollen gern nach Deutschland kommen und von deutschen Firmen Waren kaufen. Der Bundespräsident kümmert sich aber auch in Deutschland um viele wichtige Dinge. Zu bestimmten Jahrestagen hält er Reden, wie zum Beispiel am 1. Januar, an dem er die Neujahrsansprache hält. Und er setzt sich für Stiftungen ein. Die Stiftung «KinderHerz» kümmert sich zum Beispiel um herzkranke Kinder, um ihnen das Leben schöner zu machen. Die «Stiftung Lesen» hat sich zur Aufgabe gemacht, mehr Kinder an das Lesen heranzuführen, da viele Kinder ihre Freizeit nur noch vor dem Fernseher verbringen. Und der Bundespräsident ehrt Menschen, die sich für andere Menschen freiwillig einsetzen, wie die freiwillige Feuerwehr oder Trainer in Turn- oder Fußballvereinen. Der Bundespräsident verleiht auch das Bundesverdienstkreuz, eine Auszeichnung für Menschen, die sich um Deutschland besonders verdient gemacht haben. Der Bundespräsident wird für fünf Jahre gewählt, er kann einmal wiedergewählt werden. Damit ist niemand länger als zehn Jahre Bundespräsident. Der Bundespräsident hat seinen Sitz in der Bundeshauptstadt Berlin. Da ein Bundespräsident bei seiner Wahl mindestens 40 Jahre alt sein muss, musst du noch ein wenig warten, bis du Bundespräsident oder Bundespräsidentin werden kannst.

e. Der Bundesrat hat auch was zu sagen – 16 Bundesländer mischen mit

Das hast du dich sicher schon manchmal gefragt. Was soll der Umstand mit den 16 Bundesländern? Dein einer Cousin wohnt in Bremen, der andere in Bayern und der dritte in Thüringen. Zusammen könnt ihr nie in den Sommerurlaub fahren, die Ferien liegen zu unterschiedlich. Und wenn du von Hessen nach Bayern umziehen möchtest, hast du ganz schön Schwierigkeiten in der Schule. Die in Bayern haben schon das «Mittelalter» durchgenommen, und du weißt noch nicht einmal, wann das genau begonnen hat. Dafür kennst du dich gut im Zweiten Weltkrieg aus, habt ihr ewig durchgekaut. Und jetzt, in Bayern, kommt der ganze Kram wieder auf den Tisch, wie langweilig. Muss das sein?

Deutschland ist wie ein großer Kuchen, den man in 16 Stücke geschnitten hat. Es gibt das ganze Deutschland und ein in Stücke geschnittenes Deutschland. Ganz Deutschland hat den Bundestag, der Gesetze erlässt, die für ganz Deutschland wichtig sind. Ganz Deutschland hat die Bundesregierung, die alle Dinge bestimmt, die für ganz Deutschland von Bedeutung sind. Dieser gesamtdeutsche Kuchen ist dann noch in 16 Kuchenstücke zerschnitten, die Bundesländer. Und was du auf Bundesebene bereits kennst, wiederholt sich jetzt noch in jedem Bundesland: Jedes Bundesland hat einen Landtag, der Gesetze macht, die nur für das jeweilige Bundesland wichtig sind. Und jedes Bundesland hat eine Landesregierung, die alle Dinge bestimmt, die nur für genau das Bundesland von Bedeutung sind. Es gibt also 16 Landesregierungen mit 16 Landtagen. So will es das Grundgesetz.

Das Grundgesetz bestimmt in Artikel 20: «Die Bundesrepublik Deutschland ist ein ... Bundesstaat.» Ein Bundesstaat ist genau das, was wir hier haben – ein großes Land, unterteilt in Unterländer, die Bundesländer. Und auch die Bundesländer sind eigenständige Länder mit eigener Regierung und eigener Gesetzgebung. Aber welche Gesetze sind nur für ein bestimmtes Bundesland wichtig und für die anderen nicht? Antwort: wenige. Um es klar zu sagen: *Die Länder regeln fast nichts, der Bund fast alles.* Das macht auch Sinn – in Bayern soll der Arbeitnehmer nicht mehr Steuern zahlen müssen als in Sachsen-Anhalt, in Bremen soll es eine Winterreifenpflicht geben wie in Niedersachsen, und im Saarland soll es einen Führerschein ab 17 geben, genauso wie in Berlin, Thüringen oder Brandenburg. Alles andere wäre verwirrend und nicht praktikabel. Die Länder haben im Grunde genommen nur zwei Dinge, die sie eigenständig regeln: alles rund um die Polizei und alles rund um die Schulen. Man sagt, die Länder haben die Polizei- und die Kulturhoheit. Und trotzdem: Zwar hat jedes Land ein eigenes Polizeigesetz, die Polizeigesetze unterscheiden sich aber nicht wirklich voneinander. Sie sind im Wesentlichen gleich. Denn: Was in Mecklenburg-Vorpommern sinnvoll ist, kann in Hamburg nicht dumm sein. Und auch in den Schulangelegenheiten gibt es keine wirklichen Unterschiede. Sicher, die Lehrpläne sind nicht identisch, daher kann es schon sein, dass die Reihenfolge, in dem der Unterrichtsstoff durchgenommen wird, anders ist. Und auch die Schulferien der Bundesländer liegen anders, dies aber vornehmlich deshalb, damit nicht ganz Deutschland zur gleichen Zeit in die Ferien fährt.

Selber machen dürfen die Bundesländer also wenig. Und trotzdem haben sie viel Einfluss, denn bei der Gesetzgebung des Bundes haben sie einiges zu sagen. Schließlich erlässt der Bund viele Gesetze, die die Länder «ausbaden» müssen. Die Länder müssen nämlich das tun, was in den Gesetzen steht. Und genau deshalb haben sie bei diesen Gesetzen ein Wörtchen mitzureden. Genauer: Sie müssen den Gesetzen, die der Bundestag beschlossen hat, sogar zustimmen. Tun sie es nicht, kommt das Gesetz nicht zustande. Diese Zustimmung erteilen die Bundesländer über den Bundesrat. Im Bundesrat sitzt aus jedem Bundesland ein Vertreter. Da es 16 Bundesländer gibt, sitzen dort 16 Vertreter. Je nachdem wie groß das Bundesland ist, hat ein Vertreter drei bis sechs Stimmen. Bundesländer mit vielen Einwohnern haben mehr Stimmen als Bundesländer mit wenigen Einwohnern. Da also der Bundesrat Gesetze des Bundestages «torpedieren» kann, indem er ihnen nicht zustimmt, «bremst» er die Macht des Bundestages. Nur wenn er mit einem Gesetz des Bundestages einverstanden ist, ist der Weg frei für ein neues Gesetz.

Und genau das ist die Idee, die hinter den Bundesländern steht. Sie sollen Deutschland «schwächen», damit der Bund nicht heimlich Gesetze erlassen kann, die seine Macht stärken. Es soll nicht mehr vorkommen können, dass jemand wie Adolf Hitler die Macht an sich reißt. Das ist so wichtig, dass die Bundesländer nicht abgeschafft werden können. Das verbietet das Grundgesetz.

f. Verfassungswidrig! –
Das Bundesverfassungsgericht

Das Grundgesetz enthält viele Regeln. Regeln sind aber nur dann gut, wenn sie eingehalten werden. Dafür muss es jemanden geben, der über die Einhaltung der Regeln des Grundgesetzes wacht. Dieser «Jemand» ist das Bundesverfassungsgericht in Karlsruhe. Dort sitzen insgesamt 16 erfahrene Richter. Wenn ein Verfassungsorgan meint, die im Grundgesetz enthaltenen Spielregeln seien nicht eingehalten worden, kann es vor dem Bundesverfassungsgericht klagen. Die Richter prüfen dann, ob das Grundgesetz verletzt worden ist.

Stell dir vor, der Bundestag hat mit großer Mehrheit ein neues Jugendschutzgesetz beschlossen. Der Bundestag und der Bundeskanzler meinen, das neue Gesetz sei mega-super und so obereilig, dass der Bundesrat an diesem Gesetz nicht beteiligt werden müsse. Hier würde der Bundesrat vor dem Bundesverfassungsgericht klagen. Denn im Grundgesetz steht, dass der Bundesrat an jedem Gesetz – ohne Ausnahme – zu beteiligen ist. Das Bundesverfassungsgericht würde dem Bundesrat Recht geben und das neue Jugendschutzgesetz für unwirksam erklären.

Die Spielregeln des Grundgesetzes müssen also eingehalten werden, auch vom Bundestag und vom Bundeskanzler. Das Bundesverfassungsgericht prüft auch, ob die vom Bundestag beschlossenen Gesetze gegen die Grundrechte verstoßen.

Im Jahr 2006 hat das Bundesverfassungsgericht das «Luftsicherheitsgesetz» für verfassungswidrig erklärt, da es gegen das Recht auf Leben (Artikel 2 GG) verstoße. Das Luftsicherheitsgesetz erlaubte, entführte Flugzeuge abzuschießen, wenn anzunehmen war, dass mit dem Flugzeug in ein Hochhaus geflogen werden solle. Das Bundesverfassungsgericht entschied, dass dieses Gesetz gegen das Recht auf Leben der Passagiere verstoße. Die Passagiere könnten nichts dafür, dass ihr Flugzeug entführt wurde, und man dürfe sie nicht töten, um möglicherweise andere Menschen, wie die Bewohner eines Hochhauses, zu retten.
Urteil vom 15. Februar 2006 (1 BvR 357/05)

Manchmal kann sogar ein Bürger vor dem Bundesverfassungsgericht klagen. Er hat zwar nicht das Recht, ein Gesetz überprüfen zu lassen, wohl aber kann er ein gerichtliches Urteil, das gegen ihn ergangen ist, überprüfen lassen. Man sagt, er kann das Bundesverfassungsgericht «anrufen». Aber Achtung! Das Bundesverfassungsgericht ist «nur» «Hüter der Verfassung». Es kontrolliert Gerichtsurteile nicht darauf, ob sie richtig sind. Es prüft ausschließlich, ob die Richter des Urteils bei ihrer Entscheidung die Grundrechte ausreichend berücksichtigt haben. Ist das nicht der Fall, dann urteilt das Bundesverfassungsgericht: «Stopp, das ist verfassungswidrig!» und gibt das fehlerhafte Urteil an die Richter zurück. Die müssen dann neu entscheiden und dabei beachten, was das Bundesverfassungsgericht bemängelt hat.

Jetzt hast du gesehen, wie unser Land funktioniert. Und es funktioniert gut. Niemand hat zu viel Macht. Und wenn es doch einmal der Fall gewesen sein sollte, dann wird er zurück in seine Schranken verwiesen.

5. Kapitel
Hier wird Recht gesprochen

Wahrscheinlich hast du von vielen Gerichten, die es gibt, schon einmal gehört. Es gibt Amtsgerichte, Landgerichte, Oberlandesgerichte, es gibt den Bundesgerichtshof. Es gibt Verwaltungsgerichte, Arbeitsgerichte, Finanzgerichte und Sozialgerichte. Du liebe Güte! Was tun die alle, und reichen nicht weniger?

I. Die ordentlichen Gerichte

Die Amtsgerichte, Landgerichte, Oberlandesgerichte und der Bundesgerichtshof sind ordentliche Gerichte. Ordentlich hat dabei nichts mit Ordnung zu tun, alle Gerichte müssen ordentlich arbeiten und tun das auch meist. Ordentlich heißt nur, dass sich diese Gerichte mit «normalen» Streitigkeiten beschäftigen, und das sind die zivil- und die strafrechtlichen Streitigkeiten. Im Zivilrecht streiten sich zwei Bürger um etwas, meist um Geld, im Strafrecht bestraft der Richter den Angeklagten dafür, dass er etwas Verbotenes getan hat. Die Amtsgerichte sind dabei die niedrigsten Gerichte, der Bundesgerichtshof das höchste Gericht.

II. Auch ein Richter kann sich irren – Die Überprüfung von Urteilen

Es gibt Gerichtsprozesse, die dauern Jahre, manche dauern sogar Jahrzehnte. Das sollte so nicht sein. Der Kläger möchte schnell wissen, ob er gewinnt oder nicht. Und der Beklagte will schnell Ruhe haben, auch wenn er verliert. In einem Strafverfahren möchte der Angeklagte wissen, ob er als Täter verurteilt wird und wie hoch seine Strafe ist. Dass Gerichtsprozesse manchmal lange dauern, liegt unter anderem am Instanzenzug. Das ist keine Eisenbahn, sondern die Reihenfolge der Gerichte, die sich einen bestimmten Fall nacheinander anschauen können, wenn eine Partei es wünscht. Vielleicht hat der erste Richter ja etwas Entscheidendes übersehen. Eine solche Überprüfung geht aber grundsätzlich nur einmal. Das heißt, die Entscheidung eines Gerichts kann nur einmal von einem anderen Gericht überprüft werden.

1. Die Amtsgerichte – «kleine Fische»

Amtsgerichte sind die untersten Gerichte in Deutschland. Sie sind immer dann zuständig, wenn es um relativ wenig Geld geht oder um leichtere Straftaten.

In jeder größeren Stadt gibt es ein Amtsgericht. Früher gab es sogar in jedem Dorf ein Amtsgericht mit einem Richter, dem sogenannten Dorfrichter. Der war eine angesehene Person, und wenn sich Leute gestritten haben, sind sie zum Dorfrichter gegangen. Wo sollten sie auch sonst hingehen, hatten sie doch kein Auto, mit dem sie mal eben zur nächsten größeren Stadt fahren konnten. Heute ist das natürlich anders, solche kleinen Gerichte gibt es nicht mehr. Auch Amtsgerichte gibt es nur in Städten. An den Amtsgerichten arbeiten mehrere Richter, in Großstädten können es sogar über hundert Richter an einem Gericht sein. Das liegt unter anderem daran, dass die Einrichtung und Ausstattung eines Gerichts teuer ist. Zum Beispiel gibt es in jedem Gericht eine Bibliothek, in der die Gesetze, Rechtsprechungen und Kommentare, also Bücher, in denen Gesetze erklärt werden, vorhanden sind. Natürlich verfügt jeder Richter über einen eigenen Computer mit Internetzugang. Jeder Richter hat auch elektronischen Zugang zu Urteilen anderer Gerichte und kann nachsehen, wie ein anderes Gericht in einem vergleichbaren Fall entschieden hat. All das ist teuer und lohnt sich nur, wenn mehrere Richter die Einrichtungen nutzen.

a. Der Amtsrichter als Strafrichter

Das Amtsgericht ist in Strafsachen zuständig, wenn davon auszugehen ist, dass der Amtsrichter nur eine Geldstrafe verhängen wird oder eine Gefängnisstrafe von unter vier Jahren. Das ist ein weites Feld. Eine Geldstrafe kann 100 Euro betragen und ist schnell bezahlt, eine Gefängnisstrafe von vier Jahren verändert das Leben eines Menschen sehr. Natürlich hängt die Strafe davon ab, wie schwer die Tat ist, die dem Angeklagten vorgeworfen wird. Für einen Ladendiebstahl kommt man in der Regel mit einer Geldstrafe davon. Wer in ein Haus einbricht, um dort zu stehlen, bekommt meist eine Gefängnisstrafe.

Bei schwereren Straftaten entscheidet der Strafrichter nicht allein. Ist davon auszugehen, dass der Angeklagte für mehr als zwei Jahre ins Gefängnis muss, ist das Schöffengericht zuständig.

Luka Lissner hat keinen Schulabschluss, seinen Lebensunterhalt «verdient» er mit Einbrüchen. Bei drei Einbrüchen ist Luka Lissner bereits erwischt worden. Für den dritten Einbruch ist er für ein Jahr und sieben Monate ins Gefängnis gekommen. Nach seiner Entlassung hält Luka Lissner es trotzdem wieder für eine gute Idee, «ein Ding zu drehen». Das Leben ist schließlich teuer und die Villa des Fabrikanten Emmanuel Schneider leer. Wozu die gute Chance verpassen? Nur «leider» wird Luka Lissner wieder erwischt.

Unter zwei Jahren Gefängnisstrafe wird Luka Lissner nicht wegkommen. Er hat gezeigt, dass er sich im Gefängnis nicht gebessert hat, er begeht weiter Straftaten. Über seine Bestrafung entscheidet nicht ein Richter allein. Es entscheidet das Schöffengericht. Beim Schöffengericht werden dem Richter zwei ehrenamtliche Richter, Schöffen, zur Seite gestellt. Schöffen haben keine juristische Ausbildung, sondern andere Berufe. Sie sind zum Beispiel Bäcker, Kindergärtner, Lehrer oder Hausfrau. Schöffen haben die Aufgabe, den Fall aus ihrer Sicht zu beurteilen. Die Entscheidung der Schöffen zählt genauso viel wie die des Berufsrichters. Die beiden Schöffen können den Berufsrichter also überstimmen. Hält der Berufsrichter den Angeklagten für schuldig, die beiden Schöffen halten ihn aber für unschuldig, dann muss der Angeklagte freigesprochen werden.

Das Gericht, das über die Bestrafung von Luka Lissner entscheidet, besteht aus Richter Ramsauer, einem Berufsrichter, und den beiden Schöffen Erika Baumann und Constantin Windmühl. Erika Baumann ist Hausfrau, Constantin Windmühl ist Versicherungsvertreter. Richter Ramsauer schlägt vor, den Angeklagten Luka Lissner mit einer Gefängnisstrafe von zwei Jahren und zwei Monaten zu bestrafen. Die beiden Schöffen Erika Baumann und Constantin Windmühl finden das zu wenig. Sie sind der Meinung, dass der Angeklagte Luka Lissner für seinen vierten Einbruch ein Jahr länger als für seinen dritten Einbruch ins Gefängnis muss. Damit er endlich kapiert, dass man nicht in Häuser anderer Leute «einsteigt». Die beiden Schöffen überstimmen den Berufsrichter, und daher ergeht folgendes Urteil: Luka Lissner muss für zwei Jahre und sieben Monate ins Gefängnis.

b. Der Amtsrichter als Zivilrichter

Das Amtsgericht ist in Zivilsachen zuständig, wenn es um weniger als 5000 Euro geht. Bekommt ein Amtsrichter einen neuen Fall auf den Tisch, prüft er zunächst, ob er überhaupt zuständig ist, ob sich die Parteien also um weniger als um 5000 Euro streiten. Das ist dann einfach, wenn der Kläger vom Beklagten Geld will. Geld, weil er dem Beklagten ein Fahrrad für 800 Euro verkauft hat und dieser nicht zahlt. Hier streiten sich die Parteien um 800 Euro. Manchmal ist es aber gar nicht so einfach zu bestimmen, um wie viel sich die Parteien streiten, denn manchmal streiten sie sich nicht um Geld.

> Der Student Leon Herberger hört jeden Abend bis spät in die Nacht laut Musik. Erna Freise, die unter Leon Herberger wohnt, findet das gar nicht lustig. Sie kann nicht ungestört fernsehen, so laut schallt es von oben herunter. Da alles Bitten nicht hilft, verklagt Erna Freise Herrn Leon Herberger darauf, dass dieser nicht mehr nach 22 Uhr laut Musik hören darf. Richterin Sonnenschein bekommt die Klage auf den Tisch und überlegt, um wie viel Geld es hier geht. Eigentlich um gar kein Geld, denn die Klägerin will ja kein Geld, sondern ihre Ruhe. Daher muss die Richterin schätzen, wie hoch das Interesse der Klägerin an ihrer Ruhe ist und rechnet dieses Interesse in Geld um. Die Richterin kann dazu in eine Tabelle schauen. In dieser Tabelle sind viele Beispiele aus anderen Gerichtsverfahren aufgelistet, in denen es um ähnliche Fälle ging. Die Richterin legt den Streitwert auf 700 Euro fest.
>
> Nach diesem Streitwert richten sich auch die Gerichtsgebühren. Sie betragen 135 Euro, und bevor Erna Freise diesen Betrag nicht bei der Gerichtskasse eingezahlt hat, schaut sich kein Richter ihren Fall an. Wenn Erna Freise den Fall gegen Leon Herberger gewinnt, bekommt sie die Gerichtsgebühren von Leon Herberger zurück.

Der Richter am Amtsgericht entscheidet jeden Fall allein. Das ist eine große Verantwortung, denn auch Verfahren, bei denen es um vergleichsweise wenig Geld geht, können rechtlich sehr knifflig sein. Außerdem sind 3000 oder 4000 Euro vielleicht für einen Millionär wenig Geld, nicht aber für Tante Ida, die von einer Rente von nur 900 Euro im Monat leben muss.

c. Der Bürger braucht keinen Anwalt

Eine Besonderheit des Amtsgerichts ist, dass die Parteien, also der Kläger und der Beklagte, selbst vor Gericht auftreten können. Sie müssen keinen Rechtsanwalt beauftragen. Die Idee dabei ist, den Bürgern die Möglichkeit zu geben, ohne großen finanziellen Aufwand ihr Recht zu verfolgen. Wer sich selbst vertritt, spart das Geld für einen Rechtsanwalt. Die Wirklichkeit sieht allerdings anders aus. Es kommt kaum vor, dass sich ein Bürger selbst vertritt, weil es sich die meisten Menschen nicht zutrauen, mit den vielen verschiedenen Regeln beim Gericht ohne Hilfe eines Anwalts zurecht zu kommen. Und damit haben sie sogar Recht.

> Erna Freise aber spart sich die Kosten für einen Rechtsanwalt und geht allein zur Gerichtsverhandlung. Leon Herberger bestreitet, dass er bis spät nachts laut Musik hört. Also muss Erna Freise dies beweisen. Als Zeugen benennt sie Tobias Friedrich, der die Wohnung über Leon Herberger bewohnt. Tobias Friedrich bestätigt, dass Leon Herberger mitten in der Nacht laut Musik hört. Richterin Sonnenschein glaubt dem Zeugen und gibt der Klage von Erna Freise statt. Sie verurteilt Leon Herberger dazu, dass dieser nach 22 Uhr keine Musik mehr hören darf, die man noch in einer anderen Wohnung hören kann.

d. Berufung zum Landgericht

Wenn der Kläger oder der Beklagte mit einer Entscheidung des Amtsgerichts nicht einverstanden sind, können sie die Entscheidung des Amtsrichters vom Landgericht überprüfen lassen. Sie können «in die Berufung» gehen. Nur bei ganz kleinen Streitereien, bei denen es um weniger als 600 Euro geht, überprüft niemand mehr die Entscheidung des Amtsrichters.

> Leon Herberger ist mit dem Urteil nicht einverstanden. Er denkt darüber nach, ob er es nicht vom nächsthöheren Gericht überprüfen lassen soll. Dabei muss sich Leon Herberger gut überlegen, ob sich der finanzielle Aufwand lohnt. Schließlich muss er beim Landgericht Gerichtsgebühren bezahlen, damit sich das Gericht den Fall überhaupt ansieht. Und dann muss er noch einen Rechtsanwalt beauftragen, ihn zu vertreten. Anders als beim Amtsgericht kann er nicht allein zum Landgericht gehen. Dieser Rechtsanwalt kostet ihn auch Geld. Nach einigen Überlegungen entscheidet sich Leon Herberger trotzdem dafür, Berufung einzulegen. Er geht zum Landgericht.

2. Die Landgerichte – «große Fische»

Ist jemand mit einer Entscheidung des Amtsgerichts nicht einverstanden, kann er sie vom Landgericht überprüfen lassen.

> Die Richter beim Landgericht überprüfen das Urteil des Amtsgerichts in Sachen Erna Freise gegen Leon Herberger. Sie hören sich noch einmal den Zeugen Tobias Friedrich an, der beim Amtsgericht gesagt hat, Leon Herberger höre mitten in der Nacht laut Musik. Vor dem Landgericht sagt Tobias Friedrich aus, dass er nur selten zu Hause sei und früh zu Bett gehe. Daher könne er eigentlich nicht wirklich Auskunft darüber geben, wann Leon Herberger wie laut Musik höre. Die Richter am Landgericht halten es aufgrund dieser Aussage für nicht erwiesen, dass Leon Herberger laut Musik hört. Sie finden daher das Urteil des Amtsgerichts nicht richtig. Sie heben das Urteil auf und weisen die Klage von Erna Freise ab. Damit ist der Streit zu Ende. Zwei Gerichte haben sich ihn angesehen und den Streit entschieden. Erna Freise kann das Urteil nicht noch einmal überprüfen lassen.

a. Das Landgericht als Strafgericht

Ein Strafverfahren kommt dann zum Landgericht, wenn es um schwere Delikte wie räuberische Erpressung, Totschlag oder Mord geht und eine Gefängnisstrafe von mehr als vier Jahren möglich ist. Beim Landgericht gibt es Kammern. Sie bestehen im Regelfall aus drei Richtern. Wird jemand wegen Totschlags oder Mordes angeklagt, dann ist eine Spezialabteilung der großen Strafkammer zuständig – das Schwurgericht. Das Schwurgericht besteht aus drei Richtern und zwei Schöffen. Es entscheidet immer dann, wenn den Angeklagten besonders lange Haftstrafen erwarten.

> Der Begriff Schwurgericht stammt aus dem Deutschen Reich, das ist weit über 100 Jahre her. Damals gab es das Geschworenengericht. Es bestand aus drei Richtern und zwölf Geschworenen. Die Geschworenen entschieden darüber, ob der Angeklagte schuldig oder nicht schuldig war. Befanden sie ihn für schuldig, haben die Richter nur noch über die Höhe der Strafe entschieden. Das damalige Geschworenengericht ist kein «alter Zopf». In Amerika gibt es heute noch die Jury, das sind zwölf Geschworene, die von Recht keine Ahnung haben. Sie entscheiden über die Schuld oder Unschuld des Angeklagten.

Ist der Angeklagte mit der Entscheidung des Landgerichts nicht einverstanden, kann er das Urteil vom Bundesgerichtshof (BGH) überprüfen lassen. Allerdings hört der BGH keine Zeugen mehr, sondern überprüft nur das Recht: Hat das Landgericht das Recht richtig angewandt und das Verfahren richtig durchgeführt?

b. Das Landgericht als Zivilgericht

Das Landgericht ist für Rechtsstreite zuständig, bei denen es um mehr als 5000 Euro geht. In diesem Fall darf der Kläger nicht Klage beim Amtsgericht erheben, sondern er muss zum Landgericht gehen. Im Regelfall entscheidet dort ein Richter allein. Und da sich auch der Richter beim Landgericht einmal irren kann, haben die Parteien die Möglichkeit, seine Entscheidung von einem weiteren Gericht überprüfen zu lassen, dem Oberlandesgericht.

c. Vor das Landgericht nur mit einem Anwalt!

Vor dem Landgericht herrscht Anwaltszwang – jeder muss einen Anwalt beauftragen, der ihn vor Gericht vertritt oder verteidigt. Das ist auch gut so, weil der Rechtsanwalt mit den vor Gericht geltenden Regeln besser vertraut ist und das Recht kennt. Schließlich geht es um viel Geld oder um eine hohe Strafe, und eine Partei soll nicht deshalb den Prozess verlieren, weil sie sich im Recht nicht auskennt.

> Luka Lissner findet den Pfad der Tugend nicht. Gerade aus dem Gefängnis entlassen, bekommt er wieder eine Anklage zugestellt – wieder ein Einbruch, diesmal sein fünfter. Das Landgericht fordert Luka Lissner auf, einen Rechtsanwalt zu beauftragen, der ihn im Strafverfahren verteidigen soll. Luka Lissner hat nur Schulden und möchte an den Kosten eines Strafverteidigers sparen. Es ist ja nicht das erste Mal, dass er vor Gericht steht. Er kann sich gut selbst verteidigen. Das geht aber nicht. Bei Strafverfahren vor dem Landgericht benötigt der Angeklagte zwingend einen Verteidiger, der darauf achtet, dass seine Rechte gewahrt werden. Hat der Angeklagte kein Geld, einen Verteidiger zu bezahlen, bestellt das Gericht einen Verteidiger und bezahlt ihn auch zunächst. Diesen Verteidiger nennt man Pflichtverteidiger.

3. Das Oberlandesgericht überprüft

Wie der Name schon sagt, das Oberlandesgericht steht oberhalb der Landgerichte. Es überprüft die Zivilentscheidungen des Landgerichts und ist damit fast ausschließlich ein Überprüfungsgericht. Abkürzt wird der Begriff Oberlandesgericht übrigens mit den Buchstaben «OLG»; das OLG Düsseldorf ist also das Oberlandesgericht, das in Düsseldorf seinen Sitz hat. Die Berliner nennen ihr OLG nicht OLG, sondern Kammergericht.

4. Der Bundesgerichtshof

Der «BGH», also der Bundesgerichtshof, ist das höchste Gericht der ordentlichen Gerichtsbarkeit, also der Gerichte, die sich mit Zivil- und Strafrecht beschäftigen. Es hat seinen Sitz in Karlsruhe.

a. Der Weg zum BGH ist schwer
Nicht jeder, der meint, das Zivilurteil des Land- oder Oberlandesgerichts sei falsch, kann zum BGH marschieren und ihn um eine Überprüfung bitten. Schließlich haben sich schon mindestens zwei Gerichte mit seinem Fall beschäftigt: Das Amtsgericht

hat zuerst entschieden, das Landgericht hat die Entscheidung des Amtsgerichts überprüft. Oder das Landgericht hat zuerst entschieden und das Oberlandesgericht hat die Entscheidung des Landgerichts überprüft. Das müsste eigentlich ausreichen. Tut es an sich auch. Mit einer Ausnahme: Meint das zweite Gericht, der Fall habe eine Bedeutung für viele Menschen, kann es zu den Parteien sagen: «Wenn ihr wollt, dann geht mit der Sache zum BGH und fragt ihn, was er davon hält. Es wird noch viele von diesen Streitigkeiten geben, und da wäre es gut zu erfahren, was das höchste deutsche Gericht dazu sagt.» Man nennt das «die Revision zulassen».

b. Fünf Richter entscheiden

Beim BGH gibt es Senate, die aus fünf Richtern bestehen. Diese Richter werden gewählt und vom Bundespräsidenten ernannt. Alle fünf Richter entscheiden jeden Fall gemeinsam. Ein Senat besteht deshalb aus einer ungeraden Anzahl an Richtern, damit es immer zu einer Entscheidung kommt. Wären es nur vier Richter, könnte eine Entscheidung 2 : 2 unentschieden ausgehen. Die Richter beim BGH tragen nicht schwarze, sondern rote Roben. Einige ihrer Entscheidungen werden in Büchern abgedruckt. Diese Entscheidungen nennt man Leitentscheidungen, weil sie für die Richter der unteren Gerichte interessant sind und sie bei der Urteilsfindung anleiten können. Da Richter aber immer unabhängig sind, müssen sie einer Leitentscheidung des BGH nicht folgen, wenn sie diese für falsch halten. Ein Beispiel für den Instanzenzug mit einer Entscheidung des BGH ist das sogenannte «spickmich–Urteil» aus dem Jahr 2009.

Fall 8: «Spickmich»

Im Internet gibt es eine Seite mit dem Namen www.spickmich.de. Anders als im Schulalltag bewerten dort nicht die Lehrer die Schüler, sondern die Schüler die Lehrer. Gute Lehrer bekommen gute Noten, schlechte Lehrer bekommen schlechte Noten. Die Schüler eines Gymnasiums hatten einer Lehrerin für die Fächer Deutsch und Religion die Note 4,3 gegeben. Da das eine schlechte Note ist, war die Lehrerin alles andere als begeistert. Sie klagte vor dem Landgericht und wollte, dass ihr Name auf der Internetseite gelöscht wird. Es sei ihr Name und ihre Entscheidung, wo ihr Name veröffentlicht werde und wo nicht. Und niemand dürfe ihr eine Schulnote geben, sie habe nicht darum gebeten. Du musst dir das so vorstellen, als wenn jemand deine Zeugnisnoten im Internet veröffentlichen würde. Bei guten Noten hättest du vielleicht nichts dagegen, aber schlechte Noten möchte man ja nicht unbedingt der ganzen Welt zeigen. Da würdest du wahrscheinlich auch sagen, dass es dein Recht ist zu entscheiden, wer von deinem Zeugnis erfahren soll und wer nicht. Juristen sprechen hier vom «Allgemeinen Persönlichkeitsrecht».

Die Betreiber von «spickmich.de» vertraten vor Gericht natürlich die Meinung, dass es möglich sein müsse, einem Lehrer eine Note zu geben. Der Lehrer würde ja nicht beleidigt werden, sondern er bekomme eine ganz normale Schulnote. Dies sei von der Meinungsfreiheit und der Informationsfreiheit gedeckt, beides Rechte, die vom Grundgesetz geschützt seien. Und so mussten die Richter am Landgericht entscheiden, wer von beiden Recht hatte, die Lehrerin oder die Betreiber der Internetseite. Sie gaben den Betreibern der Internetseite Recht.

Damit war die Lehrerin nicht einverstanden. Sie legte Berufung beim Oberlandesgericht ein, und das Oberlandesgericht überprüfte die Entscheidung des Landgerichts. Das Oberlandesgericht sah die Sache so wie das Landgericht. Gleichzeitig sagte aber das Oberlandesgericht, dass es sich um eine wichtige Frage handele, die in Zukunft noch oft auftauchen werde. «Spickmich.de» sei eine von vielen Internetseiten, in denen man seine Meinung über andere veröffentlichen könne, und es werde nicht lange dauern, bis wieder jemand auf Löschung seiner Daten im Internet klage. Damit nicht das eine Gericht «hüh» sage und das andere «hott», gab das Oberlandesgericht der Lehrerin die Möglichkeit, den Rechtsstreit dem BGH vorzulegen, um zu sehen, was der dazu sagt.

Also beschäftigte sich auch noch der BGH mit der Frage, ob der Name der Lehrerin aus dem Internet gelöscht werden müsse. Der BGH beantwortete diese Frage ebenfalls mit nein. Die Daten der Lehrerin hätten mit ihrem Beruf zu tun und seien daher von allgemeinem Interesse. Es gehe nicht darum, ob sie gut schwimmen könne oder ob sie eine coole Frisur habe, sondern allein darum, ob sie guten Unterricht in den Fächern Deutsch und Religion erteile. Der Name der Lehrerin und ihre Benotung sind noch heute unter www.spickmich.de zu finden.

Urteil vom 23. Juni 2006 (Aktenzeichen VI ZR 196/08).

III. Gerichte der besonderen Gerichtsbarkeit

Die Verwaltungsgerichte, die Arbeitsgerichte, die Finanzgerichte und die Sozialgerichte sind besondere Gerichte. Man merkt es diesen Gerichten schon am Namen an, dass sie spezialisiert sind. Das Arbeitsgericht beschäftigt sich zum Beispiel mit Streitigkeiten aus einem Arbeitsverhältnis. Oft geht es dabei darum, ob ein Arbeitgeber einem Arbeitnehmer kündigen durfte. Wie im «Maultaschenfall».

Fall 9: «Maultaschen»

Altenpflegerin Schneeberger ist 58 Jahre alt und arbeitet seit fast 20 Jahren in einem Altenheim. Eines Mittags gibt es Maultaschen. Die Heimbewohner essen nicht alles auf, ein paar Maultaschen bleiben übrig. Übrig gebliebenes Essen wird normalerweise weggeworfen. Die Pflegerin steckt sich sechs der übrig gebliebenen Maultaschen im Wert von etwa 4 Euro in die Tasche, um sie zu Hause zu essen. Dabei wird sie erwischt. Das Altenheim kündigt der Pflegerin fristlos, da sie die Maultaschen gestohlen habe. Die Altenpflegerin geht zum Arbeitsgericht und wendet sich gegen die Kündigung. Das Arbeitsgericht sagt, die Kündigung sei in Ordnung. Die Pflegerin sei nicht berechtigt gewesen, die Maultaschen mitzunehmen, niemand habe es ihr erlaubt. Durch ihren Diebstahl könne ihr das Altenheim nicht mehr vertrauen, das Arbeitsverhältnis sei zerstört.

Urteil vom 16. Oktober 2009 (4 Ca 248/09).

Auch bei den besonderen Gerichten gibt es einen Instanzenzug. Denn auch ein Arbeitsrichter kann sich irren. Über dem Arbeitsgericht steht das Landesarbeitsgericht und über dem Landesarbeitsgericht das Bundesarbeitsgericht, das in Erfurt sitzt. Zum Landesarbeitsgericht kann man gehen, wenn man mit einer Entscheidung des Arbeitsgerichts nicht einverstanden ist. Das macht die Pflegerin. Sie geht zum Landesarbeitsgericht.

Die Altenpflegerin findet es zu streng, dass ihr wegen sechs gestohlener Maultaschen gekündigt wurde. Das Landesarbeitsgericht deutet an, dass es das auch streng findet. Sechs Maultaschen seien nur um die 4 Euro wert, und außerdem wären die Maultaschen sowieso weggeworfen worden. Daraufhin einigen sich das Altenheim und die Altenpflegerin. Die Altenpflegerin nimmt die Kündigung hin, bekommt dafür aber eine Menge Geld vom Altenheim. Man nennt das eine Abfindung.

Landesarbeitsgericht Baden-Württemberg, Vergleich vom 30. März 2010 (Aktz. 9 Sa 75/09).

Die Finanz- und Sozialgerichte beschäftigen sich mit Streitigkeiten rund ums Geld. Die Finanzgerichte entscheiden oft über steuerrechtliche Streitigkeiten, die Sozialgerichte etwa darüber, welche Ansprüche ein Sozialhilfeempfänger hat. Ob zum Beispiel einer schwerhörigen Sozialhilfeempfängerin neben dem Hörgerät auch die Batterien für das Hörgerät bezahlt werden müssen. Antwort: Ja (Urteil des Bundessozialgerichts vom 19. Mai 2009, Aktenzeichen B 8 SO 32/07 R). Die Verwaltungsgerichte entscheiden Streitigkeiten, die der Bürger mit der Verwaltung hat. Ob der Bauherr sein Haus so bauen darf, wie er will, oder ob ein Ausländer in Deutschland bleiben darf. Und alle drei Gerichte haben wieder Gerichte, die ihre Entscheidungen überprüfen können. Jeder Richter kann mal irren.

6. Kapitel
Berufe im Namen des Rechts

I. So wird man Jurist

Jeder, der Jurist werden will, hat den gleichen Weg vor sich. Es ist egal, ob er später Richter, Staatsanwalt oder Rechtsanwalt werden will oder ob er vorhat, in einem Unternehmen zu arbeiten. Alle studieren nach dem Abitur das Fach Rechtswissenschaften an einer Universität. Das dauert mindestens vier Jahre, und in dieser Zeit müssen die Studenten viele Prüfungen machen. Am Ende des Studiums steht das «1. Juristische Staatsexamen». Es besteht aus einer schriftlichen und einer mündlichen Prüfung. Nicht jeder besteht diese Prüfung. Wer sie aber besteht, darf eine zweijährige praktische Ausbildung bei Gericht, der Staatsanwaltschaft und bei einem Rechtsanwalt machen. Diese Ausbildung nennt man Referendariat. Am Ende der praktischen Ausbildung steht das «2. Juristische Staatsexamen». Wer auch diese Prüfung besteht, ist Volljurist. Ein Volljurist hat die Möglichkeit, alle Rechtsberufe zu ergreifen.

II. Der Richter

1. Richter entscheiden Streitigkeiten

Wem es schwer fällt, Entscheidungen zu treffen, sollte nicht Richter werden. Die wichtigste Aufgabe des Richters besteht darin, Streitfälle zu entscheiden. Bei einem Streit zwischen zwei Personen muss der Richter entscheiden, wer Recht hat – der eine gewinnt, der andere verliert. Wird jemand angeklagt, eine Straftat begangen zu haben, muss der Richter beurteilen, ob die Beweise für eine Verurteilung ausreichen – schuldig oder unschuldig? Der Richter fällt aber nicht nur Urteile. Auf dem Weg zu seinem Urteil muss der Richter viele Entscheidungen treffen: Welcher Gutachter soll untersuchen, wie es zu dem Autounfall gekommen ist? Soll ein Kind als Zeuge in einem Strafverfahren aussagen? Soll der mögliche Täter eines Diamantenraubs in Untersuchungshaft genommen werden, damit er die Diamanten nicht zwischenzeitlich verstecken kann?

Solche und ähnliche Fragen muss der Richter jeden Tag entscheiden. Oft ist das nicht einfach. Der Richter darf nicht danach entscheiden, was er persönlich gut findet oder was ihm sein Bauchgefühl sagt. Der Richter muss nachlesen, was das Gesetz zu der Frage sagt und muss die Regelung auf den Streit anwenden. In seinem Urteil muss der Richter ausführlich begründen, wie er zu seiner Entscheidung gekommen ist.

> Das Auto von Max Blum ist zweieinhalb Jahre alt. Jetzt hat es einen Motorschaden und muss verschrottet werden. Herr Blum ist entgeistert. Das teure Auto! Er geht zum Autohändler und will den Kaufpreis zurück. Der Autohändler antwortet pampig: «Was kann ich denn dafür?» und zahlt nichts. Herr Blum verklagt ihn vor Gericht. Der Richter findet persönlich auch, dass Autos mindestens fünf Jahre funktionieren müssen. Wer kann sich schon alle zwei Jahre ein neues Auto leisten? Der Richter hat auch Mitleid mit Herrn Blum, weil er lange auf das Auto gespart hatte. Er hatte sich sogar noch Geld von seiner Oma leihen müssen. Und trotzdem entscheidet der Richter gegen Herrn Blum. Das Gesetz bestimmt, dass ein Verkäufer maximal zwei Jahre lang dafür haftet, dass die verkaufte Sache keinen Fehler hat. Nach diesen zwei Jahren sind Fehler an der Sache nicht mehr das Problem des Verkäufers. Allein das Gesetz entscheidet also, wer in dem Streit Recht bekommt. Und das ist der Verkäufer. So traurig das für Herrn Blum ist.

Der Richter muss während des gesamten Gerichtsprozesses darauf achten, dass alle Beteiligten ein faires Verfahren bekommen. Gleiches Recht für alle. Um ein faires Verfahren zu gewährleisten, gibt es viele Vorschriften. Der Richter ist also nicht nur für das richtige Ergebnis eines Rechtsstreits verantwortlich. Er hat auch für den richtigen Weg dorthin zu sorgen. Es ist wie beim Fußballspiel: Bei jedem Foul muss der Schiedsrichter pfeifen. Und wenn deine Mannschaft am Ende 0:1 verliert, dann habt ihr zwar verloren, aber ihr habt wenigstens ein faires Spiel gehabt.

2. Der gesetzliche Richter

Der Richter kann sich seine Fälle nicht aussuchen. Er kann sich nicht die heraussuchen, die er interessant findet, und die anderen, langweiligen oder besonders schwierigen Fälle den anderen Richtern überlassen. Und der Bürger kann auch nicht bei einem befreundeten Richter anrufen und sagen: «Ich hab da einen Streit mit einer Firma. Die werde ich demnächst verklagen. Sieh doch zu, dass du die Sache auf den Tisch bekommst.» Niemand hat Einfluss darauf, welcher Richter welchen Streit bekommt. Die Verteilung der Verfahren erfolgt nach dem Zufallsprinzip. Ein Richter kann auch keine Verfahren mit einem anderen Richter tauschen, weil er dessen Verfahren interessanter findet. Er muss die Verfahren bearbeiten, die ihm zugeteilt worden sind. Ein Verfahren von Anfang bis Ende dauert beim Amtsgericht im Durchschnitt 4,5 Monate, beim Landgericht 8 Monate.

Richter Paul-Sebastian Sommer kommt morgens ins Gericht und findet fünf neue Akten vor. Er klappt die erste Akte auf – ein Verkehrsunfall. Jemand ist zu schnell gefahren und hat einen Unfall verursacht. «Ich kann Verkehrsunfälle nicht leiden, die Verfahren dauern immer so lange», brummt Richter Sommer. Er klappt die nächste Akte auf – eine misslungene Urlaubsreise. «Immer diese Meckerköpfe», schimpft Richter Sommer, «müssen die wegen jedem quietschenden Bett vor Gericht gehen?» Der Richter nimmt sich die nächste Akte – eine missglückte Naseoperation – und denkt: «Was lassen die Leute auch an sich rumschnippeln?» Er schaut sich die vorletzte Akte an – eine nicht bezahlte Telefonrechnung: «Ist zwar ein langweiliger Fall, aber schnell erledigt.» Und bei der letzten Akte – der Putz eines Hauses blättert ab – murmelt er: «Ein Streit mit einem Handwerker, wie ich das liebe!» All diese Streitverfahren muss der Richter in der nächsten Zeit bearbeiten und entscheiden. Vielleicht hat er Glück und die nächsten Verfahren, die bei ihm auf dem Tisch landen, findet er interessanter.

3. Ein typischer Arbeitstag eines Zivilrichters

Richter Paul-Sebastian Sommer liest sich die Akte mit der Urlaubsreise und dem quietschendem Bett durch. Er fragt sich, was meint der Kläger mit einem quietschenden Bett? Wie darf man sich das quietschende Bett vorstellen? Diese Frage stellt der Richter dann auch dem Kläger. Er schickt ihm ein Schreiben: «Bitte erklären Sie innerhalb von zwei Wochen, was Sie unter einem quietschenden Bett verstehen. Können Sie dies nicht, werden Sie den Streit verlieren.»

Und dann liegen da noch ein paar andere Akten auf dem Tisch. Ein Rechtsanwalt schreibt, dass er zu einem mündlichen Verhandlungstermin nicht kommen kann, weil er im Urlaub ist. Er bittet um eine Terminverlegung. Also verlegt Richter Sommer den Termin und teilt dies allen Beteiligten mit. In einer anderen Akte ist der Kläger nicht damit einverstanden, dass Gutachter M. C. Meyer das Gutachten zur Bruchfestigkeit von Fensterscheiben erstellen soll. Dies soll lieber Gutachter K. Freising tun. Richter Sommer ist genervt. Er kennt keinen besseren Gutachter für den Bereich Bruchfestigkeit von Fensterscheiben als M. C. Meyer. Er schickt das Schreiben des Klägers an die Beklagte. Soll die doch erstmal sagen, ob sie die Bedenken des Klägers teilt oder nicht. Erst dann wird Richter Sommer entscheiden, welcher Gutachter beauftragt wird.

Es klopft an der Tür. Der Bote legt dem Richter einen «Antrag auf eine einstweilige Verfügung» auf den Tisch. In dem Antrag schreibt die Antragstellerin Marie Müller, dass sie von ihrem geschiedenen Ehemann Paul Müller belästigt wird. Er schicke ihr am Tag 50 SMS mit den Worten «Ich liebe dich noch immer.» Und er sitze den ganzen Tag vor ihrem Haus und schaue durch das Fenster ins Wohnzimmer. Und er rufe jede Nacht fünfmal an und sage: «Wollen wir es nicht noch einmal versuchen?» Die Antragstellerin schreibt, sie sei sehr verzweifelt, könne nicht mehr schlafen, habe Angst, das Haus zu verlassen und leide unter dauernden Kopfschmerzen. Sie will, dass ihr geschiedener Ehemann die Belästigungen unterlässt.

Ein «Antrag auf eine einstweilige Verfügung» ist eilig. Er muss schneller bearbeitet werden als die anderen Verfahren, in denen es nur um Geld geht und niemand Schaden nimmt, wenn das Verfahren einige Wochen dauert. Wenn aber jemand einen «Antrag auf eine einstweilige Verfügung» stellt, dann hat er ein eiliges Problem, wie hier Marie Müller. Sie leidet unter dem Verhalten ihres geschiedenen Ehemannes, und es besteht die Gefahr, dass sie krank wird. Daher entscheidet der Richter sofort – eine Eilentscheidung.

Richter Paul-Sebastian Sommer gibt dem Antrag von Marie Müller statt. Er verbietet Paul Müller, an Marie Müller SMS zu schicken oder sie anzurufen. Er verbietet ihm weiter, sich Marie Müller auf weniger als 250 Meter zu nähern. Wenn sich Paul Müller nicht daran hält, kann der Richter ein Ordnungsgeld von bis zu 250 000 Euro verhängen. Kann Paul Müller dieses Geld nicht bezahlen, kann der Richter gegen ihn ersatzweise Haft verhängen. Wenn Paul Müller meint, die Entscheidung des Richters sei ungerecht und er habe seine geschiedene Frau gar nicht belästigt, kann er sich sofort beschweren. Dann findet sehr bald eine mündliche Verhandlung statt, in der beide Seiten ihre Meinung darlegen können. Aber bis dahin muss sich Paul Müller an die vorläufige Eilentscheidung des Richters halten.

4. Der Richter spricht «im Namen des Volkes»

Gerichtsverhandlungen sind öffentlich. Jeder, der Interesse hat, kann bei einer Gerichtsverhandlung zuschauen. Er kann jederzeit den Verhandlungssaal betreten und muss noch nicht einmal anklopfen. Er kann auch jederzeit wieder gehen, wenn er die Verhandlung langweilig findet. Gerichtsverhandlungen sollen nicht hinter verschlossenen Türen stattfinden. Jeder Bürger soll die Möglichkeit haben, sich ein Bild von der Arbeit des Richters zu machen. Schließlich spricht der Richter das Urteil hinterher «im Namen des Volkes».

> Erna Meier ist seit vielen Jahren Rentnerin. Sie liebt es, zu Gericht zu gehen, um zu sehen, was da so los ist. Sie läuft durch die Gänge des Gerichts. Vor jedem Gerichtssaal hängt ein Zettel, auf dem die Verfahren stehen, die heute verhandelt werden. «Bergmann gegen Schultze» steht da und «Hubertus & Co. gegen Michael Mohr». Um zu sehen, ob sich hinter den Namen interessante Fälle verbergen, betritt sie den Gerichtssaal. Richter Sommer sagt gerade zu einem Zeugen, dass er die Wahrheit sagen muss. Erna Meier bleibt eine Weile. Es geht um einen Verkehrsunfall. Der Zeuge sagt, er weiß nicht, ob das Auto blau oder weiß gewesen sei. Vielleicht sei es auch rot gewesen. Es sei schon zu lange her. Erna Meier findet den Zeugen langweilig und verlässt den Verhandlungssaal. Vielleicht ist im nächsten Gerichtssaal mehr los.

Dass Gerichtsverhandlungen nicht im Geheimen durchgeführt werden, ist eine ganz wichtige Regel. Eine Ausnahme gilt im Strafverfahren: War der Angeklagte bei der Straftat unter 18 Jahre, dann ist die Gerichtsverhandlung «nicht öffentlich». Sie findet also hinter verschlossenen Türen statt. Der jugendliche Angeklagte soll keine Sorge haben, dass seine halbe Schulklasse kichernd hinten im Zuschauerraum sitzt, während er dem Gericht erklärt, warum er stockbesoffen mitten in der Nacht verschiedene Hauswände besprayt hat und dass er außerdem unter Depressionen leidet, weil sein alkoholkranker Vater ihn regelmäßig schlägt. Hier geht das Interesse des jungen Menschen auf eine geheime Behandlung seiner Straftat und seiner Probleme vor.

5. Die Göttin Justitia und die Neutralität des Richters

Vielleicht hast du – etwa auf einem Gerichtsgebäude – schon einmal eine Figur gesehen, deren Augen verbunden sind und die eine Waage in der Hand hält. Das ist die Justitia, die römische Göttin der Gerechtigkeit. Ein Richter muss seine Entscheidung treffen, ohne sich die Personen des Rechtsstreits anzusehen. Es kommt nicht darauf an, ob der Richter den Kläger, den Beklagten oder den Angeklagten nett oder doof findet. Der Richter soll «blind» gegenüber allem sein, außer gegenüber dem Recht. In die eine Waagschale legt der Richter die Argumente, die für eine Partei sprechen, in die andere die, die gegen sie sprechen. Die Waage zeigt dann das Ergebnis an.

Was schon im alten Rom galt, gilt auch heute: Wer nicht neutral ist, hat als Richter nichts zu suchen. Er ist befangen.

> Verena Schlegel ist Strafrichterin. Anders als Paul-Sebastian Sommer entscheidet sie nicht, wer Recht hat, wenn sich zwei Bürger streiten, sondern darüber, wie ein Angeklagter zu bestrafen ist, wenn er etwas Verbotenes getan hat. Als die Richterin eines Morgens in ihr Büro kommt, liegt unter anderem die Akte Rasmus Schlegel auf dem Tisch. Verena Schlegel denkt: «Ups, den kenne ich doch. Das ist mein Mann.» Die Richterin liest sich die Akte durch. Rasmus Schlegel wird angeklagt, aus dem Elektromarkt einen Fotoapparat geklaut zu haben. Verena Schlegel ist enttäuscht, dass ihr Mann nichts von dem Tatvorwurf erzählt hat. Da sie aber mit dem Angeklagten verheiratet ist, darf sie nicht darüber entscheiden, ob und wie Rasmus Schlegel bestraft wird. Die Richterin könnte ja zu ihrem Ehemann besonders milde sein, weil sie ihn liebt, oder sie könnte besonders streng sein, weil sie ihn nicht mehr liebt und ihn verlassen möchte. Damit Rasmus Schlegel fair behandelt wird, muss die Richterin das Verfahren sofort abgeben. Ein anderer Richter wird über die Anklage entscheiden.

Hat eine Partei auch nur das Gefühl, der Richter sei befangen, kann sie einen Befangenheitsantrag stellen. Befangenheitsanträge kommen insbesondere in Strafverfahren vor. Glaubt der Angeklagte, der Richter gehe von seiner Schuld aus, obwohl der Prozess gerade erst begonnen hat, stellt er einen Befangenheitsantrag. Die Frage der Schuld oder Unschuld soll ja erst im Laufe des Prozesses geklärt werden und darf für einen Richter nicht bereits von vornherein feststehen. Ein solcher Richter hat auf der Richterbank nichts zu suchen.

6. Warum Richter Roben tragen

Der Richter trägt bei der Gerichtsverhandlung eine Robe. Das ist ein schwarzer Mantel, den er über seiner normalen Kleidung trägt. Die Robe soll allen Beteiligten zeigen, dass der Richter neutral ist. Der Richter entscheidet nicht als Privatperson, etwa als Paul-Sebastian Sommer oder als Verena Schlegel, sondern als neutraler Richter. Für die Entscheidung des Richters spielt es keine Rolle, was er persönlich denkt. Im Gerichtssaal ist der Richter daher auch nicht «Herr Sommer» oder «Frau Schlegel», sondern er ist der «Herr Vorsitzende» oder die «Frau Richterin».

Eine Robe sieht förmlich aus, fast ein bisschen wie eine Uniform. Das ist auch so gewollt, denn so wird klar, dass der Richter eine Respektsperson ist. Wenn der Richter den Gerichtssaal betritt, müssen alle Anwesenden aufstehen. Der Richter sorgt für einen ordnungsgemäßen und störungsfreien Ablauf der Gerichtsverhandlung. Der Richter ist die «Sitzungspolizei» und kann ähnlich wie ein Polizist im Gerichtssaal für Ordnung sorgen. Verhält sich jemand respektlos oder stört die Gerichtsverhandlung, kann der Richter gegen ihn eine Geldstrafe von bis zu 1000 Euro verhängen oder ihn sogar bis zu einer Woche ins Gefängnis schicken. Weil beide «Strafen» für Ordnung sorgen, nennt man sie Ordnungsgeld und Ordnungshaft.

Richterin Schlegel vernimmt den Zeugen Hubertus Schultze. Der Zeuge soll Angaben dazu machen, was er bei einer Schlägerei beobachtet hat. Der Zeuge hat keine Lust dazu. Er sitzt mit einer Baseballkappe auf dem Kopf nach vorne gebeugt auf seinem Stuhl und kaut einen Kaugummi. Ab und zu macht er eine Blase und lässt sie mit einem leisen «plopp» zerplatzen. Die Richterin bittet den Zeugen, sich gerade hinzusetzen, den Kaugummi aus dem Mund zu nehmen und die Kappe abzusetzen. Zeuge Schultze antwortet, er sei ein freier Bürger, und ein freier Bürger dürfe sitzen, wie er wolle, dürfe Kaugummi kauen, wie er wolle und dürfe Kappen tragen, wie er wolle. Die Richterin fordert den Zeugen erneut auf, all diese Dinge zu unterlassen, andernfalls werde sie ein Ordnungsgeld von 200 Euro verhängen. Der Zeuge sieht das immer noch nicht ein. Daraufhin verhängt die Richterin gegen den Zeugen ein Ordnungsgeld in Höhe von 200 Euro wegen ungebührlichen Verhaltens. Missmutig nimmt Zeuge Schultze seine Kappe ab, nimmt den Kaugummi aus dem Mund und setzt sich einigermaßen aufrecht hin. Geht doch. Die 200 Euro muss Zeuge Schultze trotzdem zahlen.

7. Der Richter ist unabhängig

Es steht schon im Grundgesetz: Der Richter ist unabhängig und nur dem Gesetz unterworfen. Aber von wem soll der Richter unabhängig sein? Kann ein Richter machen, was er will?

Ein Richter hat keinen Chef. Niemand darf ihm Befehle geben oder ihm in seine Entscheidungen reinreden.

> Der Präsident des Amtsgerichts, Herr Dr. Dumm, bittet Amtsrichter Paul-Sebastian Sommer zu sich ins Büro. Er sagt zu ihm: «Ich habe gesehen, einer Ihrer Fälle ist der Fall Kornelius Küller gegen die Freiburger Motorenwerke. Haben Sie sich schon mal Gedanken darüber gemacht, wie Sie entscheiden wollen?»

Ein solches Gespräch ist undenkbar. Kein Gerichtspräsident würde einen Richter auf ein Verfahren ansprechen. Weder auf ein laufendes noch auf ein abgeschlossenes. Allein die Nachfrage nach einem Verfahren beeinflusst den Richter. Richter Sommer müsste dem Präsidenten ja erklären, wie er den Fall rechtlich einschätzt. Möglicherweise müsste er seine Einschätzung auch noch begründen. Ein Richter ist aber sachlich unabhängig: Er entscheidet die Sache allein.

> Dr. Dumm erklärt Richter Sommer: «Sie müssen nämlich wissen, Kornelius Küller ist mein Onkel. Ein ganz lieber Kerl. Ich kann mir einfach nicht vorstellen, dass der nicht Recht hat. Er hat so viel Pech im Leben gehabt. Ich würde mich freuen, wenn Sie das bei Ihrer Entscheidung berücksichtigen könnten.»

Eine solche Einflussnahme ist natürlich ebenso undenkbar. Auch hier würde es gegen die richterliche Unabhängigkeit verstoßen, wenn ein Gerichtspräsident versuchen würde, auf die Entscheidung eines Richters direkten Einfluss zu nehmen.

> Dr. Dumm will ganz sicher gehen, dass Richter Sommer in seinem Sinne entscheidet: «Herr Sommer, verstehen Sie mich nicht falsch. Aber zum 1. März ist beim Amtsgericht Hintertupfingen eine Stelle im Mietrecht neu zu besetzen. Ich weiß zwar, Hintertupfingen ist ein hässlicher Ort und Sie mögen Mietrecht nicht, aber ich habe da an Sie gedacht. Ich will mir das aber noch mal durch den Kopf gehen lassen.»

Damit ein Richter auch wirklich frei entscheiden kann, ist er auch persönlich unabhängig: Niemand kann ihn entlassen, niemand kann ihn an ein anderes Gericht versetzen – kein Gerichtspräsident, kein Justizminister und auch nicht der Bundeskanzler. Allein die Möglichkeit, an ein anderes Gericht versetzt werden zu können, kann auf den Richter und seine Entscheidungen Auswirkungen haben. Wer nicht in Hintertupfingen arbeiten will, erlässt vielleicht lieber Urteile, die dem Gerichtspräsidenten gefallen. Genau das darf aber nicht sein, und deshalb ist die Versetzung nach Hintertupfingen nur erlaubt, wenn der Richter das selbst will. Und weil der Richter all das weiß, kann er immer frei und unabhängig entscheiden. Er muss keine Angst haben, dass er persönliche Nachteile erleidet.

Die große Unabhängigkeit des Richters hat natürlich auch Nachteile. Was passiert, wenn ein Richter keine Lust mehr hat zu arbeiten und in seinem Büro jeden Tag erst mal zwei Stunden schläft und dann ein bisschen im Internet surft, bevor er sich missmutig eine Akte ansieht? Oder was passiert, wenn ein Richter immer schlechte Urteile fällt, die später vom Berufungsgericht aufgehoben werden? Auch dann passiert nichts! Diese Nachteile nimmt ein Rechtsstaat in Kauf. Besser, man hat ein paar faule oder dumme Richter, als dass man Richter hat, die nicht unabhängig urteilen, weil sie Angst vor Nachteilen haben. Vor faulen oder dummen Richtern muss der Staat sich schützen, indem er nur die guten Juristen zu Richtern ernennt. Daher ist es nicht einfach, Richter zu werden.

Einen «Chef» hat der Richter aber doch: Gesetz und Recht. Beides muss er beachten. Tut er das aus Versehen nicht, ist das schlecht, aber nicht zu ändern: Alle Menschen machen Fehler. Tut er das absichtlich nicht, begeht der Richter eine schwere Straftat, nämlich Rechtsbeugung. Rechtsbeugung wird mit mindestens einem Jahr Gefängnis bestraft. Für einen Richter bedeutet das, dass er seinen Job verliert.

> Kurt Knete ist bei Rot über die Ampel gefahren und hat ein Kind angefahren. Richterin Verena Schlegel muss über die Anklage wegen fahrlässiger Körperverletzung und den Entzug des Führerscheins entscheiden. Für Kurt Knete ist beides schlimm. Daher macht er Richterin Schlegel ein Angebot: «Sprechen Sie mich frei, dann bekommen Sie von mir 50 000 Euro.» Richterin Schlegel findet sowieso, dass man als Richterin zu wenig verdient und nimmt den Vorschlag an. Sie schreibt in ihrem Urteil, dass Kurt Knete bei Grün über die Ampel gefahren ist und das Kind selbst schuld sei. Es sei einfach auf die Straße gelaufen. Als das später rauskommt, wird Verena Schlegel sofort ihres Amtes als Richterin enthoben und später zu zwei Jahren Gefängnis verurteilt.

Der Richter muss bei seiner Entscheidung also nur das Gesetz beachten. Da es kein Gesetz gibt, das vorschreibt, wie man Urteile abfassen muss, kann ein Richter ein Urteil auch in Reimform schreiben.

Fall 10: Urteil in Reimen

Im Namen des Volkes!

...

Der Streit entstand, weil der Beklagte
Im Rechtsstreit vorzutragen wagte,
was nun der Klägerin sehr missfällt.
Sie fordert deshalb Schmerzensgeld.
Dass der Beklagte schweigen soll
verlangt sie ferner voller Groll.
Was ist der Grund für ihre Klage?

Nun, der Beklagte hat (in Essen)
einst einen Spielbetrieb besessen.
Die Klägerin ihrerseits indessen
erhielt – als Aufsicht eingesetzt –
für diese Tätigkeit zuletzt
als Stundenlohn, wie man das kennt,
nur sieben Euro und 11 Cent.
Oft kamen dorthin manche Kunden
erst in den späten Abendstunden,
um sich – vielleicht vom Tagesstress
beim Spielen auszuruh'n. Indes
behauptet nunmehr der Beklagte,
dass es die Klägerin dann wagte,
so neben ihren Aufsichtspflichten
noch andere Dinge zu verrichten.

...

Die Spielbar sei aus diesem Grunde
als «Russenpuff» in aller Munde.

...

Die Klage – wie die Kammer findet –
ist vollumfänglich unbegründet.
Auch wenn's der Klägerin missfällt:
Es gibt für sie kein Schmerzensgeld.

...

Kleiner Auszug aus dem Urteil des Arbeitsgerichts Detmold vom 23. August 2007 (3 Ca 842/07). In welcher Stadt sich der Spielbetrieb befand, ist nicht veröffentlicht. Die Verfasserin hat fiktiv Essen der besseren Lesbarkeit halber eingefügt.

8. Hat kein Recht studiert – Der Schöffe

Es gibt auch Richter, die haben von Recht keine oder wenig Ahnung. Und trotzdem dürfen sie über die Schuld oder Unschuld eines Angeklagten entscheiden. Man nennt sie Schöffen. Geht es um schwere Straftaten, sitzen neben einem, manchmal sogar drei Berufsrichtern zwei Schöffen, einer rechts und einer links, so dass das Gericht aus drei bzw. fünf Richtern besteht. Die Schöffen haben auf das Urteil genau so großen Einfluss wie die Berufsrichter. Zwei Laienrichter können also einen Berufsrichter überstimmen. Aber warum setzt man jemanden auf die Richterbank, der sich mit Recht und Gesetz gar nicht auskennt? Der kann doch nicht Recht sprechen. Das stimmt so nicht. Zwar hat ein Schöffe keine juristische Ausbildung, aber dafür geht er «lebensnäher» an die Entscheidung heran, sein Blick ist nicht juristisch verstellt. Außerdem kann der Berufsrichter den Schöffen erklären, was das Recht zu einer bestimmten Situation sagt. Und ob die Beweise für eine Verurteilung ausreichen oder nicht, können auch die Schöffen beurteilen.

9. Der Schiedsrichter

In den allermeisten Fällen werden Rechtsstreite vor den staatlichen Gerichten geführt und von Richtern entschieden. Je nachdem, wie kompliziert ein Streit ist, dauert er kürzer oder länger. Manche Verfahren sind in sechs Wochen erledigt, manche in sechs Jahren nicht. Gerade die großen Unternehmen haben Angst, dass der Streit, den sie mit einem anderen Unternehmen haben könnten, viel zu kompliziert ist und dass es viel zu lange dauert, bis ein Gericht entscheidet. Daher vereinbaren Unternehmen oft eine «Schiedsklausel»: «Für den Fall, dass wir uns über irgendetwas streiten sollten, gehen wir nicht zu einem Gericht, sondern wir suchen uns ein Schiedsgericht, das den Streit entscheiden soll.»

> Handyhersteller «Top Handy» möchte einen Teil seines Unternehmens für 15 Millionen Euro verkaufen. Das Unternehmen «Superstar» hat Interesse. Beide Unternehmen schließen einen Kaufvertrag. Ein Jahr später stellt «Superstar» fest, dass es von «Top Handy» belogen worden war. «Superstar» möchte den Vertrag rückgängig machen und ihr Geld wiederhaben, «Top Handy» will das aber nicht. Also muss «Superstar» «Top Handy» auf Rückzahlung des Kaufpreises verklagen. Da die Parteien eine «Schiedsklausel» vereinbart haben, darf «Superstar» nicht zu einem staatlichen Gericht gehen, sondern es muss «Top Handy» bei einem Schiedsgericht verklagen.

Den Schiedsrichter kennst du vom Fußballplatz. Er pfeift das Spiel an, entscheidet, ob ein Tor gültig ist und verteilt gelbe Karten. Seine Entscheidung gilt auch dann, wenn sich später herausstellt, dass er sich grob vertan hat. Das ist Pech für die Mannschaft, zu deren Lasten die Entscheidung gegangen ist und die vielleicht nur deswegen das Spiel verloren hat. Der Schiedsrichter hat noch zwei Helfer, die Linienrichter, so dass insgesamt drei Schiedsrichter auf dem Fußballplatz stehen. Schiedsrichter gibt es nicht nur auf dem Fußballplatz. Es gibt auch Schiedsrichter, die einen Rechtsstreit entscheiden.

> «Superstar» und «Top Handy» suchen sich drei Schiedsrichter, die ihren Rechtsstreit entscheiden sollen. Die Schiedsrichter, die sie aussuchen, kennen sich bei Unternehmenskäufen gut aus. Das ist ein großer Unterschied zu den staatlichen Gerichten. Dort kann man sich keinen Richter aussuchen. Genau wie ein staatlicher Richter prüfen diese drei Schiedsrichter den Streit – sie diskutieren mit den Parteien, stellen Fragen und befragen Zeugen. Die Schiedsrichter bemühen sich auch darum, dass sich beide Seiten einigen. Da das nicht gelingt, müssen die Schiedsrichter schließlich den Streit entscheiden. Sie sind der Meinung, dass «Top Handy» «Superstar» belogen hat und «Superstar» vom Vertrag zurücktreten darf und sein Geld zurückbekommt. «Top Handy» ist zwar der Meinung, dass das gar nicht stimmt, kann die Entscheidung des Schiedsgerichts aber von keinem anderen Gericht überprüfen lassen.

Die Schiedsrichter entscheiden also schneller als die staatlichen Gerichte. Dafür muss man sich mit der Entscheidung des Schiedsgerichts abfinden. Man kann sie nicht noch einmal von einem weiteren Schiedsgericht überprüfen lassen. Bei den staatlichen Gerichten ist das anders. Dort hat man immer einmal die Möglichkeit, die Entscheidung eines Gerichts von einem anderen Gericht überprüfen zu lassen.

III. Der Rechtsanwalt

In Deutschland gibt es etwa 165 000 Rechtsanwälte. Sie haben die gleiche Ausbildung wie ein Richter. Anders als der Richter entscheiden sie aber keinen Streit, sondern sie helfen jemandem, der sich mit einem anderen streitet, den Streit zu gewinnen. Oder sie helfen jemandem, dem eine Straftat vorgeworfen wird, sich zu verteidigen.

1. Warum gibt es Rechtsanwälte?

Wenn jemand Schmerzen hat, geht er zum Arzt, wenn jemand ein rechtliches Problem hat, geht er zu einem Rechtsanwalt und lässt sich beraten. Er ist dann Mandant des Rechtsanwaltes. Der Rechtsanwalt hört sich das Problem seines Mandanten an und erklärt ihm seine rechtliche Einschätzung. Dabei muss der Rechtsanwalt seinem Mandanten ehrlich sagen, was er von der Sache hält. Nicht jeder, der denkt, dass er Recht hat, hat auch tatsächlich Recht. Und nicht jeder, der Recht hat, kann das auch beweisen.

Elli Windgeschwind macht zwei Wochen Urlaub im 3-Sterne-Hotel «Mio Solo». Sie ist alles andere als begeistert – das Bett ist zu hart, das Essen schmeckt ihr gar nicht und das Wasser im Swimmingpool ist viel zu kalt. Zu allem Überfluss regnet es noch jeden zweiten Tag. Elli Windgeschwind kommt völlig gestresst aus dem Urlaub zurück und denkt sich, dass das doch nicht wahr sein kann. Da zahlt man viel Geld für einen Urlaub, und wofür? Dass man blass und abgemagert zurückkommt? Elli Windgeschwind beschließt, dass das doch nicht rechtens sein kann, und will einen Teil des Reisepreises zurück. Sie sucht Dr. Hubertus Magnus auf, einen Spezialisten für Reisestreitigkeiten. Elli Windgeschwind schildert Dr. Magnus empört alle Einzelheiten, und Dr. Magnus hört geduldig zu. Als Frau Windgeschwind mit ihrem Bericht fertig ist, erklärt Dr. Magnus, wie er die Rechtslage sieht. Er sagt, dass es zwar traurig sei, dass Frau Windgeschwind keine Freude an ihrem Urlaub gehabt habe, dass sie aber leider keinen Anspruch auf eine Rückerstattung des Reisepreises habe. Dass ihr das Bett zu hart gewesen sei, sei ihre persönliche Einschätzung. Was der eine als «zu hart» empfinde, empfinde der andere als «zu weich». Das Gleiche gelte für das schlechte Essen. Schlecht sei ein Essen zunächst nur dann, wenn es verdorben sei, nicht aber, weil es schlecht schmecke. Was dem einen nicht schmeckt, schmeckt dem anderen umso besser. Da das Hotel in seinem Katalog auch nicht versprochen habe, dass der Swimmingpool beheizt sei, habe Frau Windgeschwind auch keinen warmen Pool erwarten können. Und dass man das Hotel nicht für das schlechte Wetter verantwortlich machen könne, sei ja wohl klar. Dr. Magnus rät Frau Windgeschwind von einem Rechtsstreit ab. Er rät ihr, im nächsten Urlaub einfach in ein anderes Hotel zu fahren. Elli Windgeschwind ist enttäuscht von Dr. Magnus. Sie findet nicht, dass er ein guter Rechtsanwalt ist. Als sie eine Woche später auch noch eine Rechnung von Dr. Magnus über die Rechtsberatung bekommt, ist sie außer sich vor Wut. Jetzt muss sie für so eine Auskunft auch noch Geld bezahlen.

Glaubt der Rechtsanwalt, dass sein Mandant nicht im Recht ist, rät er ihm davon ab, einen Rechtsstreit vor Gericht zu führen. Das freut den Mandanten zwar nicht, erspart ihm aber viel Zeit, Ärger und Kosten. Wenn der Rechtsanwalt glaubt, sein Mandant ist im Recht, versucht er zunächst, den Streit ohne ein Gericht zu klären. Er schreibt zum Beispiel einen Brief an die andere Streitpartei und macht einen Vorschlag, wie man sich einigen könnte. Nur wenn die andere Seite mit dem Vorschlag nicht einverstanden ist, geht der Rechtsanwalt zu Gericht und erhebt Klage. Für seine Arbeit wird der Rechtsanwalt von seinem Mandanten bezahlt. Diese Bezahlung nennt man Honorar. Über das Honorar spricht der Rechtsanwalt mit seinem Mandanten gleich zu Beginn der Beratung.

Für Menschen, die sich kein Gerichtsverfahren und erst recht keinen Anwalt leisten können, gibt es die sogenannte Prozesskostenhilfe. Denn was hilft es mir, wenn ich zwar Recht habe, ich mein Recht aber nicht erstreiten kann, weil ich kein Geld habe, um bei Gericht Klage zu erheben? Wer kein Geld für ein Gerichtsverfahren hat, der kann beim Gericht einen Antrag auf Prozesskostenhilfe stellen. Dabei muss er darlegen, dass er kein Geld hat, um die Gerichtskosten zu bezahlen. Der Richter prüft zwei Dinge: Hat die Klage Aussicht auf Erfolg und hat der Antragsteller tatsächlich kein Geld? Bejaht der Richter beide Fragen, dann gewährt er Prozesskostenhilfe. Für den Kläger bedeutet das, dass er weder die Gerichtskosten noch seinen Anwalt bezahlen muss. Aber Achtung: Verliert er den Prozess (denn ob er tatsächlich Recht hat oder nicht, entscheidet ja hinterher der Richter), dann muss er die Anwaltskosten der Gegenseite bezahlen – denn er hat die Gegenseite ja zu Unrecht verklagt.

2. Der Rechtanwalt als Strafverteidiger

Rechtsanwälte beraten nicht nur dann, wenn sich zwei Parteien – meist um Geld – streiten. Sie beraten auch im Strafrecht. Wenn also einer Person vorgeworfen wird, sie habe eine Straftat begangen. Oder, wie hier Lukas Spiegel, der eine Ordnungswidrigkeit begangen haben soll:

> Lukas Spiegel kommt aufgeregt zu Rechtsanwalt Ünal Hayal, einem Spezialisten für das Verkehrsstrafrecht: «Die wollen mir den Lappen wegnehmen!» Ünal Hayal weiß sofort Bescheid: Es geht um seinen Führerschein. «100 km/h waren erlaubt und ich soll 155 km/h gefahren sein. Geht gar nicht. Gibt mein Wagen gar nicht her. Und dann haben die mich geblitzt, diese Schweine.» «Sie meinen, Polizisten haben Sie geblitzt», verbessert ihn sein Rechtsanwalt, «ich verstehe, Sie sollen Ihren Führerschein für einen Monat abgeben, weil Sie zu schnell gefahren sind.» Lukas Spiegel wedelt mit einem Schreiben mit der dicken Überschrift: Bußgeldbescheid mit Fahrverbot. «Wenn ich den Führerschein abgeben muss», erklärt Lukas Spiegel, «kann ich meinen Beruf als Straßenkehrer nicht ausüben. Ich muss ja die Kehrmaschine fahren.» Ünal Hayal klärt seinen Mandanten darüber auf, dass es verschiedene Möglichkeiten der Hilfe gibt: Man kann versuchen, das Messergebnis überprüfen zu lassen, denn auch die Radargeräte der Polizei machen mal Fehler. Man kann versuchen, das Fahrverbot in die Sommerferien zu legen, wenn Lukas Spiegel sowieso im Urlaub ist und seinen Führerschein nicht benötigt. Oder man kann versuchen, das Fahrverbot auf das private Auto von Lukas Spiegel zu beschränken, damit er seinen Beruf als Kehrmaschinenfahrer weiter ausüben kann. Lukas Spiegel ist erleichtert und freut sich, dass ihm Ünal Hayal helfen kann. Und wahrscheinlich ist er doch ziemlich schnell gefahren, man sollte sein Auto eben nicht unterschätzen. Das mit dem Fahrverbot in den Sommerferien findet Lukas Spiegel gut und bittet seinen Rechtsanwalt, das für ihn in die Wege zu leiten.

Meist kommt es zu einer Gerichtsverhandlung. Der Richter lädt den Beschuldigten ins Gericht, um über den Tatvorwurf zu verhandeln. Zu dieser Verhandlung begleitet der Rechtsanwalt seinen Mandanten. Er sitzt neben ihm auf der Anklagebank und achtet darauf, dass der Richter die Rechte des Angeklagten beachtet. Wie der Richter und der Staatsanwalt trägt auch der Rechtsanwalt im Gerichtssaal eine Robe. Er befragt Zeugen und bespricht mit seinem Mandanten, was der sagen soll und was besser nicht. Zu einer Lüge darf er ihm allerdings nicht raten. Und schließlich versucht der Rechtsanwalt zu erreichen, dass der Angeklagte eine angemessene Strafe bekommt.

3. Und wenn man sich keinen Rechtsanwalt leisten kann?

Ein Anwalt kann ganz schön teuer sein, und mancher möchte sich keinen leisten. Diese Menschen erscheinen ohne Anwalt vor Gericht und verteidigen sich selbst. Es gibt aber Fälle, in denen muss ein Angeklagter einen Verteidiger haben. Man nennt diesen Verteidiger einen Pflichtverteidiger. Ein Pflichtverteidiger ist notwendig, wenn dem Angeklagten ein Verbrechen vorgeworfen wird. Ein Verbrechen wird mit einer Gefängnisstrafe von mindestens einem Jahr bestraft. Raub, Körperverletzung mit Todesfolge oder schwere Brandstiftung sind beispielsweise solche Verbrechen. Wenn also die Möglichkeit besteht, dass der Angeklagte lange ins Gefängnis muss, soll er einen Rechtsanwalt haben, der sich um seine Rechte kümmert.

Das Gleiche gilt für jemanden, der in Untersuchungshaft sitzt. Auch er bekommt zwingend einen Verteidiger. Der Verteidiger besucht ihn in der Haft, klärt ihn über seine Rechte auf, bespricht mit ihm den Vorwurf, der ihm zur Last gelegt wird, und begleitet ihn schließlich zur Hauptverhandlung. Und wenn dem Beschuldigten kein Verbrechen zur Last gelegt wird oder er nicht in Untersuchungshaft sitzt? Wenn es «nur» um Fahrerflucht, Trunkenheit im Straßenverkehr oder um Diebstahl geht? Wenn sich der Beschuldigte in solchen Fällen von einem Anwalt beraten oder verteidigen lassen möchte, aber kein Geld hat, dann hat er nach heutiger Rechtslage Pech gehabt. Das Europäische Parlament hat jedoch am 26.10.2016 eine Richtlinie verabschiedet, wonach ein Beschuldigter bereits weit vor einer Anklage ein Recht darauf haben soll, finanzielle Hilfe für einen Verteidiger zu beantragen (ABl (EU) L 297/1). Damit soll jeder, der in ein Strafverfahren verwickelt ist, ein Recht auf Verteidigung und auf einen Anwalt haben. Bis Mai 2019 muss Deutschland ein entsprechendes Gesetz erlassen haben.

4. Der Rechtsanwalt muss schweigen – Das Anwaltsgeheimnis

Das, was der Mandant seinem Anwalt erzählt, darf der Anwalt niemandem weitererzählen. Es unterliegt dem Anwaltsgeheimnis.

> Lukas Spiegel fährt nicht nur zu schnell. Er ist auch dick im Drogengeschäft. Die Polizei hat ihn deshalb schon länger in Verdacht. Weil Lukas Spiegel nicht weiß, ob er sich der Polizei stellen soll, geht er zu seinem Anwalt Ünal Hayal und erzählt ihm alles. Ünal Hayal darf niemandem erzählen, was er von Lukas Spiegel erfahren hat. Selbstverständlich darf er auch nicht zur Polizei gehen und Lukas Spiegel wegen seiner Drogengeschäfte anzeigen.

Und auch die Polizei darf nicht sagen: «Sehr gut, Lukas Spiegel ist zu seinem Anwalt gegangen und hat ihm von seinen Drogengeschäften erzählt. Wir durchsuchen jetzt die Kanzleiräume des Anwalts, um Beweise zu finden, die Lukas Spiegel überführen.» Zwar hat die Polizei das Recht, Häuser und Wohnungen zu durchsuchen, um Beweise mitzunehmen. Dies gilt aber nicht für die Kanzleiräume eines Anwalts. Auch derjenige, der eine Straftat begangen hat, muss die Möglichkeit haben, sich einem Rechtsanwalt anzuvertrauen, ohne Angst haben zu müssen, dass die Polizei erfährt, was er seinem Rechtsanwalt erzählt hat.

5. Rechtsanwälte verhindern Streitereien

Rechtsanwälte sind auch dazu da, dass es erst gar nicht zu einem Streit kommt. Sie entwerfen für ihre Mandanten Verträge, in denen alle Probleme, die in Zukunft auftauchen könnten, berücksichtigt und geregelt werden.

Johanna Schmitt möchte eine Wohnung vermieten. Sie hat auch schon einen Mieter, Herrn Eugenius Hufnagel. Frau Schmitt hat Angst, dass sie von Herrn Hufnagel die Miete nicht pünktlich erhält und dass Herr Hufnagel mit dem teuren Parkettboden nicht ordentlich umgeht. Da sie aber nicht weiß, wie man solche Dinge in einem Vertrag regelt, sucht sie Frau Rechtsanwältin Kirsten Klug auf. Sie bittet Frau Klug, einen Mietvertrag zu entwerfen. Das tut Frau Klug auch. Sie sieht in dem Vertrag unter anderem vor, dass Herr Hufnagel bei Frau Schmitt Geld hinterlegen muss. Das Geld ist für den Fall, dass Herr Hufnagel seine Miete nicht pünktlich bezahlt oder der teure Parkettboden besonders viele Kratzer abbekommt und abgeschliffen werden muss. Jetzt hat Frau Schmitt ein gutes Gefühl und ist froh, dass sie sich rechtlichen Rat geholt hat.

IV. Der Staatsanwalt

In Fernsehkrimis ist der Staatsanwalt ein strenger Mann. Er schimpft mit den Polizisten und fragt sie, warum sie nicht schon längst den Täter gefunden haben. Oft macht er auch Hausdurchsuchungen. Dabei findet der Staatsanwalt unter der Matratze die Tatwaffe oder die Diamanten und sagt triumphierend, dass er das von Anfang an vermutet hatte. Die Arbeit eines Staatsanwaltes scheint auch gut bezahlt zu sein, bewohnt er in den Krimis doch immer ein herrschaftliches Haus. Ob die Arbeit gut bezahlt ist, ist Ansichtssache, jedenfalls verdient ein Staatsanwalt das Gleiche wie ein Richter. Spannend ist sie in jedem Fall, wenngleich nicht ganz so spannend wie im Fernsehen. Wie ein Richter auch ist der Staatsanwalt überwiegend ein «Papiertiger», hat also viel mit Akten zu tun. Ein Staatsanwalt hat drei Aufgaben: Er ermittelt Straftaten, er erhebt Anklage bei Gericht und er vollstreckt die Strafe, die das Gericht verhängt. Die Behörde, bei der ein Staatsanwalt tätig ist, nennt man Staatsanwaltschaft.

1. Liegt eine Straftat vor?

Die Arbeit des Staatsanwaltes beginnt damit, dass es einen Hinweis auf eine Straftat gibt. Stirbt ein Patient im Krankenhaus und ist unklar, woran er gestorben ist, muss die Staatsanwaltschaft die Todesursache klären. Schließlich kann es sein, dass der behandelnde Arzt ein falsches Medikament gegeben hat und der Patient deswegen gestorben ist. Das lässt der Staatsanwalt durch eine Obduktion herausfinden. Bei einer Obduktion wird der Verstorbene eingehend untersucht. Es wird überprüft, was er zuletzt gegessen hat, ob sich giftige Stoffe in seinem Blut befinden oder ob er an einer Krankheit gelitten hat. Stellt sich heraus, dass der Patient ein falsches Medikament bekommen hat und daran gestorben ist, liegt ein Hinweis auf eine Straftat vor. Dann nämlich besteht der Verdacht, dass der behandelnde Arzt seinen Patienten fahrlässig getötet hat. Diesem Verdacht muss der Staatsanwalt nachgehen. Er ermittelt gegen den behandelnden Arzt.

2. «Ich erstatte Anzeige!»

Meistens erhält die Staatsanwaltschaft einen Tatverdacht weniger spektakulär – nämlich dadurch, dass jemand zur Polizei geht und eine Anzeige macht: «Mein Auto wurde gestohlen», «Bei mir ist eingebrochen worden», «Ich habe gesehen, wie jemand die Fenster der S-Bahn mit Farbe besprüht hat.»

Marion Meier kommt zur Polizei und sagt: «Ich zeige meinen Mann Lars an. Er ist gestern zweimal mit einem Küchenmesser auf mich losgegangen und hat mich verletzt.» Zwei Tage später kommt Marion Meier wieder zur Polizei und sagt: «Ich nehme die Anzeige zurück. Es war doch nicht so schlimm, und außerdem habe ich mich mit Lars wieder vertragen.»

Eine Strafanzeige kann jeder stellen, nicht nur das Opfer. Hat die Staatsanwaltschaft einmal Kenntnis von einer Straftat, muss sie ermitteln. Daran ändert sich auch nichts, wenn das Opfer seine Anzeige später wieder zurück nimmt. Die Staatsanwaltschaft braucht nicht die «Erlaubnis» des Opfers, um zu ermitteln. Die Staatsanwaltschaft ermittelt gegen Lars Meier wegen gefährlicher Körperverletzung. Auch wenn Marion Meier das nicht mehr will.

> Tim erzählt seinem Freund Eric, dass er 300 Gramm Heroin nach Deutschland geschmuggelt hat. Eric überlegt, ob er das der Polizei mitteilen muss.

Niemand ist verpflichtet, zur Polizei zu gehen und eine Anzeige zu erstatten. Man möchte nicht in einem Land leben, in dem der eine den anderen «verpfeifen» muss. Eine Ausnahme ist die «Nichtanzeige geplanter Straftaten» nach § 138 StGB. Bekommt jemand mit, dass ein anderer eine schwerwiegende Straftat wie Mord, Raub oder räuberische Erpressung begehen möchte, muss er dies der Polizei melden.

> Tim erzählt seinem Freund Eric, dass er in der kommenden Nacht den verhassten Professor Fritze in dessen Haus mit einer Pistole erschießen will.

Eric muss zur Polizei gehen und mitteilen, was er gehört hat. Er macht sich sonst strafbar. Nur so kann die Polizei das Verbrechen noch verhindern und das Leben von Professor Fritze retten. Ist aber Professor Fritze schon erschossen worden und erfährt Eric jetzt, dass es sein Freund Tim war, muss er nicht zur Polizei gehen. Schließlich wird Professor Fritze davon nicht wieder lebendig.

3. Der Staatsanwalt hat einen Helfer – Die Polizei

Bei seiner Arbeit hat der Staatsanwalt einen Helfer, die Polizei. Die Polizei sichert Spuren am Tatort, befragt Zeugen, führt kriminaltechnische Untersuchungen durch, fahndet nach Tatverdächtigen und stellt Phantombilder her. Wenn die Polizei mit ihren Ermittlungen fertig ist, legt sie die Akte ihrem Chef, dem Staatsanwalt, wieder vor. Ohne die Hilfe der Polizei würde ein Staatsanwalt seine Arbeit gar nicht erledigen können.

4. Unschuldige gehören nicht «hinter Gitter»

Viele Menschen glauben, der Staatsanwalt habe die Aufgabe, einen Beschuldigten auf jeden Fall «hinter Gitter» zu bekommen. Das ist falsch. Auch ein Staatsanwalt will nur den wirklich Schuldigen erwischen. Er hat kein Interesse daran, dass ein Unschuldiger angeklagt und möglicherweise auch noch bestraft wird. Daher ermittelt ein Staatsanwalt in jede Richtung – er sammelt Beweise zu Gunsten und zu Lasten des Beschuldigten. Genauso wenig hat der Staatsanwalt Interesse daran, dass der Beschuldigte eine Tat zugibt, die er gar nicht begangen hat. Nicht selten sagt ein Beschuldigter das, was der vernehmende Polizist hören will, nur um das unangenehme Verhör zu beenden und um Ruhe zu haben. An einem falschen Geständnis hat ein Staatsanwalt aber kein Interesse. Er möchte den wahren Täter finden.

5. Der Staatsanwalt braucht eine Erlaubnis des Richters

Auch das kennst du aus dem Fernsehen: Es klingelt an der Tür, der Hausherr öffnet. Vor der Tür steht ein Staatsanwalt mit fünf Polizisten und wedelt mit einem Schreiben. «Dies ist ein Durchsuchungsbeschluss», sagt der Staatsanwalt, «bitte lassen Sie uns ins Haus.» Ein Durchsuchungsbeschluss ist nichts anderes, als dass ein Richter dem Staatsanwalt erlaubt, ein Haus zu durchsuchen. Ohne Erlaubnis keine Hausdurchsuchung. Das Gleiche gilt für die Telefonüberwachung. Ohne Erlaubnis keine Telefonüberwachung.

> Staatsanwältin Becker ermittelt gegen Orhan Duman wegen Geldfälschung. Weil sie davon ausgeht, dass sich Orhan mit einem Freund über den Kauf einer weiteren Druckerpresse unterhalten wird, möchte sie gern das Telefon von Orhan Duman überwachen lassen. Staatsanwältin Becker geht zum zuständigen Richter und bittet diesen, ihr die Erlaubnis zur Telefonüberwachung zu geben. Das tut der Richter, und so kann die Staatsanwältin das Telefon, das Telefaxgerät, das Internet und die E-mails von Orhan Duman überwachen. Das ist mühsam, hat aber tatsächlich Erfolg. Zehn Tage nach Beginn der Telefonüberwachung bespricht Orhan mit einem Unbekannten, wie und wann die Druckerpresse nach Deutschland geschafft werden soll.

6. Nicht, dass der Beschuldigte entwischt – Die U-Haft

Manchmal hat die Staatsanwaltschaft Sorge, dass der Beschuldigte flüchtet und deshalb vom Richter nicht bestraft werden kann. Oder die Staatsanwaltschaft hat Sorge, dass der Beschuldigte Beweise vernichtet und nicht mehr als Täter überführt werden kann. Für diese Fälle gibt es die Untersuchungshaft: Der Beschuldigte muss ins Gefängnis, bis die Ermittlungen der Staatsanwaltschaft abgeschlossen sind, oder sogar solange, bis es zu einer Gerichtsverhandlung kommt. Stellt der Staatsanwalt einen Antrag auf einen Haftbefehl, vernimmt der Richter den Beschuldigten und entscheidet, ob gegen ihn ein dringender Tatverdacht besteht und er gegen ihn einen Haftbefehl erlässt.

> Staatsanwältin Becker beantragt beim Richter einen Haftbefehl gegen Orhan Duman. Da gegen Orhan Duman ein dringender Tatverdacht der Geldfälschung vorliegt, erlässt der Richter den Haftbefehl. Würden die Nachrichten über diesen Fall berichten, würden sie sagen: «Der mutmaßliche Täter befindet sich in Untersuchungshaft.» Da fragt man sich aber, warum Orhan Duman nur möglicherweise der Täter ist, die Ermittlungen haben doch ergeben, dass er der Täter ist. Das ist falsch. Ob jemand ein Täter ist oder nicht, kann und darf nur der Richter sagen. Und zwar in seinem Urteil nach der Gerichtsverhandlung. Bis dahin ist Orhan Duman ein mutmaßlicher Täter. Für ihn gilt die Unschuldsvermutung: Er gilt so lange als unschuldig, bis ihn ein Gericht verurteilt hat. Dies gilt selbst dann, wenn er die Tat zugegeben hat.

Die Untersuchungshaft darf höchstens sechs Monate andauern. Spätestens dann soll die Staatsanwaltschaft ihre Ermittlungen abgeschlossen haben. Wird der Beschuldigte zu einer Gefängnisstrafe verurteilt, wird die Zeit der Untersuchungshaft von der Gefängnisstrafe abgezogen.

> Das Gericht verurteilt Orhan Duman wegen Geldfälschung zu drei Jahren und fünf Monaten Gefängnis. Da er bereits fünf Monate in Untersuchungshaft gesessen hat, muss Orhan Duman jetzt nur noch für drei Jahre ins Gefängnis gehen.

Wird der Beschuldigte später freigesprochen, bekommt er eine Haftentschädigung für die Zeit, in der er in Untersuchungshaft war. Sie beträgt 25 Euro pro Tag. Das ist nicht viel.

Die Ermittlungstätigkeit der Staatsanwaltschaft kann zu zwei Ergebnissen führen. Entweder der Tatverdacht bestätigt sich nicht, weil es zu wenig oder keine Beweise gibt. In diesem Fall stellt der Staatsanwalt das Ermittlungsverfahren ein. Oder aber der Tatverdacht bestätigt sich, dann geht der Staatsanwalt zum Gericht und beantragt die Durchführung eines Gerichtsverfahrens. Er erhebt Anklage.

7. Der Staatsanwalt klagt an

Geht die Staatsanwaltschaft davon aus, dass der Beschuldigte die ihm vorgeworfene Tat begangen hat, fertigt sie eine Anklageschrift an. Der Beschuldigte heißt fortan Angeschuldigter. In der Anklageschrift steht, was der Angeschuldigte gemacht haben soll und wie die Staatsanwaltschaft das beweisen möchte. Etwa durch ein Geständnis oder durch Zeugen.

Der Richter prüft die Anklageschrift. Wenn er der Meinung ist, der Staatsanwalt habe sorgfältig ermittelt und es bestehe eine gewisse Wahrscheinlichkeit, dass der Angeschuldigte die Tat begangen hat, kommt es zu einer Gerichtsverhandlung. Aus dem Angeschuldigten wird nun ein Angeklagter. Zu Beginn der Verhandlung liest der Staatsanwalt die Anklageschrift vor. Während der Verhandlung stellt er dem Angeklagten und den Zeugen Fragen. Der Staatsanwalt prüft, ob es tatsächlich so war, wie er es in der Anklageschrift geschrieben hat. Ob sich der Zeuge zum Beispiel gut erinnern kann oder ob er glaubwürdig ist. Findet der Staatsanwalt einen Zeugen nicht glaubwürdig und geht er deshalb davon aus, dass der Angeklagte die Tat nicht begangen hat, beantragt er einen Freispruch. Der Staatsanwalt möchte ja, dass das Gericht nur den wahren Täter und nicht irgendjemanden bestraft. Ist der Staatsanwalt davon überzeugt, dass der Angeklagte die Tat begangen hat, dann sagt er, welche Strafe er für angemessen hält, und stellt einen entsprechenden Antrag. Zum Schluss entscheidet aber nur der Richter über die Höhe der Strafe.

8. Der Staatsanwalt vollstreckt das Urteil

Der Richter verurteilt den Angeklagten in den meisten Fällen zu einer Geld- oder einer Gefängnisstrafe. Wenn der Verurteilte eine Geldstrafe bezahlen muss, überprüft die Staatsanwaltschaft, ob das Geld auf dem Bankkonto eingegangen ist. Wenn der Verurteilte eine Gefängnisstrafe absitzen muss, sagt ihm die Staatsanwaltschaft, wann er sich in welchem Gefängnis einfinden muss, um seine Haftstrafe anzutreten. Manchmal ordnet der Richter in seinem Urteil zusätzlich noch an, dass ein bestimmter Gegenstand eingezogen wird.

> Frederik Leinenweber hat ein ganz großes Ding gedreht. Er hat fünf Kilo Heroin nach Deutschland geschmuggelt, um es an Drogensüchtige für viel Geld zu verkaufen. Leider ist die Sache aufgeflogen, weil ihn ein Freund verpfiffen hat. Das Gericht verurteilt Leinenweber zu einer Gefängnisstrafe von drei Jahren und zwei Monaten. Leinenweber ist gar nicht so traurig darüber. Wenn er die Haftstrafe abgesessen hat, kann er das Zeug ja immer noch für gutes Geld verkaufen.
>
> Leinenweber hat bei der Urteilsverkündung nicht richtig zugehört. Der Richter hat nicht nur eine Gefängnisstrafe verhängt, sondern auch angeordnet, dass das Heroin eingezogen und vernichtet wird. Das heißt, Frederik Leinenweber verliert das Eigentum an dem Heroin, und das Heroin wird zerstört. Auch darum kümmert sich die Staatsanwaltschaft.

V. Andere juristische Berufe

Zwar sind Richter, Rechtsanwalt und Staatsanwalt die klassischen Rechtsberufe, weil es sie schon gab, als es noch keine großen Unternehmen und keine Handelsgeschäfte um die halbe Welt gegeben hat. Es gibt aber noch viele andere Berufe, die sich mit dem Recht beschäftigen. Auch dort, wo man sie gar nicht vermutet, wie zum Beispiel im Gefängnis.

1. Der Jurist im Gefängnis

Auch in Gefängnissen sind Juristen, nicht als Gefangene, sondern sie arbeiten dort. Sie stellen sicher, dass die Rechte der Gefangenen gewahrt werden. Auch Gefangene haben Rechte und sind dem Personal und den Anordnungen im Gefängnis nicht hilflos ausgeliefert. Zum Beispiel haben sie das Recht, einmal im Monat für eine Stunde Besuch zu bekommen. Dieses Recht kann einem Gefangenen aber dann genommen werden, wenn er die Regeln im Gefängnis nicht einhält.

> Frieder Freifuß befindet sich seit einem Jahr im Gefängnis. Als Wachmann Paul Passauf morgens seine Zelle aufschließt, spuckt er diesem kräftig ins Gesicht, weil er ihn nicht leiden kann. Paul Passauf meldet dies dem Direktor des Gefängnisses. Der Direktor beschließt, dass Frieder Freifuß für drei Monate keinen Besuch bekommen darf. Das bedeutet für Frieder Freifuß, dass er seine Frau nicht sehen kann, was er schrecklich findet. Frieder Freifuß legt dagegen Beschwerde ein. Der Jurist im Gefängnis sieht sich die Beschwerde an und entscheidet, dass das dreimonatige Besuchsverbot richtig ist. Frieder Freifuß hat jetzt noch die Möglichkeit, zum Gericht zu gehen und diese Entscheidung überprüfen zu lassen. Sein Rechtsanwalt sagt ihm aber, dass das Gericht die Sache wahrscheinlich auch nicht anders sehen wird, und rät ihm davon ab. Wenn Frieder Freifuß einem Wachmann ins Gesicht spuckt, dann muss er damit rechnen, dass das Folgen hat.

2. Der Jurist im Unternehmen

Ein weitaus größerer Teil der Juristen arbeitet jedoch in Unternehmen. In jedem größeren Unternehmen gibt es eine Rechtsabteilung. Die Juristen bearbeiten dort alle rechtlichen Fragen, die in dem Unternehmen auftauchen.

a. Darf man «Drückebergern» kündigen? – Das Arbeitsrecht

Da ein Unternehmen viele Mitarbeiter hat, gibt es viele Fragen zu klären, die das Arbeitsverhältnis zwischen dem Unternehmen und den Mitarbeitern betreffen.

Die Nudelfabrik «Fix und Fertig» hat viele Mitarbeiter. Unter anderem Erna Hansen, die am Fließband dafür zuständig ist, die Nudelsorte «L & L – Leicht und Locker» in Tüten zu verpacken. Leider erscheint Erna Hansen jede zweite Woche nicht zur Arbeit und meldet sich krank. Der Chef von Frau Hansen, Herr Aufsicht, hat den Verdacht, dass Frau Hansen gar nicht krank ist, sondern nur keine Lust hat zu arbeiten. Er ruft in der Rechtsabteilung an und fragt, unter welchen Voraussetzungen man Frau Hansen kündigen könne. An einer Mitarbeiterin, die ständig fehle, habe er kein Interesse. Die Rechtsabteilung sagt Herrn Aufsicht, dass es schwierig ist, Frau Hansen zu kündigen, nur weil sie oft krank sei. Könne man ihr allerdings nachweisen, dass sie «blau mache», also gar nicht krank sei und trotzdem zu Hause bleibe, sei eine Kündigung möglich. Ein Privatdetektiv findet heraus, dass Frau Hansen tatsächlich «blau macht» und lieber in ihrem Garten sitzt und Rosen züchtet. Daraufhin kündigt die Nudelfabrik Frau Hansen das Arbeitsverhältnis.

b. Wie darf ich meine Nudeln nennen? –
Das Wettbewerbsrecht

Eine Rechtsabteilung ist auch für die Klärung wettbewerbsrechtlicher Fragen zuständig. Beim Wettbewerbsrecht geht es zum Beispiel um die Frage, ob ein neues Produkt mit einem anderen, bereits bestehenden Produkt verwechselt werden kann.

Die Nudelfabrik «Fix und Fertig» möchte ein Nudelfertiggericht mit dem Namen «Spaghetti Miraculix» auf den Markt bringen. Alle Testesser sind begeistert. Bevor das Fertiggericht in die Großproduktion geht, möchte das Unternehmen jedoch wissen, ob es schon ein ähnliches Produkt auf dem Markt gibt. Dies prüfen die Juristen in der Rechtsabteilung. Dabei stoßen sie schnell auf das Nudelfertiggericht «Spaghetti Miracoli» und empfehlen, dem Nudelfertiggericht einen anderen Namen zu geben. Beide Namen seien zu ähnlich, als dass der Kunde im Supermarkt sie unterscheiden könne. Um keinen Ärger zu bekommen, nimmt das Unternehmen den Rat seiner Rechtsabteilung an und entscheidet sich für einen anderen Namen: «Lecker Spaghetti».

Gerade erfolgreiche Unternehmen müssen oft Streitigkeiten im Wettbewerbsrecht führen. Andere Unternehmen machen sich gern ihren bekannten Namen zu Nutze. Manchmal ist das sogar erlaubt.

Fall 11: «Lila Postkarte – Muh!»

Sicher kennst du Milka-Schokolade. Milka-Schokolade erkennt man an dem lila Papier und der lila Kuh, die auf der Verpackung abgebildet ist. Die «lila Kuh» nennt man ein Markenzeichen, und dieses gehört dem Unternehmen, das die Milka-Schokolade herstellt.

Nun gab es jemanden, der hat sich eine lilafarbene Postkarte mit folgendem Text ausgedacht und verkauft:

Über allen Wipfeln ist Ruh, irgendwo blökt eine Kuh. Muh!

Rainer Maria Milka

Das Milka-Unternehmen fand das nicht witzig. Es klagte vor dem Landgericht gegen den Erfinder der Postkarte: «Die ‹lila Kuh› gehört mir, sie ist mein Eigentum. Niemand darf mein Eigentum verwenden und sich darüber lustig machen.» Der Erfinder der Postkarte meinte dagegen: «Wieso, wenn du mit lila Kühen Werbung machst, dann kann ich mich doch darüber lustig machen. Ich bin ein Künstler.»

Der Streit zwischen den beiden ging bis zum Bundesgerichtshof. Der hatte zu entscheiden: Eigentum oder Kunst? Was geht hier vor? Der BGH hat zu Gunsten der Kunst entschieden: Der Erfinder der Postkarte bekam Recht und darf weiter mit der Postkarte Geld verdienen. Zwar sei das Unternehmen Eigentümer des Markenzeichens «lila Kuh». Kein anderer dürfe Schokolade mit einer lila Kuh verkaufen. Das habe der Erfinder der Postkarte aber auch nicht getan. Er habe sich nur über den Hersteller der Schokolade lustig gemacht. Zwar habe er dabei ausgenutzt, dass das Markenzeichen «lila Kuh» so bekannt sei. Wenn es Milka-Schokolade nicht geben würde, würde niemand seine Postkarte witzig finden, und niemand würde sie kaufen. Es sei aber Teil der Kunstfreiheit, sich über Werbung lustig zu machen. Eine Grenze wäre nur dann erreicht, wenn der Erfinder der Postkarte die «lila Kuh» nicht nur für seine Kunst nutzen würde, sondern wenn er sie schlecht machen würde. Dann nämlich würde der Hersteller der Schokolade Schaden nehmen. Das aber habe der Erfinder der Postkarte nicht getan. Er habe sich nur lustig gemacht – als Künstler.

Urteil vom 3. Februar 2005 (I ZR 159/02)

c. Hilfe, es brennt! – Der Jurist als Feuerwehr
Manchmal geht in einem Unternehmen etwas mächtig schief. Dann müssen die Juristen überlegen, was sie tun können, um den Schaden für das Unternehmen möglichst gering zu halten.

Fall 12: «Lipobay»

«Lecker Spaghetti» kommt bei den Kunden gut an. Das Unternehmen «Fix und Fertig» ist begeistert. Nach einigen Monaten meldet sich die Staatsanwaltschaft bei der Unternehmensleitung. Sie teilt mit, dass jemand, der «Lecker Spagetti» gegessen hat, gestorben sei. Ob er an den Spagetti gestorben sei, sei unklar, jedenfalls habe er diese vor seinem Tod gegessen. Das Unternehmen überprüft sofort die Zusammensetzung von «Lecker Spaghetti». Da es nichts Besonderes feststellen kann, entscheiden die Juristen, zunächst abzuwarten. Weitere vier Monte später kommt ein erneuter Anruf von der Staatsanwaltschaft: Bei einem weiteren verstorbenen Patienten habe man im Magen «Lecker Spaghetti» gefunden. Die Juristen des Unternehmens sind ratlos. Es kann sich um dumme Zufälle handeln, es kann aber auch tatsächlich ein Zusammenhang der Todesfälle mit den Nudeln bestehen. Sie überlegen, die Nudeln vom Markt zu nehmen, sie also nicht mehr zu verkaufen. Da sich im Laufe der Zeit auch noch mehrere Menschen bei «Fix und Fertig» darüber beschweren, ihnen sei nach dem Essen von «Lecker Spaghetti» öfter mal schlecht, beschließt das Unternehmen, die Nudeln vom Markt zu nehmen. Die Juristen überlegen auch, ob sie vor den Nudeln warnen sollen, damit nicht noch mehr

Menschen sterben. Sie entscheiden sich dann aber dagegen, weil weiter unklar ist, ob die beiden Menschen tatsächlich an «Lecker Spaghetti» gestorben sind. Zudem befürchten die Juristen, dass nach so einer Warnung niemand mehr irgendein Produkt von «Fix und Fertig» kaufen würde.

Unser Fall ist dem «Lipobay»-Fall von Bayer im Jahr 2001 nachgebildet. «Lipobay» war ein Medikament, das weltweit sechs Millionen Menschen eingenommen haben. 50 Menschen sind gestorben, wahrscheinlich deshalb, weil sie neben «Lipobay» noch ein anderes Medikament eingenommen haben. Das Unternehmen hat damals etwa 1 Milliarde Euro an Entschädigung gezahlt, obwohl zwei Prozesse in den USA mit einem Freispruch endeten.

3. 1001 Behörde – Der Jurist in der Verwaltung

Der Staat hat viele Aufgaben. Für jede Aufgabe hat er eine Behörde, in der Juristen arbeiten: Wer seine Arbeit verloren hat, geht zur Agentur für Arbeit und beantragt Arbeitslosengeld. Wer kein Geld hat, sich etwas zu essen oder warme Kleidung zu kaufen, geht zum Sozialamt. Wer meint, er bezahle zu viel Steuern, geht zum Finanzamt. Wer sieht, dass Eltern ihre Kinder schlagen, geht zum Jugendamt und meldet dies. Wer glaubt, er habe zu Unrecht ein «Knöllchen» bekommen, geht zum Ordnungsamt. Wer heiraten möchte, geht zum Standesamt. Wer … egal, man sieht, es gibt sehr, sehr viele Behörden, eben weil der Staat sehr, sehr viele Aufgaben hat. In all diesen Behörden arbeiten unter anderem Juristen, die darauf achten, dass das Recht eingehalten wird.

7. Kapitel
Recht in der Schule

Sicher fällt es manchmal schwer, morgens, wenn der Wecker klingelt, aufzustehen und frohen Mutes in die Schule zu gehen. Und es wäre zu viel verlangt, auch noch dankbar dafür zu sein, dass man zur Schule gehen darf. Dass man nicht in Bangladesch unter schwierigen Arbeitsbedingungen und für einen Hungerlohn T-Shirts zusammennähen muss, die in Deutschland für 3 Euro pro Stück verkauft werden. Und so müsste man eigentlich darüber froh sein, dass man die Möglichkeit hat, in eine Schule gehen zu dürfen, eine Ausbildung zu machen oder eine Universität besuchen zu können, um schließlich einen Beruf zu ergreifen und Geld zu verdienen. Geld lässt sich natürlich ebenso mit Gelegenheitsjobs verdienen, mit Jobs, für die man keine lange Ausbildung braucht. Man kann Pakete ausfahren, Möbel packen oder Fenster reinigen. Auch das sind wichtige Berufe. Wer aber einen dauerhaften und verantwortungsvollen Beruf haben möchte, der benötigt eine gute Ausbildung. Also führt kein Weg an der Schule vorbei. Die Schule bestimmt einen guten Teil unseres Lebens, immerhin muss jedes Kind mindestens neun Jahre lang zur Schule gehen. Und weil das so ist, ist dieser Teil des Lebens selbstverständlich gesetzlich geregelt. Wobei man gleich dazusagen muss, dass viele Fragen letztlich offen bleiben und eine Antwort darauf oft vom Einzelfall abhängt.

I. Schulrecht

Jedes Bundesland hat sein eigenes Schulrecht. Das Schulrecht ist eines der wenigen Gebiete, die nicht einheitlich für das gesamte Land geregelt sind. Jedes Bundesland bestimmt selbst, was ihm wichtig ist und was nicht. Man nennt das Landesrecht. Und trotzdem: Im Grunde sind alle Schulgesetze gleich. In jedem Schulgesetz steht, dass die Schule die Aufgabe hat, den Schülern Bildung zu vermitteln, die Schüler aber gleichzeitig auch erziehen muss. In jedem Schulgesetz steht, welche Unterrichtsinhalte vermittelt werden müssen und wie die Leistungen der Schüler bewertet werden. Neben diesen Schulgesetzen gibt es noch viele weitere Regelungen wie Rechtsverordnungen und Verwaltungsvorschriften. Und dann gibt es noch die Schulordnungen. Jede Schule hat ihre eigene Schulordnung. Sie wird von der Schulkonferenz beschlossen – diese besteht aus Lehrern, Eltern und Schülern. Eine Schulordnung ist wie eine Hausordnung – sie bestimmt zwar nicht, dass Klavierspielen zwischen 13 und 15 Uhr verboten ist (wäre ja auch schade um die Orchester-AGs), sondern etwa, dass der Schulhof saubergehalten werden muss, dass die Schüler der Unter- und Mittelstufe das Schulgelände während der Pausen nicht verlassen dürfen und dass in der Schule nicht geraucht werden darf oder aber, dass nur die Schüler der Oberstufe in der Raucherecke rauchen dürfen. Viele Schulordnungen sehen auch Regelungen für Handys vor. Manche Schulordnungen verbieten Handys generell, manche erlauben sie zwar, die Handys dürfen aber nur in den Pausen benutzt werden.

II. Entscheidungen des Lehrers sind grundsätzlich hinzunehmen

Trotz dieser vielen Regelungen bleiben viele Fragen offen. Was dich als Schüler oder Schülerin interessiert, ist die Antwort auf die Frage: Was kann ich tun, wenn ich ein «Mangelhaft» in der Deutscharbeit habe, obwohl ich ein «Ausreichend» verdient hätte? Oder: War die Strafarbeit korrekt? Sicher war ich frech, muss ich aber deswegen 100 Mal den Satz schreiben: «In der Schule muss ich mit meinen Mitschülern und dem Lehrer respektvoll umgehen»? Oder: Kann mir mein Lehrer verbieten, dass ich während der Pause meine Mutter anrufe? Kann er mir das Handy wegnehmen, wenn ich es trotzdem mache? Das alles sind Fragen, die kein Gesetz beantworten kann. Und selbst wenn es ein solches Gesetz gäbe: Es lässt sich im Nachhinein nur schwer nachvollziehen, was genau im Klassenzimmer passiert ist, schließlich gibt es keine Videoaufzeichnungen von einer Schulstunde – zum Glück. Die Entscheidungen, die der Lehrer im Laufe eines Tages trifft, reichen von «Maya, spitze deinen Bleistift an» über «Lars, deine mündliche Note in Englisch ist eine Fünf» bis hin zu «Paula, wegen der Fünf in Deutsch wirst du nicht versetzt». Dass nicht jede Anweisung oder Entscheidung eines Lehrers später von einem Gericht überprüft werden kann, liegt auf der Hand. Aber wo ist die Grenze? Was kann ein Schüler von einem Richter überprüfen lassen und was nicht?

1. Mündliche und schriftliche Noten sind nicht überprüfbar

Es ist nicht alles so klar wie in der Mathematik: 4+4 = 7 ist falsch. Darüber lässt sich nicht diskutieren. Aber was einen guten Aufsatz zum Thema «Vor- und Nachteile einer Schuluniform» ausmacht, liegt schon nicht mehr so klar auf der Hand. Und beim Kunstbild ist man komplett dem Geschmack des Lehrers ausgeliefert. Bei den «Pyramiden im Sonnenuntergang» hast du dir so viel Mühe gegeben, aber leider nur ein «Befriedigend» bekommen. Wie gern würde man sich eine schlecht bewertete Arbeit nehmen und diese gerichtlich überprüfen lassen. Schließlich kann der Lehrer einen sowieso nicht leiden und der Peter, der eigentlich viel schlechter ist, hat eine viel bessere Note. Wie ungerecht ist das denn! Das Gleiche gilt für die mündliche Note. Der Nachbar sagt viel weniger im Unterricht und bekommt eine bessere Note. Auch ungerecht.

Mal ganz ehrlich: Natürlich gibt es Fälle, in denen ein Lehrer ungerecht bewertet. Aber grundsätzlich kann niemand eine mündliche Note oder eine Klassenarbeit besser beurteilen als er. Nur der Lehrer weiß, was im Unterricht behandelt wurde, und nur er kann einschätzen, wie der Leistungsstand der Klasse ist. Nur er kennt den Inhalt aller schriftlichen Arbeiten, kann sie miteinander vergleichen und die jeweiligen Leistungen einordnen. Am Ende des Schuljahres hat nur der Lehrer den Überblick darüber, was ein Schüler im Laufe des Jahres geleistet hat, wie er mitgearbeitet hat, wie seine Redebeiträge waren und wie er im Vergleich zu den anderen Schülern einzuordnen ist. Kein Richter wird später sagen können, dass die mündliche Note in Musik doch eher ein «Gut» anstatt eines «Ausreichend» war oder dass die Biologiearbeit mit «sehr gut» anstatt mit «gut» hätte bewertet werden müssen. Das Gleiche gilt für die Zeugnisnote, die sich aus der mündlichen Note und den schriftlichen Arbeiten zusammensetzt: Wie soll ein Richter später darüber entscheiden, ob die vom Lehrer gegebene Note falsch war? Der Richter war im Unterricht nicht dabei und hat nur zwei schriftliche Arbeiten auf dem Tisch liegen. Wie soll er da sagen können, dass der Lehrer eine falsche Note gegeben hat? Einzelne Noten, mündliche oder schriftliche, oder auch eine einzelne Zeugnisnote können also nicht von einem Richter überprüft werden. Was der Lehrer entscheidet, das gilt.

2. Zeugnisse und das Abitur sind in engen Grenzen überprüfbar

Aber es gibt Grenzen. Eine schlechte mündliche Note in Kunst ist zwar ärgerlich, letztlich jedoch ebenso wenig lebensentscheidend wie eine schlechte Zeugnisnote in Englisch. Wenn die Entscheidung eines Lehrers für einen Schüler aber wirklich wichtig ist, wenn sein weiteres Leben «auf dem Spiel» steht, dann wird der Schüler mit seiner Note nicht allein gelassen. Dann besteht die Möglichkeit, die Bewertung von einem Gericht überprüfen zu lassen. Das ist der Fall, wenn der Schüler wegen seines Zeugnisses sitzen bleibt oder gar die Schule wechseln muss, weil er bereits einmal wiederholt hat. Das Gleiche gilt für das Abitur. Es gibt Studienfächer, die mit einem Numerus Clausus belegt sind, man braucht also eine bestimmte Mindestnote für ein Studienfach. Solche Zeugnisnoten sind mit weitreichenden Konsequenzen verbunden, so dass man sie gerichtlich überprüfen lassen kann. Konkret wehrt man sich gegen das Zeugnis als Ganzes, wobei das Gericht nur eine der Noten, nämlich die, die zur Nichtversetzung geführt hat, überprüft. Ist man mit der Bewertung einer einzelnen Abiturklausur nicht einverstanden, kann man mit dem Ziel der Verbesserung der Abiturnote Klage erheben. Allerdings sollte man sich sicher sein, dass der Lehrer einem bei der Bewertung wirklich unrecht getan hat. Denn die Richter überprüfen eine Klausur nur in sehr engen Grenzen.

Fall 13: «Die Abiturnote vor Gericht»

Christoph macht im Jahr 2011 mit einem Notendurchschnitt von 2,1 Abitur. In seiner Leistungskursklausur im Fach Gemeinschaftskunde geht es um die Abschaffung der Wehrpflicht. Christophs Klausur wird mit der Note «ausreichend» (5 Punkte) bewertet. Christoph ist der Auffassung, seine Klausur hätte mit «befriedigend» (9 Punkte) bewertet werden müssen, was zu einer Abiturnote von 2,0 geführt hätte. Er verweist auf die Klausur eines Mitprüflings, die mit «sehr gut» (13 Punkte) bewertet wurde und auch nicht besser gewesen sei als seine Klausur.

Das Gericht weist die Klage ab. Die Richter glauben nicht, dass sie fairer beurteilen können, als es der Lehrer getan hat. Schließlich kennen sie weder die Klausuren der anderen Schüler noch das Leistungsniveau der Schüler in den vergangenen Jahren. Damit können sie eine einzelne Arbeit nur schlecht einordnen, so dass die Bewertung einer Arbeit Sache des Lehrers ist. Nur wenn der Lehrer seine Bewertungsbefugnis grob missbraucht, wenn es der Arbeit gewissermaßen «auf die Stirn geschrieben ist», dass sie falsch bewertet wurde, dann greifen die Richter ein. Das ist in folgenden Szenarien der Fall: Erstens, der Lehrer hält sich nicht an die allgemeinen Bewertungsmaßstäbe. Das liegt dann vor, wenn bei ihm ein «Befriedigend» ein «Gut» ist, weil er der Auffassung ist, dass heutzutage sowieso zu lasch bewertet wird. Zweitens, der Lehrer stellt sachfremde Erwägungen an. Erwägungen sind dann sachfremd, wenn sie mit der Thematik an sich nichts zu tun haben. Das ist etwa der Fall, wenn der Lehrer Mädchen bessere Noten gibt als Jungen. Drittens, der Lehrer bewertet eine zwar nicht ganz richtige, aber trotzdem vertretbare Lösung als ganz falsch. Ist keiner der drei Fälle gegeben, bleibt es bei der Note, die der Lehrer gegeben hat.

Urteil des Verwaltungsgerichts Koblenz vom 19.07.2012 (Aktenzeichen: 7 K 90/12).

III. Bauchfreie Tops und knappe Röcke ...

Jeder Schüler kann herumlaufen wie er will. Der eine bevorzugt einen Minirock, der nächste blaue Cordhosen und der Dritte ein Nasenpiercing und tätowierte Oberarme. Das ist gut so. Wir leben in einem freien Land, in dem es keine Kleidervorschriften gibt. Das Grundgesetz spricht von der «freien Entfaltung der Persönlichkeit» (Art. 2 GG). Aber: Eine Schule ist kein Schwimmbad und kein FKK-Strand. Eine Schule ist ein Ort, an dem sich junge Menschen zusammenfinden, um in einer respektvollen Atmosphäre unterrichtet zu werden. Dieser Zweck darf durch die Kleidung der Schüler nicht gefährdet werden. Daher ist es nicht erlaubt, dass eine Schülerin mit einem Minirock und einem Bikinioberteil sowie einem Bauchpiercing zum Unterricht erscheint. Ein solcher Look führt dazu, dass die übrigen Schüler abgelenkt werden und nicht mehr dem Unterricht folgen. Kommt eine Schülerin morgens mit einem Ausschnitt zur Schule, der freie Sicht auf alles lässt und die Mitschüler nur auf das Mädchen starren oder sich kaputt lachen, dann darf der Lehrer die Schülerin nach Hause schicken und sie bitten, sich umzuziehen. Letztlich handelt es sich bei dieser Bitte um einen Unterrichtsausschluss, da der Lehrer der Schülerin den Unterricht verwehrt, bis sie sich umgezogen hat. Natürlich können die einzelnen Schulordnungen genauer festlegen, wie die Schüler zum Unterricht erscheinen müssen. Sie können strengere oder weniger strenge Regelungen erlassen. Manche Schulordnung sieht eine Schuluniform vor. Dann haben alle Schüler das Gleiche an und es gibt keine Diskussion.

IV. Handys in der Schule

Handys sind inzwischen Teil unseres Lebens. Handys sind unsere Terminkalender, unsere Nachrichtensender und -empfänger und – dank Internet – letztlich das Tor zur Welt. Handys sind nicht wegzudenken, und trotzdem: Kaum etwas führt zu so vielen Konflikten wie Handys in der Schule und im Unterricht. Vor 30 Jahren strickte man im Unterricht Pullis oder Schals, heute spielt man auf dem Handy herum. Und so stellt sich die Frage: Sind Handys in der Schule erlaubt?

Wie immer lautet auch hier die Antwort: Es kommt darauf an. Handys sind dann erlaubt, wenn sie den Unterricht nicht stören – was eigentlich immer der Fall ist. Wer sich auf sein Handy konzentriert und auf eine SMS wartet, kann nicht gleichzeitig dem Unterricht folgen. Und wer dem Unterricht nicht folgen kann, gefährdet den Unterrichtszweck – im Grunde kann er gleich zuhause bleiben. Und daher sind Handys im Unterricht verboten. Wer sich nicht daran hält, dem kann der Lehrer das Handy wegnehmen und nach dem Unterricht wiedergeben. Einige Schulordnungen wollen den Schüler gleichzeitig erziehen und sehen vor, dass ein Elternteil das Handy am Schulsekretariat abholen muss. Auch das ist rechtlich nicht zu beanstanden. Schwieriger ist die Antwort auf die Frage, ob Handys in der Schule überhaupt verboten werden dürfen, ob die Schüler ihre Handys also erst gar nicht mit in die Schule nehmen dürfen. Wer sein Handy nicht im Unterricht, sondern nur in der Pause benutzt und seine Mails checkt, der stört den Unterricht nicht. Tatsächlich hat ein Schüler das Recht, während der Pause nachzusehen, ob ihm jemand eine Nachricht geschickt hat. Das gehört zur freien Entfaltung der Persönlichkeit (Art. 2 GG). Wenn es einem Schüler wichtig ist, in regelmäßigen Abständen zu prüfen, ob ihm jemand geschrieben hat, dann muss er dies tun dürfen. Das Gleiche gilt für die Nutzung des Internets. Jeder hat das Recht auf Information (Art. 5 GG), jedenfalls in der unterrichtsfreien Zeit. Ein Gesetz, das Handys auf einem Schulgelände generell verbietet, würde gegen das Grundgesetz verstoßen. Anders ist dies bei einer Schulordnung. Eine Schulordnung kann vorsehen, dass Handys zwar in die Schule mitgenommen werden dürfen, bis zum Schulende aber abgeschaltet sein müssen. Man möchte erreichen, dass die Schüler während der Pausen miteinander reden oder spielen und nicht die ganze Zeit auf ihre Handys starren. Viele Schulordnungen nehmen die Schüler der Oberstufe von einem solchen Handyverbot aus, da sie den älteren Schülern einen vernünftigen Umgang mit dem Handy zutrauen, zumal man in der Oberstufe auch schon mal mit dem Handy im Unterricht recherchiert, es also für den Unterricht benötigt.

V. Täuschungshandlungen

Alle Schüler möchten gern gute Noten schreiben. Anstatt sich aber gut auf eine Arbeit vorzubereiten, fragen sich viele Schüler: «Wie komme ich mit möglichst wenig Wissen möglichst weit?» und greifen zu unerlaubten Hilfsmitteln.

1. Handys

Weil man mithilfe eines Handys alles nachsehen kann, sind Handys bei Klassenarbeiten verboten. Wer ein Handy bei der Prüfung dabei hat, begeht einen Täuschungsversuch und die Arbeit kann mit «ungenügend» bewertet werden. Für einen Täuschungsversuch muss der Schüler das Handy nicht benutzen, es reicht, dass er es bei der Prüfung dabei hat und damit die Möglichkeit besteht, jederzeit etwas nachzusehen. Dies gilt allerdings nur dann, wenn der Schüler vor Ausgabe der Prüfungsarbeit über eine solche Konsequenz aufgeklärt wurde.

Fall 14: «Handys in Prüfungen»

Linda hat ihre Abschlussprüfung. Vor den schriftlichen Prüfungen belehrt der Prüfer alle Schüler darüber, dass derjenige, der nach Bekanntgabe der Prüfungsaufgaben ein Handy bei sich hat, eine Täuschungshandlung begeht. Linda unterschreibt diese Belehrung und schreibt die schriftliche Arbeit. Viele Wochen später folgt der mündliche Teil der Prüfung. Der Prüfer händigt Linda die Aufgabe aus und Linda bereitet sich in einem Vorbereitungsraum, der von zwei Lehrern bewacht wird, auf die mündliche Prüfung vor. Anschließend geht Linda in den Prüfungsraum und beantwortet dort die Fragen der Prüfer. Die Prüfung läuft gut. Drei Minuten vor Ende der Prüfung klingelt Lindas Handy, das sich in einer Tasche zwei Meter entfernt von ihr befindet.

Weil Linda bei der Prüfung ein Handy dabei hatte, wird ihre mündliche Leistung mit «ungenügend» bewertet. Gegen diese Entscheidung wehrt sich Linda. Das Gericht gibt ihr Recht: Zwar reicht es für einen Täuschungsversuch aus, dass der Prüfling während der Prüfung ein Handy dabei hat, er muss das Handy nicht benutzen, das bloße Dabeihaben reicht aus. ABER: Die Prüfer müssen die Prüflinge vor jeder – also der schriftlichen und der mündlichen – Prüfung darauf hinweisen, dass jeder, der während der Prüfung ein Handy bei sich hat, einen Täuschungsversuch begeht und dass seine Arbeit deswegen mit einem «Ungenügend» bewertet werden kann. Das weiß zwar eigentlich jeder. Aber gerade in Prüfungssituationen vergisst man schon mal, an das Handy in der Tasche zu denken und es beim Prüfer abzugeben, schließlich ist das Handy ein ständig mitgeführter Alltagsgegenstand. Gerade weil das so ist, müssen die Prüfer die aufgeregten Prüflinge vor jeder Prüfung darauf aufmerksam machen, dass sie ihr Handy abgeben müssen, da andernfalls eine Täuschungshandlung vorliegt. Dann kann niemand sagen, er habe versehentlich nicht an sein Handy gedacht.

Urteil des Verwaltungsgerichts Karlsruhe vom 29. Juni 2011 (Aktenzeichen: 7 K 3433/10).

2. Falsche Angabe der geschriebenen Worte

Oft sollen die Schüler am Ende einer Arbeit angeben, wie viele Worte sie geschrieben haben. Auf dieser Grundlage errechnet der Lehrer den Fehlerquotienten, also das Verhältnis zwischen Wort- und Fehleranzahl. Gibt man eine höhere Wortanzahl an, als man tatsächlich geschrieben hat, wirkt sich dies positiv auf den Fehlerquotienten aus, man bekommt also eine bessere Note. Welche rechtliche Konsequenz hat es aber, wenn sich der Schüler beim Zählen der Worte zu seinen Gunsten «verzählt»?

Fall 15: «Verzählt ☺»

Luca schreibt seine Abiturarbeiten. Als Leistungskurs hat er Biologie, als Grundkurs Geschichte. In beiden schriftlichen Arbeiten muss Luca angeben, wie viele Worte er geschrieben hat. Luca «verzählt» sich in beiden Arbeiten zu seinen Gunsten. In der Biologiearbeit schreibt er 1679 Worte, gibt aber 2149 Worte an, in der Geschichtsarbeit schreibt er 1484 Worte, gibt aber 1755 Worte an. Der Prüfer bemerkt dies, und der Prüfungsausschuss sieht darin eine «schwerwiegende Täuschungshandlung». Er lässt Luca nicht zur mündlichen Prüfung zu. Dagegen wehrt sich Luca im Wege eines Eilantrages. Bei einem Eilantrag entscheiden die Richter sehr schnell, schließlich findet die mündliche Prüfung in wenigen Wochen statt und eine Entscheidung in einem halben Jahr würde keinen Sinn mehr ergeben. Die Richter geben Luca recht: In der Oberstufen- und Abiturverordnung stehe nur, dass Schüler keine unerlaubten Hilfsmittel benutzen dürfen. Unerlaubte Hilfsmittel habe Luca aber nicht benutzt, da er die gestellten Aufgaben selbständig und ohne Hilfe bearbeitet habe. Zudem stehe es in keinem Gesetz, dass Schüler ihre Worte zählen müssen. Es sei Aufgabe des Lehrers, die Worte zu zählen, wenn er dies für wichtig halte. Und schließlich bemerken die Richter, dass Luca unverhältnismäßig bestraft werden würde – es darf nicht sein, dass man durch das Abitur fällt, nur weil man mehr Worte angegeben hat, als man tatsächlich geschrieben hat. Die Richter verpflichten die Schule im Wege der einstweiligen Anordnung, Luca zur mündlichen Abiturprüfung 2014 zuzulassen.

Beschluss des Verwaltungsgerichts Darmstadt vom 23. Mai 2014 (Aktenzeichen: 3 L 890/14).

VI. «Pädagogische Maßnahmen» und Ordnungsmaßnahmen

Regeln werden nur dann ernst genommen, wenn Strafen drohen. Wer klaut, betrügt oder beleidigt, wird bestraft. Wer im Unterricht mit dem Handy herumspielt, sich über den Lehrer lustig macht oder sich mit seinem Nachbarn unterhält, wird auch bestraft. Früher mit Schlägen mit dem Rohrstock, was zum Glück lange her ist, heute unter Anwendung «pädagogischer Maßnahmen». «Dazu gehören etwa die Aufforderung an den Schüler, die Bananenschale in den Müll zu werfen und sie nicht auf dem Tisch liegen zu lassen. Aber auch die Strafarbeit oder das Nachsitzen sind «pädagogische Maßnahmen». Ob es pädagogisch wertvoll ist, wenn der Schüler 100 Mal den Satz schreibt: «Ich muss mit meinem Lehrer und meinen Mitschülern respektvoll umgehen», ist zwar fraglich, aber die dem Lehrer zur Verfügung stehenden Mittel sind eben begrenzt. Und immerhin wird der Schüler keine Lust haben, diesen Satz noch einmal 100 Mal zu schreiben, so dass allein deswegen eine Verhaltensänderung denkbar ist. Auch das Nachsitzen ist eine «pädagogische Maßnahme», schließlich dient sie dazu, dass der Schüler den Unterrichtsstoff nachholt. Allerdings muss der Lehrer den Eltern vorab Bescheid geben, dass der Schüler nachsitzen muss. Nicht, dass die Eltern die Polizei informieren, weil der Sohn oder die Tochter nicht pünktlich aus der Schule gekommen ist. Und natürlich darf der Schüler nicht zu lange nachsitzen – wer in einer Unterrichtsstunde gestört hat, muss nicht drei Stunden nachsitzen, das wäre unverhältnismäßig.

Die Schulgesetze sehen noch andere «pädagogische Maßnahmen» vor: Ein klärendes Gespräch zwischen dem Lehrer und dem Schüler ist meist sinnvoller, als 100 Mal den gleichen Satz zu schreiben. Manchmal weiß sich der Lehrer nicht weiter zu helfen, als den Schüler vom Unterricht auszuschließen. Das macht der Lehrer dann, wenn er den Störenfried nicht mehr bändigen kann, er aber gleichzeitig noch 29 andere Schüler unterrichten muss und dies wegen des einzelnen Schülers nicht kann. Hier kann der Lehrer nicht ausführlich das Fehlverhalten des Schülers besprechen, während sich der Rest der Schulklasse langweilt und möglicherweise auf dumme Gedanken kommt. Manchmal bleibt einem Lehrer also nichts anderes übrig, als den Schüler für einige Zeit vor die Tür zu setzen, bis er sich wieder «abgekühlt» hat. Allerdings ist dabei problematisch, dass der Lehrer während dieser Zeit seiner Aufsichtspflicht gegenüber dem Schüler nicht nachkommen kann. Deshalb gibt es Bundesländer, in denen ein solcher Ausschluss nicht erlaubt ist. Bei einem massiven Fehlverhalten kann ein Unterrichtsausschluss auch schon mal einige Tage dauern.

> **Fall 16: «Schläger müssen zuhause bleiben»**
>
> Max ist sieben Jahre alt und besucht die Grundschule. Er schlägt sich dauernd mit anderen Mitschülern und beleidigt sie. Max lässt keine Gelegenheit aus, Streit zu suchen und geht gern mit Fäusten auf andere los. Deswegen hat er bereits einen Unterrichtsausschluss von zwei Tagen bekommen. Kurze Zeit später prügelt er sich wieder mit einem Mitschüler. Als der Mitschüler am Boden liegt, schlägt Max weiter auf ihn ein. Die Schulleitung schließt Max für eine Woche vom Unterricht aus. Max ist damit nicht einverstanden. Er legt in einem Eilverfahren Widerspruch gegen diese Entscheidung ein. Das Verwaltungsgericht bestätigt die Entscheidung der Schulleitung: Das Schulgesetz sieht einen Unterrichtsausschluss von fünf Tagen vor bei grobem Fehlverhalten. Das war vorliegend der Fall. Max hat sich nicht nur gerangelt, so wie es auf dem Schulhof oft üblich ist, sondern er hat ohne erkennbaren Grund brutal zugeschlagen. Da er bereits kurz zuvor einen Unterrichtsausschluss von zwei Tagen bekommen hatte, waren die nunmehr verhängten fünf Tage verhältnismäßig.
>
> Beschluss des Verwaltungsgerichts Stuttgart vom 08. Dezember 2014 (Aktenzeichen: 12 K 5363/14).

Letztlich ist alles eine Frage des Einzelfalls und vom Lehrer zu entscheiden. Dabei muss der Lehrer darauf achten, dass die pädagogische Maßnahme im Zusammenhang mit dem Fehlverhalten steht. Der Lehrer darf dem Schüler nicht sein Handy wegnehmen, weil er keine Hausaufgaben gemacht oder mit seinem Nachbarn gequatscht hat. Der Lehrer darf nur dann das Handy wegnehmen, wenn der Schüler während des Unterrichts mit dem Handy herumgespielt hat. Der Lehrer darf nur den Schüler zum Fegen des Hofes bestimmen, der den Schulhof auch verschmutzt hat, etwa indem er sein Butterbrotpapier einfach weggeworfen hat. Auch gibt es keine Kollektivbestrafung. Der Lehrer darf also nicht zu einer Gruppe von Schülern sagen: «Ihr dahinten in der letzten Bank, ihr bleibt morgen nach dem Unterricht hier und schreibt einen Aufsatz zum Thema ‹Werden Mädchen und Jungen in der Gesellschaft gleichbehandelt?›» Es dürfen nur die bestraft werden, die sich nicht an die Regeln gehalten haben. Die anderen nicht.

Neben den Erziehungsmaßnahmen gibt es noch die Ordnungsmaßnahmen. Sie sind das letzte Mittel und werden nur dann ergriffen, wenn keine Erziehungsmaßnahme erfolgreich war. Eine Ordnungsmaßnahme ist der schriftliche Verweis, das Versetzen des Schülers in die Parallelklasse oder der Ausschluss aus der Schule. Der schriftliche Verweis dient insbesondere dazu, die Eltern darauf aufmerksam zu machen, dass sich das Kind nachhaltig nicht an die Regeln der Schule hält, etwa, dass das Kind dauerhaft den Unterricht stört. Denn die Kinder erzählen ihren Eltern meistens nicht freiwillig davon. Zusätzlich zum Verweis erfolgt ein Eintrag in die Schulakte.

VII. Schuleschwänzen

Die Schulgesetze regeln, was passiert, wenn Schüler die Schule schwänzen. Wer die Schule schwänzt, also unentschuldigt fehlt, begeht eine Ordnungswidrigkeit. Die Schule meldet die Fehlzeiten dem Schulamt und das Schulamt verhängt gegen den Schüler eine Geldbuße. Aber nicht nur die Schüler begehen eine Ordnungswidrigkeit, wenn sie nicht zur Schule gehen. Auch die Eltern, die ihre Kinder nicht regelmäßig zur Schule schicken, verstoßen gegen das Schulgesetz. Beide, Eltern wie Schüler, müssen eine Geldbuße bezahlen, die Schüler aber nur dann, wenn sie über 14 Jahre alt sind. Die Schüler haben zudem die Möglichkeit, die Geldbuße in Arbeitsstunden umzuwandeln, weil man davon ausgeht, dass sie kein Geld haben. Dabei wird eine Arbeitsstunde mit etwa 6 bis 8 Euro verrechnet. Wer also eine Geldbuße von 200 Euro zu zahlen hat, bekommt die Möglichkeit, diese Geldbuße in Arbeitsstunden abzuarbeiten, was etwa 30 Arbeitsstunden entspricht.

Nicht selten hat das Schuleschwänzen aber einen ganz anderen Hintergrund. Viele Schüler meiden die Schule, weil sie Angst vor ihren Mitschülern haben. Sie werden nicht nur geärgert, sondern schikaniert, gequält und verfolgt. Heute kommt noch das Cybermobbing hinzu, bei dem technische Geräte benutzt werden, also ein Handy oder ein Computer. Und natürlich werden nicht nur Schüler gemobbt, auch Erwachsene sind häufig Opfer, meist an ihrem Arbeitsplatz. Aber in der Schule kommt Mobbing ganz besonders oft vor. Jeder dritte Schüler war bereits Opfer von Mobbing.

VIII. Cybermobbing

Als es noch keine Handys gab, konnte man zwar auch über andere Schüler lästern und sie schlecht machen. Das war an sich schon schlimm genug, aber immerhin konnte derjenige, über den gelästert wurde, nach der Schule nach Hause gehen und hatte seine Ruhe.

Heute ist das anders. Heute ist das Handy ein Einfallstor für Beleidigungen, Drohungen und sexuelle Belästigungen. Tag und Nacht. Jederzeit und immer. Jeder, der deine Handynummer hat, kann dir eine Nachricht schicken. Er kann dich mit einer SMS beleidigen: «Du Hurensohn» oder «Du fette Sau». Er kann dich bedrohen: «Wenn du das deinen Eltern erzählst, dann holen wir dich». Und er kann dich sexuell belästigen: «Dein Hintern war heute geil». Leider handelt es sich bei diesen Beispielen aus Sicht vieler Schüler um recht harmlose Mitteilungen. Aus Sicht eines Erwachsenen sind sie sicher nicht harmlos. Sie sollen aber verdeutlichen, in welcher Situation sich manche Schüler befinden. Oft bleibt es leider auch nicht bei einer SMS. Viele Schüler sind Opfer von Postings in Foren: Ein vielleicht sogar anonymer Forumsteilnehmer sendet eine gemeine Bemerkung über einen

Mitschüler, 100 Leute lesen sie und geben ihre Meinung dazu ab. Meistens schließt man sich der Mehrheitsmeinung an, ohne genau zu hinterfragen, worum es eigentlich geht. Von Ferne «prügeln» ist einfach, und auf einen Schwächeren «einprügeln» ist noch einfacher. Und wenn ein Ex-Freund aus Wut darüber, dass die Freundin «Schluss gemacht» hat, ein intimes Bild ins Internet stellt, dann kann sich die ganze Welt darüber lustig machen. Wer so etwas über sich ergehen lassen muss oder wer permanent üble Nachrichten erhält, wer ständig erniedrigt wird, wer Angst haben muss, am nächsten Tag auf dem Schulweg verprügelt zu werden, der geht nicht mehr gern zur Schule. Er bekommt psychosomatische Störungen, also psychische Störungen, die sich körperlich auswirken.

Angst ist jedoch ein schlechter Berater. Manchmal bleibt einem zwar nichts anderes übrig, als abzuwarten, bis sich Dinge wieder gelegt haben. Manches muss man einfach aussitzen. Wenn es sich aber tatsächlich um Mobbing, also um systematisches Ausgrenzen handelt, dann sollte man etwas unternehmen. Manchmal kann ein Gespräch helfen, beispielsweise mit dem Mitschüler oder dem Lehrer. Sich aber gegen ein ganzes Forum aufzulehnen, sich gegen Bemerkungen der übelsten Art zu wehren, ist schwer, zumal man bisweilen den Urheber einer Nachricht gar nicht kennt. Man sollte jedoch wissen: Wer mobbt, der begeht in der Regel eine Straftat. Verfolgt wird die Tat allerdings nur bei Jugendlichen ab 14 Jahren, da sie vorher nicht strafmündig sind, für ihre Taten also strafrechtlich nicht zur Verantwortung gezogen werden können.

1. Straftaten mit dem Handy

Mit dem Handy kann man alles machen – man kann damit Nachrichten versenden, es als Tonband benutzen und mit ihm fotografieren. Das macht das Handy einerseits zu einem Wunderwerk, andererseits aber auch zum Fluch.

a. SMS

Wer eine SMS schreibt, kann viele Straftatbestände erfüllen. Wer wahrheitswidrig schreibt: «Der Mathelehrer Fröhlich, die alte Sau, ist ein Steuerbetrüger», erfüllt bereits zwei Straftatbestände. Einmal den Tatbestand der Beleidigung (§ 185 StGB) – der Mathelehrer ist eine «alte Sau» – und einmal den Tatbestand der Verleumdung (§ 187 StGB) – der Lehrer ist kein Steuerbetrüger, was der Verfasser der Nachricht auch weiß. Wer dir schreibt: «Zieh auf der Party keine Unterwäsche an, sonst erzähle ich deinen Eltern, dass du dauernd den Matheunterricht schwänzt», der begeht eine versuchte Nötigung (§ 240 StGB), und wer schreibt: «Ich stelle das Foto, auf dem du Paul auf der Party geküsst hast, auf Facebook, wenn du mir morgen keine 200 Euro mitbringst», der begeht eine versuchte Erpressung (§ 253 StGB). Die Nötigung und die Erpressung sind sogar vollendet, wenn du tatsächlich aus Angst vor den angekündigten Folgen auf der Party ohne Unterwäsche erscheinst oder die 200 Euro zahlst. Und wer schreibt: «Ich hau dir eins auf die Fresse», erfüllt den Tatbestand der Bedrohung (§ 241 StGB). Es scheint vielen Schülern nicht klar zu sein, dass sie Straftaten begehen, wenn sie solche Botschaften verschicken.

b. Tonaufnahmen

Mit einem Handy kann man nicht nur SMS schreiben, man kann es ebenso als Tonträger benutzen. Wenn du dich mit einem Freund unterhältst, dann gehst du davon aus, dass die besprochenen Dinge unter euch bleiben. Du hast das Recht, dass niemand erfährt, was du ihm erzählst. Daher steht es unter Strafe, wenn dein Freund euer Gespräch mit dem Handy aufzeichnet – jedenfalls dann, wenn er dich nicht vorher um Erlaubnis gefragt hat. Und so macht sich derjenige der «Verletzung der Vertraulichkeit des Wortes» (§ 201 StGB) strafbar, der ein privates Gespräch unbefugt aufzeichnet oder verwendet, wie etwa dadurch, dass er es ins Internet oder auf Facebook stellt.

c. Bildaufnahmen

Nicht zuletzt kann man mit einem Handy fotografieren. Während man früher nur im Urlaub fotografierte, hat man heute immer das Handy und damit einen Fotoapparat dabei.

- *«Verletzung des höchstpersönlichen Lebensbereichs durch Bildaufnahmen»*
Wer dich in der Schule auf der Toilette oder in der Umkleidekabine fotografiert, begeht eine «Verletzung des höchstpersönlichen Lebensbereichs durch Bildaufnahmen» (§ 201a StGB). Da Schüler ständig ein Handy und damit einen Fotoapparat mit sich herumtragen, ist die Versuchung groß, das Handy mal eben auf die Mitschülerin in Unterhose zu halten und abzudrücken. Dass dies respektlos ist, kommt vielen Schülern dabei nicht in den Sinn. Daher hat der Gesetzgeber im Jahr 2004 die Strafvorschrift «Verletzung des höchstpersönlichen Lebensbereichs» geschaffen. Vor der Schaffung dieser Vorschrift war das Fotografieren eines Menschen in seinem privaten Lebensumfeld straflos.

- *«Verbreitung, Erwerb und Besitz jugendpornografischer Schriften»*
Beziehungen zwischen Mädchen und Jungen kommen und gehen. Wer befreundet war, ist sich nach Ende der Freundschaft nicht selten böse. Und diese Bösartigkeit findet oft keine Grenzen. In Zeiten der Liebe ist man damit einverstanden, dass der Partner einen nackt und intim fotografiert. Aber was ist, wenn die Freundschaft zu Ende ist? Das Foto befindet sich nach wie vor auf dem Handy des «Ex». Und was ist, wenn der «Ex» das Foto ins Internet, auf Facebook, stellt? Wenn alle es ansehen können? Wenn sich alle darüber lustig machen können? Das ist für die Person, die es betrifft, furchtbar. Und kein Straftatbestand wird ihrer Situation wirklich gerecht, aber immerhin gibt es einen Straftatbestand, der ein solches Verhalten unter Strafe stellt: «Verbreitung, Erwerb und Besitz jugendporno-

grafischer Schriften», § 184c StGB. Ist auf dem pornografischen Bild ein Kind unter 14 Jahren abgebildet, ordnet das Gesetz sogar eine noch höhere Strafe an.

2. Die Polizei ermittelt

Wer Opfer einer Straftat wird, kann zur Polizei gehen und Anzeige erstatten. Die Polizei ist durchaus bemüht, den Menschen, denen Unrecht getan wurde, zu helfen. Natürlich gibt es auch bei der Polizei, wie in jeder Berufsgruppe, unmotivierte «schwarze Schafe», viele Polizisten kümmern sich aber sehr, wenn man sich ihnen anvertraut. Wer etwa den Ausdruck eines Fotos von Facebook vorlegt, auf dem er nackt auf dem Bett zu sehen ist, der kann davon ausgehen, dass die Polizei ihr Bestmöglichstes versucht, herauszufinden, von welchem Computer aus das Bild auf Facebook gestellt worden ist. Es gibt auch Fälle, in denen die Staatsanwaltschaft auf Bitte der Polizei beim Gericht einen Durchsuchungsbeschluss beantragt, damit die Wohnung des Handyinhabers durchsucht und das Handy beschlagnahmt werden kann. Das Handy ist dann ein Beweismittel. Und so kann es sein, dass ein enttäuschter junger Mann ein Foto seiner Ex-Freundin auf Facebook stellt und wenige Tage später die Polizei vor der Tür steht und die ganze Wohnung nach dem Handy durchsucht. Damit hätte er sicher nicht gerechnet.

Allerdings klappt das leider nicht immer so reibungslos. In der Realität ist es oft so, dass viele Nutzer auf Webseiten anonym auftreten. Sie nennen sich dann «Schlumpfi» oder «Michael Jackson», und niemand weiß, wer sich tatsächlich hinter diesen Namen verbirgt. Nur Internetprovider oder die Betreiber einer Webseite könnten Angaben machen, die möglicherweise zum tatsächlichen Nutzer führen. Dazu müssen aber bestimmte rechtliche Voraussetzungen erfüllt sein und der Vorfall darf nicht allzu lange zurückliegen.

3. Wie wird der Täter bestraft?

Die angesprochenen Straftatbestände sehen entweder die Verhängung einer Geldstrafe oder einer Freiheitsstrafe von ein bis drei Jahren vor. Begeht ein Erwachsener eine solche Straftat, dann verhängt der Richter also entweder eine Geldstrafe oder eine Freiheitsstrafe. Begeht allerdings ein Jugendlicher – bis 17 Jahre – oder ein Heranwachsender – bis 20 Jahre – die Straftat, so ist der Richter nicht an diesen Strafrahmen gebunden. Der Jugendrichter möchte den jungen Täter nämlich nicht bestrafen, er möchte ihn erziehen. Und so wird er anstelle einer Geldstrafe (Geld hat der Jugendliche im Zweifel sowieso nicht) oder einer Freiheitsstrafe (die verhängt er nur dann, wenn bislang nichts anderes geholfen hat) dem Täter aufgeben, ein Entschuldigungsschreiben an den Geschädigten zu schreiben, einen Aufsatz zum Thema «Mobbing und die Folgen für das Opfer» zu verfassen oder gemeinnützige Arbeitsstunden zu erbringen. Dann kann der Täter beim Laubkehren auf dem Friedhof oder beim Toilettenputzen im Fußballverein über seine Gemeinheiten nachdenken.

Pia ist 15 Jahre alt. Sie bekommt von ihrer Freundin Sophie eine SMS: «Schau mal auf Facebook, da ist was Interessantes von dir drin.» Pia geht auf Facebook und findet ein Nacktbild von sich. Dieses hatte ihr Ex-Freund Michael auf seine Facebook-Seite gestellt. Es gibt bereits einige Beiträge. Sie reichen von «Was 'ne fette Tussi» bis hin zu «Was hast du an dieser Tante nur gefunden?» Pia ist entsetzt und schämt sich. Schweren Herzens geht sie zu ihren Eltern und zeigt ihnen das Bild. Pias Eltern gehen mit ihr zur Polizei und erstatten Anzeige. Die Polizisten fahren zu Michael. Sie erklären ihm, warum sie gekommen sind und belehren ihn darüber, dass er als Beschuldigter keine Aussage machen muss. Anschließend beschlagnahmen sie Michaels Handy. Nach Abschluss der Ermittlungen gibt die Polizei den Vorgang an die Staatsanwaltschaft ab. Die Staatsanwaltschaft erhebt gegen Michael Anklage wegen «Verbreitung jugendpornografischer Schriften» gemäß § 184c StGB. Der Richter schickt Michael die Anklage und fragt ihn, ob

> er etwas dazu mitteilen möchte. Nach einigen Wochen lädt der Richter Michael zur Gerichtsverhandlung. Michaels Eltern sind wütend. Sie kürzen ihm das Taschengeld und nehmen ihm den Computer weg. Bei jedem Essen sprechen sie über die bevorstehende Gerichtsverhandlung. Als Michael zur Gerichtsverhandlung erscheint, sieht er, dass auch Pia geladen wurde. Während er auf der Anklagebank sitzt, ist Pia Zeugin. Sie erklärt, wie schrecklich die Sache für sie war. Tagelang konnte sie nicht schlafen, die Mitschüler machten sich über sie lustig und sie schrieb in dieser Zeit schlechte Noten. Michael ist bestürzt. Niemals hätte er gedacht, dass seine Aktion solche Folgen haben würde. Er erklärt Pia, dass er verletzt gewesen sei, weil Pia ihn verlassen hatte und dass er sich an ihr rächen wollte. Nun tue ihm das aber leid und er entschuldigt sich bei Pia. Pia kann die Entschuldigung nicht annehmen. Sie kann Michael nicht verzeihen. Der Richter verliest das Bundeszentralregister, also alle registrierten Vorstraftaten von Michael. Darin steht, dass er vor zwei Jahren bereits einen kleineren Diebstahl begangen und vor sechs Monaten einen Polizisten beleidigt hat. Von der Jugendgerichtshilfe erfährt der Richter, dass Michaels Vater Alkoholiker ist, dass es zuhause viel Unruhe gibt, weil sich Michael mit seinem Bruder ein kleines Zimmer teilt und sich die beiden dauernd streiten und dass Michael in der Schule sitzen bleiben wird, weil er überfordert ist. Der Richter verwarnt Michael und gibt ihm auf, 60 Stunden gemeinnützig zu arbeiten. Außerdem ordnet er an, dass Michael drei Gespräche beim «Verein Kinder- und Jugendhilfe» führen muss. Der Verein «Kinder- und Jugendhilfe» soll Michael dabei helfen, eine geeignetere Schule für ihn zu finden. Der Richter erklärt Michael, dass er die Arbeitsstunden erfüllen und die Gespräche führen muss, da er ansonsten einen Jugendarrest von bis zu vier Wochen gegen ihn verhängt. Insgesamt ist Michael erstaunt darüber, welche Folgen sein Handeln hat. Er ist sich sicher, dass er so etwas nie wieder machen wird.

Die scheinbar grenzenlose Nutzungsmöglichkeit von Handys ist nicht so grenzenlos, wie man auf den ersten Blick meint. Die Hemmschwelle, Gesetze zu übertreten, ist allerdings niedrig, da man dem Opfer bei der Tat nicht ins Auge sieht. Hier müssen die Menschen umdenken, und man sollte sie ruhig darauf aufmerksam machen, dass sie mit ihren Aktivitäten die Grenzen der Strafbarkeit oft überschreiten. Aber auch du solltest dir immer überlegen, wem du Informationen über dich preisgibst, und dir im Klaren darüber sein, dass mit jeder Preisgabe von Informationen Gefahren verbunden sind. Die Privatsphäre ist nicht umsonst ein hohes Gut, und niemand kann sie so gut schützen wie du selbst.

8. Kapitel
Recht ganz praktisch

I. Ein Strafverfahren: Achmed und die gefährliche Körperverletzung

Ein Banküberfall. Drei maskierte Bankräuber stürmen in eine Bank, bedrohen eine Bankangestellte mit einer Maschinenpistole und rufen: «Alles Geld her, oder es gibt Tote!» Die herbeigerufene Polizei stürmt die Bank, zwei Bankräuber werden festgenommen, einer entkommt. Ein Sondereinsatzkommando jagt durch die ganze Stadt, leider erfolglos. Die Polizei nimmt die Ermittlungen auf. Wo steckt der dritte Bankräuber?

Leider müssen wir den Fernseher jetzt ausmachen. Der Alltag der Polizei sieht ganz anders aus. Die Polizei sucht nur selten flüchtige Bankräuber und noch seltener Mörder. So etwas gibt es vor allem im Fernsehen. Würde in Krimis die tägliche Ermittlungsarbeit der Polizei gezeigt werden, würde sich das niemand anschauen.

Kriminalkommissar (KK) Findig kommt am Morgen an seinen Schreibtisch und findet diese Notizen vor:

1. Im Nachtclub «Tanztempel» haben sich die Herren Achmed Ökur und Heiner Breit gegen 1.15 Uhr einen Kampf geliefert, in dessen Verlauf Ökur seinem Gegner Breit eine Gabel in den Bauch gerammt hat. Das Opfer hat eine oberflächliche Stichwunde erlitten, die ambulant versorgt wurde.

2. Ein Unbekannter ist in der Heinrich-Heine-Straße, Ecke Schubert-Ring, in ein parkendes Auto gefahren, in einen schwarzen Audi Q7, und ist anschließend weggefahren.

KK Findig brummt: «Körperverletzung und Fahrerflucht. Die üblichen Geschichten.»

Wenn die Polizei glaubt, dass eine Straftat begangen wurde, muss sie ermitteln. Sie kann nicht, sie muss! Die Polizei ermittelt dabei für die Staatsanwaltschaft, denn die ist für die Verfolgung von Straftaten zuständig.

KK Findig schickt Achmed Ökur eine Vorladung und fordert ihn auf, zu ihm auf's Polizeipräsidium zu kommen. In der Vorladung steht, dass Achmed Ökur als Beschuldigter vernommen werden soll. Gegen ihn bestehe der Verdacht der gefährlichen Körperverletzung nach §§ 223, 224 StGB. Diese Vorladung findet Achmed Ökur in seinem Briefkasten.

Lädt die Polizei einen Beschuldigten vor, muss dieser bei der Polizei nicht erscheinen. Nur wenn ein Staatsanwalt oder ein Richter einen Beschuldigten vorlädt, muss er zur Vernehmung erscheinen. Tut er es nicht, kann das Gericht den Beschuldigten von der Polizei vorführen lassen und ihn zwingen, zum Termin zu kommen.

> Achmed Ökur entschließt sich, auf das Polizeipräsidium zu gehen. KK Findig klärt Herrn Ökur zunächst auf, wegen welcher Straftat gegen ihn ermittelt wird: «Herr, Ökur, gegen Sie besteht der Verdacht der gefährlichen Körperverletzung an Heiner Breit in der Nacht von Samstag auf Sonntag gegen 1.15 Uhr im ‹Tanztempel›.»

Nur wenn der Beschuldigte weiß, warum gegen ihn ermittelt wird, kann er sich dazu äußern und bekommt die Möglichkeit, zu sagen, dass das nicht stimmt.

> Nachdem klar ist, worum es geht, belehrt KK Findig Achmed Ökur über sein Aussageverweigerungsrecht: «Es steht Ihnen frei, sich zu der Anschuldigung zu äußern oder nicht zur Sache auszusagen.»

Der Beschuldigte hat immer ein Aussageverweigerungsrecht – bei der Polizei, der Staatsanwaltschaft und bei Gericht. Niemand muss sich an seiner eigenen Strafverfolgung beteiligen. Dieses Recht folgt aus dem Recht auf Menschenwürde (Artikel 1 GG). Der Beschuldigte kann schweigen. Der Beschuldigte kann auch lügen, wenn er es für richtig hält. Er darf nur nicht andere der Tat verdächtigen: «Nicht ich hab's gemacht, sondern der Rolf Sonntag.» Das wäre eine falsche Verdächtigung (§ 164 StGB).

> KK Findig belehrt Achmed Ökur auch noch darüber, dass er einen Rechtsanwalt seiner Wahl anrufen kann.

Der Beschuldigte soll der Polizei nicht hilflos ausgeliefert sein. Daher hat er das Recht, vor seiner Vernehmung einen Rechtsanwalt anzurufen und ihn zu bitten, zu ihm auf das Polizeipräsidium zu kommen. Jetzt hat nicht jeder einen Rechtsanwalt für den Fall, dass es zu einer polizeilichen Vernehmung kommt. Für solche Fälle hat die Polizei eine Liste von Rechtsanwälten, die bei Bedarf kommen. Findet eine polizeiliche Vernehmung in der

Nacht statt, ist es natürlich schwieriger, einen Rechtsanwalt zu erreichen. In manchen Städten gibt es daher einen Anwalt-Notdienst.

> Achmed Ökur bittet, seine Rechtsanwältin Dr. Natascha Hilfreich anrufen zu dürfen. Dr. Hilfreich kommt eine halbe Stunde später auf das Präsidium zu Achmed Ökur. Beide unterhalten sich zunächst allein, so dass sich Dr. Hilfreich einen Überblick über die Situation machen kann. Achmed Ökur sagt zu seiner Rechtsanwältin: «Ich war so wütend, weil der mich so blöd angeguckt hat, da hab ich mir die Gabel genommen und rumms.» Dr. Hilfreich rät Achmed Ökur, zunächst die Aussage zu verweigern, damit beide in Ruhe über das Geschehene nachdenken können. Nachdem Achmed Ökur alles Wichtige mit seiner Rechtsanwältin besprochen hat, betritt KK Findig wieder das Dienstzimmer und möchte mit der Vernehmung beginnen. Doch Achmed Ökur erklärt: «Ich verweigere die Aussage.» «Das ist Ihr gutes Recht», erwidert KK Findig.

Bekommt die Staatsanwaltschaft die Ermittlungsergebnisse der Polizei auf den Tisch, entscheidet sie, ob die Ermittlungen abgeschlossen sind. Ist sie der Meinung, dass eine Verurteilung vor Gericht wahrscheinlicher ist als ein Freispruch, erhebt sie Anklage vor Gericht. Ist sie nicht dieser Meinung, stellt sie das Verfahren ein. Das wird sie hier bei der Fahrerflucht tun. Die Polizei hat nicht herausgefunden, wer das Auto beschädigt hat und anschließend weggefahren ist. Also gibt es auch niemanden, den man anklagen könnte. Das Verfahren «gegen Unbekannt» wird eingestellt. Anders ist es bei der Körperverletzung. Hier erhebt die Staatsanwaltschaft gegen Achmed Ökur Anklage auf Körperverletzung.

Staatsanwaltschaft bei dem Landgericht
- 4 Js 133/10 -

An das Amtsgericht
- Strafrichter -
Friedlingen

Anklageschrift

Der Pizzabäcker Achmed Ökur,
geboren am 5.5.1960 in Ulm,
wohnhaft Rechbergweg 13, 33250 Friedlingen,
türkischer Staatsangehöriger, verheiratet
wird angeklagt

am 1.8.2012 gegen 1.15 Uhr im Nachtclub «Tanztempel», Ludwigsallee 23 in Friedlingen, einen Menschen mittels eines gefährlichen Werkzeugs an der Gesundheit beschädigt zu haben.

Der Angeschuldigte hat dem Gast Heiner Breit eine Gabel in den Bauch gerammt, so dass dieser eine blutende Wunde, die medizinisch versorgt werden musste, davontrug.

Vergehen, strafbar gemäß §§ 223, 224 Abs. 1 Ziffer 2 StGB.

<u>Beweismittel:</u>
I. Einlassung des Angeschuldigten
II. Zeugen: Heiner Breit, Bergerstraße 12, 33250 Friedlingen
III. Urkunden: Ärztliches Attest Dr. med. Christian Bayerhuber vom 1.8.2012

Wesentliches Ergebnis der Ermittlungen:
Am 1.8.2012 hat der Angeschuldigte gegen 1.15 Uhr dem Gast Heiner Breit nach einem kurzen Streit eine Gabel in den Bauch gerammt. Die 2 cm lange Wunde wurde am gleichen Tag medizinisch versorgt und war nach drei Wochen abgeheilt.

Es wird beantragt, das Hauptverfahren vor dem Amtsgericht Friedlingen zu eröffnen.

Clausthaler, Staatsanwältin

Die Anklageschrift der Staatsanwaltschaft kommt jetzt auf den Tisch eines Richters, eines Strafrichters beim Amtsgericht. Glaubt auch der Richter, dass «an der Sache was dran ist», lädt er den Angeklagten zur Hauptverhandlung. Nicht selten erscheint der Angeklagte in Begleitung eines Rechtsanwalts, eines Strafverteidigers.

Die Hauptverhandlung beginnt damit, dass der Staatsanwalt die Anklageschrift vorliest. Das ist wichtig, damit der Angeklagte weiß, was ihm vorgeworfen wird. Wann er wen womit verletzt haben soll. Manchmal werden noch Zeugen gehört, die sagen, was sie gesehen haben. Ein Zeuge kann eine völlig unbeteiligte Person sein, die zufälligerweise gesehen hat, was passiert ist. Oft wird auch das Opfer als Zeuge gehört. Der Richter prüft dann, ob die Zeugen glaubwürdig sind oder nicht. Aber meistens ergeben sich bei den Zeugenvernehmungen keine besonderen Überraschungen. Die Zeugen sagen vor Gericht meist das Gleiche aus wie vorher bei der Polizei.

Jetzt könnte man sich fragen, warum die Zeugen vor Gericht noch einmal gehört werden, sie haben doch schon alles bei der Polizei gesagt. Das stimmt zwar, aber der Richter war ja bei der Polizei nicht dabei. Und der Richter muss hinterher entscheiden, ob er den Angeklagten für schuldig hält oder nicht. Also muss sich der Richter ein Bild davon machen, was geschehen ist. Daher können ihm nur die Zeugen sagen, was geschehen ist.

> Der Zeuge Heiner Breit kann sich noch sehr gut an den Vorfall erinnern, schließlich war er das Opfer. Er erzählt, was passiert war. Der Staatsanwalt und der Verteidiger von Achmed Ökur stellen ihm einige Fragen, und dann bittet der Richter den Staatsanwalt um sein Schlusswort. Dieses Schlusswort nennt man Plädoyer. Der Staatsanwalt steht auf und sagt: «Die Hauptverhandlung hat den Tatvorwurf bestätigt. Der Angeklagte hat dem Zeugen Breit die Gabel in den Bauch gerammt. Dies ganz ohne Grund. Dass der Zeuge Breit dumm geguckt haben soll, ist jedenfalls kein Grund. Strafmildernd ist, dass der Angeklagte die Tat gestanden hat und dass er nicht vorbestraft ist. Ich beantrage, ihn zu einer Geldstrafe von 30 Tagessätzen zu je 20 Euro zu bestrafen.» Dann hält der Verteidiger sein Plädoyer: «Der Angeklagte hat gezeigt, dass er die Tat bereut. Er war geständig. Ich beantrage ihn mit einer Geldstrafe von 15 Tagessätzen zu je 15 Euro zu bestrafen.» Dann erteilt der Richter dem Angeklagten das letzte Wort. Achmed Ökur sagt: «Es tut mir leid, das mache ich nicht nochmal.»

In einer strafrechtlichen Gerichtsverhandlung hat immer der Angeklagte das letzte Wort. Er muss nichts sagen, aber er hat die Möglichkeit, etwas zu sagen. Meistens sagt er, dass ihm leid tue, was passiert ist. Wenn der Richter vergessen hat, dem Angeklagten das letzte Wort zu erteilen, ist das so schlimm, dass das Urteil bereits aus diesem Grund falsch ist. Nachdem der Angeklagte das letzte Wort gesprochen hat, verlässt der Richter den Gerichtssaal und überlegt, ob er den Angeklagten verurteilen soll und wenn ja, wie. Um den Angeklagten zu verurteilen, muss der Richter davon überzeugt sein, dass er die Tat auch begangen hat. Überzeugt sein heißt, der Richter muss sich sicher sein, dass der Angeklagte die Tat begangen hat. Es reicht nicht aus, dass er dies für «höchstwahrscheinlich» hält, oder aber, dass er «vielleicht» davon ausgeht. Nein, der Richter muss sich sicher sein und keine Restzweifel haben. Und so sagt der Lateiner: In dubio pro reo – Im Zweifel für den Angeklagten. Wenn sich der Richter nicht sicher ist, dann spricht er den Angeklagten frei. Ein vielleicht Unschuldiger gehört nicht ins Gefängnis.

> Der Richter schreibt auf ein Blatt Papier, ob und wenn ja, wie er den Angeklagten bestrafen wird. Dann betritt er wieder den Gerichtssaal und verkündet das Urteil: «Im Namen des Volkes ergeht folgendes Urteil. Der Angeklagte ist der gefährlichen Körperverletzung schuldig. Er wird zu 25 Tagessätzen zu je 20 Euro verurteilt.» Danach erklärt der Richter, warum er davon überzeugt ist, dass der Angeklagte die Tat begangen hat und warum er mit einer Geldstrafe bestraft wird. Und dann sagt der Richter noch etwas ganz Wichtiges: «Wenn Sie mit diesem Urteil nicht einverstanden sind, dann können Sie dies innerhalb von einer Woche von heute an mitteilen.»
>
> Wer also das Urteil von einem höheren Gericht überprüfen lassen möchte, muss sich dies innerhalb einer Woche überlegen. Danach ist es zu spät und das Urteil gilt.

Der Richter hat dann fünf Wochen Zeit, das Urteil ordentlich aufzuschreiben. Er schreibt in sein Urteil, was der Angeklagte für ein Mensch ist, wann er geboren wurde, wo er arbeitet, ob er Familie hat und ob er schon einmal bestraft worden ist. Dann beschreibt der Richter, warum der Angeklagte angeklagt worden ist und aus welchen Gründen er davon ausgeht, dass der Angeklagte die ihm vorgeworfene Tat auch tatsächlich begangen hat. Und schließlich begründet der Richter, wie er zu der Strafe gekommen ist, die er verhängt hat. Das Urteil wird dem Angeklagten zugeschickt. Wenn der Angeklagte mit dem Urteil einverstanden ist, ist das Strafverfahren zu Ende.

II. Ein Zivilverfahren: der misslungene Urlaub

Bevor ein Richter eine Klage auf den Tisch bekommt, ist schon allerhand passiert:

Du willst mit deinen Eltern Urlaub in Spanien machen. Beim Reiseveranstalter «Gut-und-günstig-Reisen» buchen deine Eltern zwei Wochen das Hotel «Sonnenpalast». Sie bezahlen dafür 2000 Euro. Ihr habt ein Zimmer mit Meerblick gebucht, und der Reiseveranstalter hat euch versprochen, dass das Hotel «einen feinen, langen Sandstrand hat». Im Hotel angekommen, trifft euch der Schlag. Aus eurem Zimmer seht ihr auf eine Baustelle, weil der hügelige Platz nebenan mit einem Presslufthammer tagaus tagein in Tennisplätze verwandelt wird. Von Meer weit und breit keine Spur. Der lange Sandstrand entpuppt sich als steinige Landschaft, über die es unmöglich ist, ins Wasser zu gelangen. Und zum Essen gibt es eine ganze Woche lang nur Spaghetti, was du großartig findest, nicht aber deine Eltern. Das Hotel meint, es sei doch alles nur halb so wild. Wenn man den Strand zwei Kilometer entlang laufe, dann komme ein toller Sandstrand. Und das mit der Baustelle müsse man hinnehmen. Gebaut werde überall auf der Welt, Bauen bedeute Fortschritt und Erneuerung, und die Tennisplätze seien wirklich notwendig, nächstes Jahr würden sich alle Gäste darüber freuen. Spaghetti seien lecker und ein landestypisches Gericht; leider sei der Koch krank, so dass man nichts anderes anbieten könne. Und der fehlende Meerblick? Der fehle doch gar nicht! Vom gesamten Hotel aus könne man das Meer sehen, da komme es doch wirklich nicht darauf an, ob man es ausgerechnet auch vom Zimmer aus sehen könne. Im Geheimen siehst du das mit dem Meerblick ja auch so, und die Spaghetti, coole Sache – aber die anderen Punkte? Darf man etwas versprechen und dann nicht einhalten? Schließlich haben deine Eltern ja auch ihr Vertragsversprechen eingehalten und den vollen Reisepreis bezahlt.

Wieder zu Hause angekommen, beschließen deine Eltern, die Sache nicht auf sich beruhen zu lassen. Bevor sie zu einem Rechtsanwalt gehen, schreiben sie den Reiseveranstalter an, aber auch der sieht kein echtes Problem. Für die «entstandenen Unannehmlichkeiten» schickt er deinen Eltern einen Reisegutschein in Höhe von Euro 100,-. Damit sind deine Eltern aber nicht einverstanden. Sie gehen zu einer Rechtsanwältin für Reiserecht, Frau Schlesinger, und schildern ihr den Fall. Auch die Rechtsanwältin findet, dass deine Eltern die Hälfte des Reisepreises, also 1000 Euro, zurückbekommen sollten. Sie schlägt vor, dem Reiseveranstalter zunächst einen Mahnbescheid über die geforderten 1000 Euro zu schicken.

Ein Mahnbescheid ist ein Formular, das man in jeder Schreibwarenhandlung kaufen kann. In das Formular kann man eintragen, wie viel Geld man von einer anderen Person – man nennt diese Person Schuldner, weil sie einem etwas schuldet – haben will und, in wenigen Worten, warum man es haben will. Das ausgefüllte Formular schickt man dem Gericht, zusammen mit einer Gebühr, und das Gericht schickt das abstempelte Formular als Mahnbescheid an die Person, von der man das Geld haben möchte. Mahnbescheide sind die übliche Form, mit der man zunächst versucht, zu seinem Geld zu kommen. Ein Mahnbescheid ist viel billiger als gleich eine Klage beim Gericht einzureichen. Wenn der andere den Mahnbescheid bekommt, dann sagt er oft: «Au Backe, hatte ich ja ganz vergessen zu bezahlen» und zahlt schnell. Oder er sagt: «Dem ist es ja ernst, wenn ich jetzt nicht zahle und mich gegen den Mahnbescheid wehre, dann kommt die Sache zum Richter. Das wird teuer. Und eigentlich hat er ja Recht, dann zahle ich lieber gleich.»

> Leider reagiert der Reiseveranstalter anders und findet weiterhin, dass er nichts zahlen muss. Und weil er nichts zahlen will, legt er gegen den Mahnbescheid Widerspruch ein. Jetzt landet die Sache bei einem Richter.

Deine Eltern nennt man jetzt Kläger, den Reiseveranstalter Beklagten. Der Richter bittet deine Eltern bzw. ihre Anwältin zu erklären, warum sie vom Reiseveranstalter Geld wollen. Man nennt das eine Klagebegründung. Frau Schlesinger erklärt ausführlich, was euch alles im Urlaub passiert ist und warum deine Eltern 1000 Euro vom Reisepreis zurückhaben wollen. Diese Klagebegründung schickt Frau Schlesinger an das Gericht. Der Richter liest sich die Klagebegründung durch und schickt eine Kopie davon dem Reiseveranstalter. Der Reiseveranstalter liest sie sich durch und schreibt dann, warum er findet, dass er nichts an deine Eltern zahlen muss. Diese Antwort auf die Klage nennt man Klageerwiderung. Diese Klageerwiderung schickt er ans Gericht, das eine Kopie an die Rechtsanwältin deiner Eltern, Frau Schlesinger, schickt. Jetzt wurde genug geschrieben, es ist Zeit, den Streit persönlich zu besprechen. Der Richter bestimmt einen Termin zur mündlichen Verhandlung. Die mündliche Verhandlung ist ein persönliches Treffen des Richters mit den Parteien im Gerichtsgebäude. Dazu lädt der Richter die Rechtsanwältin eurer Eltern ein, Frau Schlesinger, sowie den Reiseveranstalter. Frau Schlesinger fragt deine Eltern, ob sie zu dem Termin mitkommen wollen, aber deine Eltern haben keine Lust. Die ganze Sache hat sie schon genug Zeit und Nerven gekostet.

In der mündlichen Verhandlung sagt der Richter, was er von dem Streit hält. Manchmal hat ein Richter noch Fragen. Er fragt zum Beispiel, wie viele Presslufthammer Tag und Nacht gearbeitet haben. Er lässt sich von Frau Schlesinger Photos zeigen, wie hässlich die Baustelle neben dem Hotel war. Der Reiseveranstalter hat eine Hotelangestellte mitgebracht, die als Zeugin schildert, warum es immer nur Spaghetti gab – du erinnerst dich, die Geschichte mit dem kranken Koch – und dass die anderen Gäste immer sehr zufrieden waren. Dann versucht der Richter, dass sich die Parteien einigen. Der Richter schlägt vor, dass deine Eltern mit 500 Euro und dem Reisegutschein zufrieden sein sollen. Aber das genügt deinen Eltern nicht. Sie lehnen den Vergleichsvorschlag ab, und deshalb geht der Prozess weiter. Der Richter muss den Streit entscheiden. Das tut der Richter im Regelfall nicht sofort, sondern er lässt sich ein paar Wochen Zeit.

Dazu schaut sich der Richter den Fall noch einmal genau an und wendet auf den Sachverhalt das Gesetz an. Das Gesetz sagt: Wer nicht bekommt, was ihm vertraglich versprochen worden ist, bekommt eine Entschädigung in Geld. Der Richter findet, dass deine Eltern nicht bekommen haben, was der Reiseveranstalter ihnen versprochen hat. Aber der Richter findet auch, dass

800 Euro genug Entschädigung sind. Er schreibt daher ein Urteil, das mit folgendem Satz beginnt: «Der Beklagte (das ist der Reiseveranstalter) wird verurteilt, an die Kläger (das sind deine Eltern) 800 Euro zu zahlen.» Danach begründet der Richter ausführlich, von welchem Sachverhalt er überzeugt ist und warum deine Eltern Euro 800 bekommen sollen. In dem Urteil steht, dass der Richter davon überzeugt ist, dass die Umgebung des Hotels laut und hässlich war. Das haben die Photos gezeigt, die Frau Schlesinger in der mündlichen Verhandlung vorgelegt hat. Und die Geschichte mit dem kranken Koch interessiert den Richter nicht. Der kranke Koch sei das Problem des Hotels gewesen, kein Problem deiner Eltern. Schließlich schreibt der Richter aber auch, dass die Reise trotz dieser Probleme – Juristen sprechen von «Mängeln» – besser war als eine Reise, die man für 1000 Euro hätte buchen können. Deshalb bekommen deine Eltern nur 800 Euro zurück, so dass sie für die Reise also insgesamt 1200 Euro bezahlt haben. Deine Eltern freuen sich über das Urteil, denn es hätte ja auch sein können, dass der Richter ihre Klage abweist. Dann hätte der beklagte Reiseveranstalter das Verfahren gewonnen, und deine Eltern hätten als Kläger nicht nur die Gerichtsgebühren bezahlen müssen, sondern auch den Rechtsanwalt des Reiseveranstalters. Das wäre richtig teuer geworden.

Dies war eine Klage im Schnellverfahren. In Wirklichkeit gehen nur wenige Verfahren so schnell zu Ende. Oft muss der Kläger zunächst beweisen, was wirklich passiert ist. Wenn zum Beispiel in unserem Verfahren der beklagte Reiseveranstalter gesagt hätte, euer Zimmer hätte doch einen Meerblick gehabt, dann hätten deine Eltern beweisen müssen, dass es keinen hatte. Sie hätten dafür dich als Zeugen benennen können. Dann hättest du vor Gericht erscheinen und erzählen müssen, wie es denn gewesen ist. Manchmal muss ein Richter auch einen Gutachter beauftragen. Bei Reiserechtsstreitigkeiten ist dies eher selten der Fall, aber sehr oft in Baustreitigkeiten oder in Arzthaftungssachen. Klagt zum Beispiel eine Patientin gegen ihren Arzt, der ihre Nase schöner machen sollte, auf Entschädigung, weil sie jetzt eine «Krummnase» hat und hässlicher sei als vorher, dann beauftragt der Richter einen Gutachter. Dieser Experte prüft dann, ob der Arzt die Operation nach den ärztlichen Regeln der Kunst durchgeführt hat oder ob er einen Fehler gemacht hat. Der Richter liest sich dieses Gutachten durch und macht es im Regelfall zur Grundlage seiner Entscheidung. Denn kein Richter kennt sich in Nasenoperationen aus, so dass er auf die Unterstützung von Fachleuten angewiesen ist.

9. Kapitel
Recht ganz spannend

Wenn du dieses Buch bis hierher gelesen hast, wirst du bestimmt nicht sagen, dass das Recht langweilig ist. Du wirst sagen, dass es interessant ist und auch ein bisschen spannend. Du wirst es aber nicht glauben: Das Recht ist noch spannender. Das Recht ist manchmal so spannend, dass man gar nicht glauben mag, was alles so passiert. Fast kann man sagen: Gibt's nicht, gibt's nicht.

In diesem letzten Kapitel werden dir einige rechtlich spannende Fälle vorgestellt. Aber auch Fälle, die so absurd sind, dass man sie sich gar nicht vorstellen kann. Die Namen der Personen in den folgenden Fällen sind bisweilen erfunden, weil sie nicht veröffentlicht sind, bisweilen stimmen sie aber.

I. Strafrecht – Kaum zu glauben

1. «Sirius-Fall»

Die 22-jährige Sophie lernt den 26-jährigen Peter in einer Diskothek kennen. Sophie findet Peter von Anfang an toll, sie bewundert ihn. Die beiden unterhalten sich über den Sinn des Lebens, das Leben nach dem Tod und über Seelenwanderung. Peter erzählt Sophie, er sei ein Bewohner des Sterns «Sirius». Die Sirianer seien wertvollere Lebewesen als die Menschen. Alles sei auf Sirius schön und gut, alle seien glücklich. Peter sei auf die Erde gesandt worden, um besonders wertvolle Menschen auszuwählen, die nach Sirius übersiedeln dürfen. Ein solch wertvoller Mensch sei Sophie. Um auf Sirius weiterzuleben, müsse Sophie allerdings die Fähigkeit erlangen, mehrere Ebenen des Daseins zu durchlaufen. Dabei würde ihr ein Mönch helfen, was jedoch 15 000 Euro koste. Sophie ist begeistert. Da sie nicht so viel Geld besitzt, leiht sie sich das Geld und gibt es Peter, damit er es an den Mönch weiterleitet. Peter aber kauft sich von dem Geld schöne Sachen. Sophie wartet einige Zeit darauf, dass ihr Körper mehrere Ebenen durchläuft und sie eine geistige Entwicklung durchmacht. Nichts passiert. Sie fragt bei Peter nach, der sie vertröstet. Es gebe unvorhergesehene Schwierigkeiten. Nach einiger Zeit erklärt er ihr, der Mönch habe bei Sophie innere Blockaden festgestellt, und geistige Entwicklungen seien deswegen ausgeschlossen. Um die Blockaden zu lösen, müsse Sophie einen anderen Körper bekommen. Dieser neue Körper stehe am Genfer See schon für sie bereit. Allerdings brauche Sophie für ihr neues Leben Geld. Sie müsse eine Lebensversicherung in Höhe von 125 000 Euro abschließen. Wenn Sophie ihren alten Körper verlasse, würde die Versicherung das Geld an Peter auszahlen, und der würde es an Sophie weiterleiten. Sophie schließt eine Lebensversicherung ab und setzt Peter als Begünstigten ein. Jetzt müsse sie nur noch ihren Körper verlassen. Auch dafür hat Peter einen

Tipp: Sophie soll sich in die volle Badewanne setzen und einen laufenden Fön ins Wasser werfen. Der Strom würde ihren Körper töten, und sie werde nach Sirius übertreten. So macht es Sophie auch. Sie setzt sich in die Badewanne und wirft einen laufenden Fön ins Wasser. Unerwartet führt der Fön nur zu einem Kribbeln auf ihrer Haut, weil er nicht richtig funktioniert. Sophie stirbt glücklicherweise nicht. Peter befindet sich während dieser Zeit in einer anderen Stadt. Irgendwann ruft er Sophie an, um zu kontrollieren, ob sie noch lebt. Als Sophie den Anruf entgegennimmt, ist Peter enttäuscht. Sein Plan hat nicht geklappt.

Peter wird wegen versuchten Mordes angeklagt. Er aber sagt: «Wieso soll ich ein Mörder sein? Sophie hat sich selbst in die Badewanne gesetzt und den Fön ins Wasser geworfen. Sie wollte sich umbringen, das war ihre Entscheidung. Ich habe damit nichts zu tun.» Der Fall ist bis zum Bundesgerichtshof gegangen. Der hat entschieden, dass Peter einen versuchten Mord begangen hat. Der Einfluss von Peter auf Sophie sei so stark gewesen, dass Sophie tatsächlich geglaubt hat, sie verlasse ihren alten Körper und lebe in einem neuen weiter, sterbe also nicht. Das war zwar dumm von Sophie, aber Peter habe ihre Dummheit ausgenutzt. Die Richter haben Peter wegen versuchten Mordes zu einer Freiheitsstrafe von sieben Jahren verurteilt.

BGH, Urteil vom 5. Juli 1983 (1 StR 168/83)

2. «Rose-Rosahl»

Dieser Fall spielt vor über 150 Jahren: Holzhändler Rose glaubt, dass Zimmermann Schliebe ihn bei einem Geschäft betrogen hat. Dafür soll Schliebe sterben! Da er Schliebe nicht selbst umbringen möchte, geht er zu seinem Arbeiter Rosahl und schlägt ihm vor: «Ich gebe dir 300 Reichstaler und Waffen, und du tötest Schliebe.» Rosahl nimmt das Angebot an. Rose besorgt ihm Waffen, und Rosahl legt sich in der Dämmerung in einen Straßengraben, um auf Schliebe zu warten. Ein Mann kommt des Weges. Rosahl glaubt, es sei Schliebe, und schießt zweimal auf ihn und zertrümmert dann dessen Kopf. Danach geht er zu Rose und erzählt ihm, dass Schliebe tot sei. Die beiden Waffen wirft er in einen Fluss. Kurz darauf stellt sich heraus, dass Rosahl den Falschen erschossen hat, nämlich den 17-jährigen Harnisch. An dessen Ermordung erinnert noch heute ein Gedenkstein.

Rosahl wird des Mordes angeklagt. Rosahl aber sagt: «Ich wollte den Harnisch doch gar nicht umbringen. Das war ein Versehen. Einen Mord könnt ihr mir nicht anhängen. Allenfalls eine fahrlässige Tötung.» Und Rose wird der Anstiftung zum Mord angeklagt. Und auch er sagt: «Was kann ich dafür, wenn Rosahl den Harnisch umbringt? Er sollte doch den Schliebe umbringen. Hat er nicht getan. Also hab ich mit der Sache nichts zu tun.»

Der Schwurgerichtshof in Halle verurteilt Rosahl wegen Mordes und Rose wegen Anstiftung zum Mord. Beide bekommen die Todesstrafe. Es sei egal, dass sich Rosahl geirrt habe. Zwar wollte er eine andere Person erschießen, als die, die er erschossen hat. Aber er wollte genau auf die Person schießen, auf die er mit seiner Waffe gezielt hat. Das reiche aus. Das Gleiche gelte für Rose. Er hat Rosahl gesagt, er soll jemanden umbringen, und das hat der auch getan. Also hat Rosahl den Rose zu einem Mord angestiftet. Da ein Anstifter wie ein Täter bestraft wird, bekommt auch Rose die Todesstrafe. Das Preußische Obertribunal hat dieses Urteil bestätigt.

BGH, Urteil vom 5. Mai 1859 (Crimin. S. Nr. 6)

3. «Katzenkönig»

Barbara und Michael leben zusammen. Barbara erzählt Michael vom «Katzenkönig», einem mächtigen Herrscher. Der Katzenkönig verkörpere seit Jahrtausenden das Böse und bedrohe die Welt. Michael glaubt die Geschichte vom Katzenkönig. Als Barbara erfährt, dass ihr früherer Mann eine andere Frau, nämlich Annemarie, heiraten möchte, will Barbara, dass diese stirbt. Barbara erzählt Michael, dass der Katzenkönig will, dass Annemarie sterbe. Wenn Annemarie nicht sterbe, werde der Katzenkönig Millionen von Menschen töten. Michael habe die Aufgabe, die Menschheit zu retten, indem er Annemarie töte. Da Michael die Menschheit retten will, sucht er mit einem Klappmesser Annemarie in deren Blumenladen auf und sticht zwölfmal auf sie ein. Weil andere Menschen schnell zu Hilfe eilen, überlebt Annemarie schwer verletzt.

Der Bundesgerichtshof verurteilt Michael wegen versuchten Mordes zu acht Jahren Gefängnis. Er hätte zwar erkennen können, dass es keinen Katzenkönig gibt, er war aber aufgrund seiner massiven Leichtgläubigkeit erheblich vermindert schuldfähig. Barbara wird zu vierzehn Jahren Gefängnis verurteilt. Sie hat zwar nicht selbst versucht, Annemarie umzubringen, hat aber Michael so stark beeinflusst, dass dieser das gemacht hat, was sie wollte. Letztlich war sie die Täterin.

BGH, Urteil vom 15. September 1988 (4 StR 352/88)

4. Wahrsagerin im Gefängnis

Ariane soll einen Menschen umgebracht haben. Sie sitzt im Frauengefängnis in Untersuchungshaft und wartet auf ihre Gerichtsverhandlung. Auch Susanne sitzt im Frauengefängnis. Sie verbüßt dort eine langjährige Haftstrafe. Susanne sagt zu Ariane:

«Ich bin Wahrsagerin. Erzähle mir, ob es stimmt, dass du jemanden umgebracht hast. Wenn du Vertrauen zu mir hast, wirst du eine milde Strafe bekommen. Außerdem lese ich dir aus deiner Zigarettenasche deine Zukunft voraus.» Die beiden rauchen Drogen, und Ariane vertraut Susanne an, dass sie den Mord begangen hat. Susanne erzählt alles der Polizei, mit der sie schon seit längerem zusammenarbeitet.

Später in der Gerichtsverhandlung bestreitet Ariane den Mord. Die Richter sagen sich: «Egal. Wenn Ariane den Mord bestreitet, dann fragen wir einfach Susanne. Der hat sie im Gefängnis ja alles erzählt.» Das Gericht vernimmt Susanne als Zeugin. Sie erzählt dem Gericht alles, was ihr Ariane erzählt hat. Ariane sagt aber: «Susanne hat mich getäuscht. Sie ist gar keine Wahrsagerin, sie hat mich nur ausspioniert und hilft der Polizei. Hätte ich das gewusst, hätte ich ihr nichts erzählt.»

Der Bundesgerichtshof entscheidet, dass Arianes Geständnis im Gefängnis nicht verwertet werden darf. Keine Wahrheitsfindung um jeden Preis! Susanne hat zwei Dinge getan, die einem Polizisten streng verboten sind: Sie hat ihr betäubende Mittel verabreicht, indem sie mit ihr Drogen geraucht hat. Und sie hat sie getäuscht, indem sie gesagt hat, sie könne für eine milde Strafe sorgen. Beides hat dazu geführt, dass Ariane die Tat zugegeben hat. Zwar ist Susanne keine Polizistin, sie habe aber mit der Polizei zusammengearbeitet. Die Rechte von Beschuldigten dürfen aber nicht durch «Hilfspolizisten» umgangen werden.

BGH, Urteil vom 21. Juli 1998 (5 StR 302/97)

II. Zivilrecht – Über was man sich alles streiten kann

1. Chanelle legt für dich die Karten

Chanelle ist Wahrsagerin. Sie legt Karten und sagt ihren Kunden die Zukunft voraus. Einer ihrer Kunden ist Kurt, der sich in einer schweren Lebenskrise befindet. Er sieht in Chanelle seine letzte Chance. Kurt möchte von Chanelle wissen, wie er seine Krise überwinden kann und wann es ihm wieder besser geht. Chanelle legt Kurt die Karten und stellt ihm für ihre Dienste über 35 000 Euro in Rechnung. Kurt bezahlt. Chanelle legt weiter die Karten. Über 6000 Euro sind schon wieder aufgelaufen, die Kurt bezahlen soll. Kurt ist jedoch von Chanelles Künsten enttäuscht. Keine ihrer Vorhersagen trifft ein, und Kurt will die 6000 nicht bezahlen. Chanelle verklagt ihn vor Gericht. Sowohl das Land- als auch das Oberlandesgericht sagen, dass Verträge, in denen jemand verspricht, die Zukunft vorhersehen zu können, Quatsch seien. Niemand könne die Zukunft vorhersehen. Kurt muss nichts an Chanelle zahlen.

Mit diesem Urteil ist Chanelle nicht einverstanden und lässt das Urteil vom Bundesgerichtshof überprüfen. Der Bundesgerichtshof gibt Chanelle recht. Kurt muss zahlen. Der BGH meint, dass es Verträge gibt, die die einen für Quatsch halten und die anderen gut finden. Man könne nicht nur über solche Dinge Verträge schließen, die man wissenschaftlich beweisen kann. Zwar glauben nur wenige Menschen daran, dass man durch Kartenlesen die Zukunft vorhersagen kann. Aber diese Menschen sollen die Möglichkeit haben, solche «Wahrsagerverträge» zu schließen. Und dann müssen sie für die Wahrsagerdienste auch bezahlen. Allerdings bestehe beim Wahrsagen die Gefahr, dass eine Wahrsagerin die Notsituation ihres Kunden ausnutze, weil dieser in ihr seine letzte Chance sehe. Ein Ausnutzen von Not kann dann dazu führen, dass ein solcher «Wahrsagervertrag» doch unwirksam ist.

BGH, Urteil vom 13. Januar 2011, III ZR 87/10

2. Wenn einer eine Reise tut ...

Das Reiserecht birgt eine Fülle an lustigen Entscheidungen. Jährlich sind Tausende von Reisenden mit ihrer Reise unzufrieden und klagen gegen den Reiseveranstalter auf Rückerstattung des Reisepreises. Besonders oft spielen Baustellen eine Rolle, deren Lärm dazu geführt hat, dass man tagsüber gestört war und nachts nicht schlafen konnte. Oft sind auch Flugverspätungen der Grund von Ärger. Der Ferienflieger ist vier Stunden später als vorgesehen losgeflogen. Da war der erste Urlaubstag futsch. Oder das Hotelzimmer war mangelhaft: Die Tür quietschte, das Bad stank, die Minibar war leer, auf dem Balkon stand nur ein Stuhl, und den Meerblick konnte man nur erahnen. Auch das Essen spielt oft eine Rolle. Besonders dann, wenn man die ganze Zeit wegen einer Magen-Darm-Erkrankung das Zimmer nicht verlassen konnte. Dann macht man dafür gern das verunreinigte Essen im Hotel verantwortlich. Zwei lustige Fälle sind die folgenden:

a. Das fehlende Doppelbett

Klaus fährt mit seiner Freundin in den Urlaub. Er hatte ein Doppelzimmer gebucht. Als die beiden auf ihr Zimmer kommen, finden sie darin kein Doppelbett, sondern zwei Einzelbetten, die nebeneinander stehen. Sobald Klaus von der Reise zurückkommt, verklagt er den Reiseveranstalter. Er will 20 Prozent des Reisepreises zurück. Grund: Er und seine Freundin hätten auf den beiden nebeneinander stehen Betten nicht gemütlich kuscheln können. Gemütlichkeit sei aber ein wesentlicher Bestandteil einer erholsamen Urlaubsreise. Der beklagte Reiseveranstalter meint, die

Klage könne nicht ernst gemeint sein. Doch, der Kläger meint sie ernst, und der Richter muss darüber entscheiden.

Das Amtsgericht weist die Klage ab. Es meint, zwei nebeneinander stehende Betten seien kein Reisemangel. Es sei dem Gericht bekannt, dass es viele Möglichkeiten gebe, auf einem Einzelbett ohne Einschränkungen miteinander zu kuscheln, ein Doppelbett sei dafür nicht notwendig. Selbst wenn der Kläger für seine Gewohnheiten unbedingt ein Doppelbett benötigen sollte, hätte er sich dieses selbst verschaffen können. Er hätte nur die beiden Einzelbetten mit einer Schnur miteinander verbinden müssen. Bis er eine solche Schnur erhalten hätte, hätte er seinen Gürtel zum Verbinden der beiden Betten benutzen können. Denn seinen Gürtel hätte er während des Kuschelns sicher nicht gebraucht.

Urteil des Amtsgerichts Mönchengladbach vom 24. April 1991 (5a C 106/91)

b. Grüne Haare

Die Klägerin fährt mit ihrer Tochter Leena, die blonde Haare hat, in den Urlaub nach Mallorca. Die Tochter schwimmt im Swimmingpool, und als sie aus dem Wasser geht, hat sie grüne Haare. Das Hotel hatte in den Pool aus Versehen zu viel Chlor geschüttet. Die Tochter ist entsetzt. Nach der Rückkehr aus dem Urlaub verklagt sie den Reiseveranstalter auf Rückerstattung eines Teiles des Reisepreises. Das Amtsgericht Bad Homburg spricht der Klägerin 10 Prozent des Reisepreises zu. Die Reise sei mangelhaft gewesen, weil sich die Haare verfärbt hätten. Mehr als 10 Prozent des Reisepreises seien aber nicht angemessen, da Leena ein Mitverschulden habe, denn sie habe keine Badmütze getragen. Schmerzensgeld hat das Gericht dem Mädchen nicht zugesprochen. Bei jungen Mädchen sei es allgemein üblich, dass sie sich ihre Haare in den wildesten Farben färben. Für eine gewisse Zeit grüne Haare zu haben, sei also halb so wild.

*Urteil des Amtsgerichts Bad Homburg vom 30. Juni 1998
(2 c 109/97-10)*

3. Pippi Langstrumpf

Pippi Langstrumpf hat sechs Vornamen: Pippilotta Viktualia Rollgardina Pfefferminza Efraimstochter. Und mit Nachnamen heißt sie Langstrumpf. Dafür, dass sie Langstrumpf heißt, kann sie nichts. Kinder tragen den Namen ihrer Eltern. Und wenn die Eltern oder ein Elternteil Langstrumpf heißen, dann heißt auch das Kind Langstrumpf. Aber was ist mit den Vornamen von Pippi Langstrumpf? Darf ein Mädchen Pfefferminza heißen, und dürfen die Eltern ihren Kindern endlos viele Vornamen geben?

Immer wieder beschäftigen sich Gerichte mit der Frage, welcher ungewöhnliche Vorname für ein Kind erlaubt ist und welcher nicht. Ein Junge darf zum Beispiel nicht Tom Tom, Holgerson oder Zooey heißen und ein Mädchen nicht Sonne, Rosenherz, Pfefferminza oder Borussia. Der Grund: Das Kind soll sich in seinem Leben nicht zum Affen machen müssen. Ein Mädchen mit dem Namen Rosenherz Schneider wird nie einen guten Job finden, und ein Junge mit dem Namen Zooey Müller wird sein ganzes Leben für ein Mädchen gehalten werden.

Wenn Eltern für ihr Kind einen Namen ausgesucht haben, dann müssen sie zu einem Standesbeamten gehen und für das Kind eine Geburtsurkunde beantragen. Manchmal weigert sich der Standesbeamte, den oder die beantragten Namen einzutragen. Wie bei der Mutter, die ihrem Kind zwölf Namen geben wollte: Chenekwahow Tecumseh Migiskau Kioma Ernesto Inti Prithibi

Pathar Chajara Majim Henriko Alessandro. Mit der Frage, ob dies geht, beschäftigen sich drei Gerichte, zuletzt das höchste deutsche Gericht, das Bundesverfassungsgericht. Und das sagt: Zwar dürften die Eltern die Vornamen ihres Kindes aussuchen. Der Staat müsse aber darauf achten, dass ein Kind mit seinem Namen gut durchs Leben komme. Der Vorname sei Teil eines Menschen und ein wichtiges Erkennungsmerkmal. Wenn sich aber ein Kind zwölf Namen merken müsse, in Reihenfolge und Schreibweise, dann sei es überfordert und habe vor lauter Namen letztlich keinen richtigen Namen. Daher dürften Eltern heute ihren Kindern maximal fünf Vornamen geben.

Beschluss des Bundesverfassungsgerichts vom 28. Januar 2004 (1 BvR 994/98)

4. Hinweispflichten

Wenn irgendwas schiefgeht, sucht man nach einem Schuldigen: Schuld sind immer die anderen. Die hätten warnen und hinweisen müssen. Dann wäre das alles nicht passiert.

a. Jeden Tag Lakritze

Hertha aus Berlin isst gern Lakritze. Am liebsten die Mischung «Matador Mix» von Haribo. Davon isst sie pro Tag eine 400g-Packung. Am 22. Februar 2003 bricht sie ohnmächtig in ihrer Wohnung zusammen. Sie bleibt drei Wochen im Krankenhaus und geht dann für weitere drei Wochen zur Kur. Bis Juli 2003 ist sie arbeitsunfähig. Für ihren Zusammenbruch macht Hertha die Firma Haribo verantwortlich. In Haribo sei Glycyrrhizin enthalten, das zu Bluthochdruck führe. Darauf hätte Haribo auf der Packung hinweisen müssen. Die Frau verklagt Haribo vor dem Landgericht und verlangt Schmerzensgeld in Höhe von 6000 Euro.

Die Richter weisen die Klage ab, die Berufung beim Oberlandesgericht hat keinen Erfolg. Der in «Matador Mix» enthaltene Glycyrrhizingehalt sei so gering, dass er nicht gesundheitsschädlich sei. Also habe Haribo nicht auf diesen Wirkstoff hinweisen müssen. Der Zusammenbruch der Frau müsse einen anderen Grund gehabt haben.

Urteil des OLG Köln vom 7. September 2005 (27 U 12/04)

b. Großes Fischsterben

Dr. Faust ist Tierarzt. Er hat ein großes Aquarium mit vielen wertvollen Fischen. Die Fische haben einen Wert von 10 000 Euro. Um es den Fischen noch schöner zu machen, geht Dr. Faust in den Baumarkt und kauft Bambuspflanzen. Den Bambus schneidet er zurecht und steckt ihn in das Aquarium. Nach ein paar Wochen setzt ein großes Fischsterben ein. Dr. Faust macht den Bambus dafür verantwortlich. Er sei für die Fische giftig gewesen. Darauf hätte der Baumarkt hinweisen müssen.

Dr. Faust verklagt den Baumarkt auf Ersatz der teuren Fische. Das Gericht weist die Klage ab. Ein Baumarkt könne nicht jeden Kunden fragen, was er mit dem von ihm gekauften Produkt vorhabe, um dann auf eventuelle Gefahren hinzuweisen. Anders wäre es nur, wenn der Bambus als Zubehör für Aquarien verkauft worden wäre. In diesem Fall könne der Verbraucher davon ausgehen, dass er für Fische gefahrlos sei. So lag es aber hier nicht.

Urteil des Amtsgerichts München I vom 10. September 2007
(35 O 5443/07)

c. Zu Risiken und Nebenwirkungen von Bier

Hubert ist Alkoholiker und trinkt viel Bier. Wegen seines dauernden Bierkonsums verlässt ihn seine Frau, und er verliert seine Arbeit sowie seinen Führerschein. Hubert verklagt den Hersteller der Biermarke, die er seit 17 Jahren trinkt. Er verlangt von ihm 15 000 Euro Schmerzensgeld. Der Hersteller hätte auf den Bierflaschen auf die «Risiken und Nebenwirkungen» von übermäßigem Biergenuss hinweisen müssen.

Auch hier sagen die Richter: Quatsch! Der Hersteller von Bier muss nicht auf Risiken hinweisen, die allgemein bekannt sind. Dass übermäßiger Alkoholkonsum abhängig und krank machen kann, weiß jeder. Hubert sei selbst für seine Trinkerei verantwortlich.

Beschluss des Oberlandesgerichts Hamm vom 14. Februar 2001 (9 W 23/00)

III. Verwaltungsrecht – Wenn sich der Bürger mit dem Staat streitet

1. Sexualkunde

Paul geht in die 6. Klasse. Auf dem Lehrplan steht Sexualkundeunterricht. Unter anderem sollen diese Themen behandelt werden: Fortpflanzung und wie man sie durch Verhütung verhindern kann, sowie Heterosexualität und Homosexualität. Pauls Eltern stellen beim Schuldirektor den Antrag, Paul vom Unterricht zu befreien. Er sei nicht reif genug, sich mit diesen Themen zu beschäftigen. Zudem sei Sexualität vor der Ehe ebenso problematisch wie die Homosexualität. Der Direktor aber befreit Paul nicht vom Unterricht. Paul kommt trotzdem nicht zum Unterricht, seine Eltern verbieten es. Sie klagen vor dem Verwaltungsgericht auf Feststellung, dass Paul zu Recht dem Unterricht ferngeblieben ist.

Das Verwaltungsgericht urteilt, dass Paul am Unterricht hätte teilnehmen müssen. Die Schule habe den Erziehungsauftrag, die elf- bis zwölfjährigen Schüler mit den verschiedenen Verhütungsmitteln vertraut zu machen. Das sei altersgerecht und diene dem Schutz der Kinder. Dass es nicht nur sexuelle Beziehungen zwischen Männern und Frauen gebe, sondern auch zwischen zwei Männern oder zwei Frauen, sei Teil unserer Gesellschaft, so dass auch diese Lebensform mit den Kindern besprochen werden müsse. Daran sei nichts Anrüchiges, zumal unser Recht die gleichgeschlechtliche Lebenspartnerschaft der typischen Frau-Mann-Beziehung rechtlich gleichstelle.

Urteil des Verwaltungsgerichts Münster vom 16. Juni 2006 (1 K 411/06)

2. Feuerwehrkosten

Der 14-jährige Sebastian raucht eine Zigarette und wirft den noch glühenden Stummel in eine Scheune. Das Stroh fängt sofort an zu brennen, die Scheune geht in Flammen auf. Die Feuerwehr kommt schnell und löscht den Brand. Die Stadt schickt Sebastian eine Rechnung über 10 000 Euro. So viel hat der Einsatz der Feuerwehr gekostet. Da Sebastian den Brand verursacht habe, müsse er die Kosten des Einsatzes tragen. Sebastian sagt: «Ich soll was zahlen? Ich bin ein Kind und Kinder haften nicht!» Er klagt gegen die Rechnung der Stadt.

Das Gericht verpflichtet Sebastian zur Zahlung der 10 000 Euro. Zwar sei Sebastian nicht der Klügste und seinen Altersgenossen in der Entwicklung zwei, drei Jahre hinterher. Aber auch ein 11-

oder 12-Jähriger müsse wissen, dass man keine brennende Zigarette in eine Scheune wirft. Daher sei Sebastian für den Brand der Scheune verantwortlich und müsse die Kosten des Feuerwehreinsatzes bezahlen.

Beschluss des Oberverwaltungsgerichts Rheinland-Pfalz vom 21. Mai 2008 (7 A 10183/08.OVG)

3. Kirmesverbot

Leon und Kalle sind 17 und 19 Jahre alt. Im vergangenen Jahr haben sie eine Schlägerei auf der jährlich stattfindenden Allerheiligenkirmes angezettelt. Es hat viele Verletzte gegeben. Beide sind vorbestraft und sehr gewaltbreit. Die Polizei hat Angst, dass Leon und Kalle auch in diesem Jahr arglose Kirmesbesucher verprügeln. Daher verbietet die Polizei den beiden, die Kirmes in diesem Jahr zu besuchen. Leon und Kalle klagen gegen das Verbot. Sie stellen einen Eilantrag bei Gericht.

Das Gericht weist ihren Antrag ab. Zwar werde die Freiheit von Leon und Kalle erheblich eingeschränkt, wenn sie die Kirmes nicht besuchen dürfen. Da die beiden aber eine Gefahr für alle Gäste der Kirmes darstellten, dürfe die Polizei Maßnahmen ergreifen, diese Gefahr zu verhindern. Und ein Kirmesverbot für die beiden Schläger sei eine sehr geeignete Maßnahme. In diesem Jahr müssen Leon und Kalle zu Hause bleiben.

Urteil des Verwaltungsgerichts Arnsberg vom 5. November 2008 (3 L 769/08)

Sachregister

Abgeordnete 24–27, 88, 108, 110, 113 f.
Abschreckung 54 f., 59
Abweisung einer Klage 203
Allgemeiner Teil (des BGB) 68 f.
Allgemeines Persönlichkeitsrecht 132
Amtsgericht 121–123, 125–131, 139, 145 f., 196 f., 213 f., 216
Angeklagte(r) 16, 34, 50, 54, 57 f., 60, 66 f., 121–125, 128–130, 142 f., 149, 154 f., 197–199
Angeschuldigte(r) 163, 196
Anklage 54, 130, 143, 147, 155, 157, 162, 189, 195
Anklageschrift 163, 196 f.
Anstiftung zur Tat 208
Anti-Gewalt-Training 65
Antragsteller(in) 140, 153
Anwalt-Notdienst 195
Anwaltsgeheimnis 156
Anwaltszwang 129
Anzeige 85, 158 f., 188 f.
Arbeitsgericht 121, 133 f., 148
Arbeitsrecht 52, 165 f.
Aufsichtspflicht von Eltern 73 f., 78
Ausnutzen einer Notsituation 211 f.

Aussageverweigerungsrecht 194
Ausschüsse 26
Autofallenraubgesetz 43

bedingte Deliktsfähigkeit 75
Befangenheit 143
Befangenheitsantrag 143
Berufsrichter 124 f., 149
Berufung 127, 132, 147, 216
Beschuldigte(r) 154 f., 160–163, 189, 193 f., 210
besondere Gerichte 133 f.
Bestimmtheitsgrundsatz 41
Bewährungsstrafe 59–61
Bewährungsauflage 60 f.
Bewährungshelfer 61
Bewährungszeit 60
BGB s. Bürgerliches Gesetzbuch
BGH s. Bundesgerichtshof
Blendung 50
Bundesarbeitsgericht 134
Bundesgerichtshof 73, 121 f., 129 f., 167, 207, 209–211
Bundesgesetzblatt 28 f., 115
Bundeskanzler(in) 31, 107 f., 114 f., 119, 146
Bundeskinderschutzgesetz 87
Bundesländer 27 f., 116–118, 171, 181

Bundespräsident 28, 31, 108, 115 f., 131
Bundesrat 27 f., 108, 116, 118 f.
Bundesregierung 108, 115, 117
Bundesstaat 117
Bundesstiftung «Frühe Hilfen» 87
Bundestag 24–27, 35, 44, 88, 107–110, 112–114, 117–119
Bundestagswahlen 108–113
Bundesverfassungsgericht 43, 45 f., 100, 102 f., 108, 119 f., 215
Bürgerliches Gesetzbuch (BGB) 36, 68 f., 72, 74 f., 78 f., 82 f., 88 f.
Bußgeld 30, 32, 44, 66, 93, 154

Cybermobbing 184–191

Dauerarrest 65
Deliktsfähigkeit 72, 76 f.
Deliktsfähigkeit im Straßenverkehr 74 f.
Diät eines Abgeordneten 114
Diebstahl 16, 40–42, 54–56, 58, 60, 63, 123, 134, 155, 190
Düsseldorfer Tabelle 82
Durchsuchungsbeschluss 32, 160 f., 188

«Ehe für alle» 87 f.
Eigentum 55, 73, 105–107, 164, 167
Eilentscheidung 141
einstweilige Verfügung 140 f.
Einziehung 164
Entschädigung 169, 202–204
Erbrecht 68, 89–91
Erbschaft 91

Ersatzpflicht aus Billigkeit 78
Europäisches Parlament 25, 155

fahrlässige Tötung 158, 208
faires Verfahren 138, 143
Familienhelfer 85
Familienrecht 79–89
finaler Rettungsschuss 33
Finanz- und Sozialgericht 121, 133, 135
Freizeitarrest 65

Gefangene 59–62, 164 f.
Gefängnisstrafe, Freiheitsstrafe 34, 50, 56–61, 64 f., 100 f., 123–125, 128, 155, 162–164, 189, 207
geistiges Eigentum 105–107
Geldstrafe 53, 56–58, 64, 94, 123, 144, 163, 189, 198 f.
Gerichtsgebühren 126 f., 203
(Gerichts-)Prozess 53, 67, 77, 122, 129, 138, 143, 153, 169, 202
Gerichtsvollzieher 49 f.
Gesetz zur «Erleichterung familiengerichtlicher Maßnahmen» 86
Gesetze im Internet 28
Gesetzesentwurf 25–27, 44
Gesetzgebung 35–37, 114, 117 f.
gesetzliche Richter 138 f.
Geständnis 34, 160, 163, 210
Gewaltenteilung 35
Grundgesetz 31, 35 f., 38, 40, 44–46, 59, 87, 92, 95, 97–99, 101, 103–105, 107, 109, 111–113, 117–119, 132, 145, 175, 177

Grundrechte 40, 44, 99 f., 119 f.
Gutachter 137, 140, 203 f.

Haftbefehl 161 f.
Haftentschädigung 162
Haftplatz 61
Hauptverhandlung 155, 197 f.
Hinweispflicht 215–217
Honorar 153

«Im Namen des Volkes» 141, 148, 199
«in dubio pro reo» 198
Informationsfreiheit 132
Instanzen(zug) 122, 131, 134
islamisches Recht 50

Jugendamt 82, 84–86, 169
Jugendarrestanstalt 65
Jugendstrafe 65
Jugendstrafrecht 62–66
Juristisches Staatsexamen 136
Justitia 142

Kammer 128, 148
Kammergericht 130
Kanzler s. Bundeskanzler
Kanzlermehrheit 114
Kinderehe 87
Kinderrechte 86 f.
Klagebegründung 201
Klageerwiderung 202
Kommentare 123
Kulturhoheit 117
Kunstfreiheit 106, 168

Landesarbeitsgericht 134
Landgericht 34, 47, 121, 127–132, 139, 167, 196, 215

Landgericht als Strafgericht 128 f.
Landgericht als Zivilgericht 129
lebenslange Gefängnis-/Freiheitsstrafe 34, 53, 57, 59 f., 100 f.
Leitentscheidung 131
Lesung (im Bundestag) 26 f.
letztes Wort (d. Angeklagten) 198
Luftsicherheitsgesetz 119

Mahnbescheid 200 f.
Mandant 151–154, 156
Meinungsfreiheit 103, 132
Menschenwürde 59, 100, 194
Minderheitenvotum 102
Minister 115, 146
Ministerien 24 f.
Mobbing 184 f., 189
Mord 34, 47, 53, 57, 59, 100, 103, 128, 159, 207–210
mündliche Verhandlung 140 f., 202 f.

Namensänderung 36–39
Neutralität des Richters 142 f.
Nichtanzeige geplanter Straftaten 159
Nichtraucherschutzgesetz 45 f.
Notwehr 48

Obduktion 158
Oberlandesgericht (OLG) 82, 121, 129–133, 211, 216 f.
Öffentliches Recht 91–94
OLG s. Oberlandesgericht
Ordnungsamt 92, 169
Ordnungsgeld 141, 144 f.
Ordnungshaft 144
Ordnungsmaßnahmen 183

Ordnungswidrigkeit 66, 153, 183

pädagogische Maßnahmen 180–182
Parlamentarischer Rat 98
Parteien, politische 98, 109
Parteien (vor Gericht) 125 f., 129, 131, 150, 153, 202
Pflichtverteidiger 130, 155
Plädoyer 198
Polizei 27, 31–35, 37, 54, 63, 67, 86, 92, 100, 117, 154, 156, 158–160, 181, 188 f., 192–195, 197, 210, 219
Polizeigesetz 32 f., 36, 92, 117
Polizeihoheit 117
preußisches Dreiklassenwahlrecht 112
Prozesskostenhilfe 153

Rat der Europäischen Union 25
Rechte der Gefangenen 164 f.
Rechtsanwalt 16, 80, 93, 126 f., 129 f., 136, 140, 151–157, 164 f., 194 f., 197, 200–203
Rechtsbeugung 147
Rechtsprechung 37–39, 123
Rechtsstaat 30 f., 35, 94, 107, 147
Rechtswegegarantie 38
Referendariat 136
Reisemängel 212 f.
Religionsfreiheit 101 f.
Resozialisierung 55
«Rettungsfolter» 33 f.
Revision 131
Richter 16, 31 f., 34, 38, 42, 47, 49 f., 54, 56–61, 63–66, 73 f., 80–82, 87, 101 f., 119–129, 131 f., 134–147, 149–151, 153 f., 157, 160–164, 172–175, 180, 189 f., 193, 197–199, 201–204, 207, 210, 213, 216 f.
Roben 131, 144, 154
Rückwirkungsverbot 42 f.

Sachenrecht 68, 78 f.
Schadensersatzpflicht von Eltern 71, 75
Schiedsklausel 149 f.
Schiedsrichter 149–151
Schmerzensgeld 67, 76, 94, 148, 213, 215, 217
Schöffe 124 f., 128, 149
Schöffengericht 123 f.
Schuldner 201
Schuldrecht 68, 70–78
Schuldverhältnis, gesetzlich 70
Schuldverhältnis, vertraglich 70
Schuleschwänzen 183 f.
Schulkonferenz 171
Schulordnung 171, 176 f.
Schulrecht 171
Schwurgericht 128 f., 208
Selbstjustiz 46–49, 51
Senat 131
Sitzungspolizei 144
SMS 140 f., 177, 184, 186, 189
Sorgerecht 79
Sozialpflichtigkeit des Eigentums 105
Sozialprognose 60
«spickmich-Urteil» 131–133
Staatsanwalt 16, 50, 54, 60, 136, 154, 157–164, 168, 188 f., 193–198

Strafe 22, 34, 42, 50 f., 54–65, 94, 100 f., 122–125, 128 f., 144, 154 f., 157, 162–164, 188 f., 198 f., 207–210
Strafgericht 128
Strafrecht 50, 52–54, 64, 66 f., 71, 92, 94, 121, 130, 153, 198, 206–210
Straftat(bestände) 15 f., 50 f., 53–61, 63–65, 103, 122–124, 137, 142, 147, 149, 151, 153, 156–159, 185–189, 193 f.
Strafverfahren 122, 128, 130, 137, 142 f., 155, 192–199
Strafvollzugsgesetz 36, 62
Strafzwecke 55
Stromdieb 41

Tagessatz 58, 198 f.
Testament 90
Titel 77
Telefonüberwachung 161
Todesstrafe 48, 57, 208

U-Haft, Untersuchungshaft 137, 155, 161 f., 209
Überbrückungsgeld 62
Unabhängigkeit des Richters 38, 131, 145–147
Unschuldsvermutung 162
Unterhaltsanspruch 82
Unterhaltsvorschuss 82
Urheberrecht(sgesetz) 15, 36, 106
Urteil 49 f., 58, 60, 77, 82, 102 f., 120, 122 f., 125, 127–131, 137, 141, 146–149, 162–164, 198 f., 203, 208, 211

Verbrechen 155, 159
Verfahrensdauer 141
Verfahrenseinstellung 195
Verfassungsorgane 107 f., 114 f., 119
Vergleich 134, 202
versuchter Mord 207, 209
Verteidigung 155
Vertragsfreiheit 71
Vertrauenslehrer 86
Verwaltung 35, 135
Verwaltungsbehörden 37 f., 91, 94, 169
Volljurist 136
Vorladung 193

Wahl, allgemeine 108–110, 113
Wahl, freie 108, 111, 113
Wahl, geheime 108, 112–114
Wahl, gleiche 108, 111–113
Wahl, unmittelbare 108, 110 f., 113
Wahlmänner 110–112
Wettbewerbsrecht 166 f.
«Wechselmodell» 81
Widerspruch gegen Mahnbescheid 201

Zeuge 127–129, 137, 142, 144 f., 150, 154, 160, 163, 196–198, 203
Zivilgericht 73, 129
Zivilrecht 52, 67 f., 94, 121, 211–217
Zivilrichter 125, 140 f.
Zivilverfahren 199–204
Züchtigung 83
Zugewinnausgleich 88